아우구스티누스 Aurelius Augustinus

북아프리카 히포(지금의 알제리 안나바)의 주교. 최후의 고대인이자 최초의 중세인. 354년 북아프리카의 타가스테(지금의 알제리 수크아라스)에서 형편이 그리 넉넉지 않은 소시민의 아들로 태어났다. 썩 훌륭한 교육을 받지는 못했지만 타고난 명민함으로 라틴 고전문학을 빠르게 섭렵했고, 키케로와 베르길리우스의 글은 거의 암기할 정도로 몰두했다. 곧 카르타고, 로마, 밀라노에서 문법 및 수사학 교사로 성공했다. 기독교의 가르침에 회의를 느껴 마니교에 빠지기도 했으나, 신아카데미 학파의 회의주의, 신플라톤주의의 신비주의 등을 전전한 뒤 다시 기독교로 돌아온다. 하지만 그 후로도 세속적 성공과 육신의 욕망을 놓아버리지 못하고 번민했고, 서른둘이던 386년, '게으른 자가 침대 안에서 미적거리다가 마침내 자리에서 일어나 하루를 맞듯' 밀라노 집 정원의 무화과나무 아래에서 온전한 영적 회심을 경험한다. 이듬해인 387년, 밀라노의 주교 암브로시우스에게 세례를 받았고, 다시 4년 뒤 강권에 못 이겨 사제 서품을 받았다. 히포의 주교로 34년간 봉직하면서 도나투스파, 펠라기우스파 등 당대의 이단과 싸우는 한편, 기독교와 그리스 철학을 종합해 기독교 신학을 정립했고, 반달족이 히포를 포위 공격 중이던 430년 8월 28일, 세상을 떠났다. 《고백록》 외에도 《신국론》, 《삼위일체론》, 《그리스도교 교양》 등 232권의 작품을 남겼다.

옮긴이 김성웅

총신대학교 신학과, 고려대학교 영어영문과를 졸업했고, 풀러신학교(M.Div)에서 수학했다. 《내가 사랑한 시편》, 《바이블맵》, 《내 생애 마지막 한 달》 등 다수의 책을 번역했다. 지역교회에서 청년들을 지도하면서, 동아시아의 선교현장에서 많은 BAMER(Business as Mission), 즉 비즈니스 선교사들이 나오도록 기도하고 있다.

해설 김용규

사람들이 더 나은 삶을 선택하고 그것을 향해 스스로 변화하게 하는 것이 철학의 본분이라고 여기며, 대중과 소통하는 길을 끊임없이 모색해온 철학자. 독일 프라이부르크 대학과 튀빙겐 대학에서 철학과 신학을 공부했고, 《서양문명을 읽는 코드, 신》, 《백만장자의 마지막 질문》, 《철학카페에서 문학 읽기》, 《철학카페에서 시 읽기》, 《설득의 논리학》, 《데칼로그》, 〈철학통조림〉 시리즈 등을 썼다.

고백록

고백록

아우구스티누스 | 김성웅 옮김 | 김용규 해설

포이에마
POIEMA

일러두기

- 이 책은 아우구스티누스의 《고백록》을 현대인이 이해하기 쉽게 현대 영어로 축약, 편역한 *The Confessions of St. Augustine*(Baker Book House, 2005)을 번역한 것이다. 본래 《고백록》은 13권 264장으로 이루어져 있으나, 영역본은 여기서 40퍼센트가량을 발췌해 아우구스티누스가 겪은 사건을 중심으로 재편, 새로이 15개 장으로 구성했고, 한국어판도 이 체제를 따랐다.
- '아우구스티누스의 저작 소개', '고백록의 구성', 그리고 미주는 영역판을 번역해 실었다. 각 장의 시작 부분에 수록한 짤막한 장 소개글과 작품 해설은 한국어판에서 추가한 것이다.

고백록

아우구스티누스 지음 | 김성웅 옮김

1판 1쇄 발행 2014. 1. 23. | **1판 8쇄 발행** 2021. 7. 1. | **발행처** 포이에마 | **발행인** 고세규 | **편집** 강영특 | **디자인** 정지현 | **등록번호** 제300-2006-190호 | **등록일자** 2006. 10. 16. | 서울특별시 종로구 북촌로 63-3 우편번호 03052 | 마케팅부 02)3668-3260, 편집부 02)730-8648, 팩시밀리 02)745-4827

값은 뒤표지에 있습니다. ISBN 978-89-97760-68-8 03230 | 독자의견 전화 02)730-8648 | 이메일 masterpiece@poiema.co.kr | 좋은 독자가 좋은 책을 만듭니다. | 포이에마는 독자 여러분의 의견에 항상 귀를 기울이고 있습니다.

이 도서의 국립중앙도서관 출판시도서목록(CIP)은 서지정보유통지원시스템 홈페이지(http://seoji.nl.go.kr)와 국가자료공동목록시스템(http://www.nl.go.kr/kolisnet)에서 이용하실 수 있습니다. (CIP제어번호: CIP2014000772)

《고백록》에게 전하는 고백

난 퍽이나 불우한 청소년기를 보냈다. 초등학교 1학년 때 아버지를 여의고, 후로는 쓰고 신 굽잇길을 걸어야 했다. 부럽기는 했어도 친구 집에 꽂혀 있는 기획전집은 언감생심 올려다보지 못할 나무였다(내가 청소년기 그리고 청년기를 보낼 때만 해도 웬만한 집에는《삼국지》며 세계문학전집 혹은 한국대표문인전집 등등 전집 한 질 정도는 놓여 있었다. 사람들은 저런 전집을 할부로 구매하고, 매달 수금사원에게 할부금을 지불하곤 했다). 문학의 향기나 고전의 바다에서 건져 올리는 교양은커녕, 나는 동생들과 함께, 길게는 보름도 넘게 행상엘 나갔다 돌아오시는 어머니를 고픈 배를 움켜잡고 기다려야 했으니까. 새 파는 가게 점원이며 인쇄소 직공 등으로 일하면서 고등학교를 두 번씩이나 휴학한 끝에 졸업한 내게 교과서 외의 독서는 호사였다.

늦게야, 신학교에 입학한 이후에야《고백록》의 존재를 알게 됐다. 몇몇 교수들이 히포의 아우구스티누스라는 긴 이름과 함께《고백록》을 소개하셨다. 신학교 도서관에서 찾은《고백록》은 오늘날처럼 전산조판 방식이 아니라 활판인쇄로 출간한 것이었다. 대출을 많이 한 듯 도서관 카드에 대출자들의 이름과 학과가 길게 적혀 있었고, 손때가 많이 묻어 있었던 것, 그리고 2단 배열의 세로쓰기가 아직도 생생하게 기억난다. 그리고 잊지 못할 것은, 읽어도 읽어도 뜻을 잘 모를, 난해한 일본어투의 번역이었다.《고백록》은, 아무튼 그저그런 첫인상을 남기고 잠시 잊혀졌다.

내가《고백록》을 다시 잡은 것은 순전히 목회적 고민 때문이었다. 교회, 아니 교회에서 만나는 인간군상은 목회 초년생인 내게 미궁, 바로 그것이었다. 대체 저런 사람이 왜 교회에 나와 앉아 있단 말인가? 아무리 뜯어봐도 새 깃털만 한 믿음도 없는 사람이 왜 교회에 나와 물을 흐린단 말인가? 심지어 불신자들도 하지 않을 생각, 말 그리고 행동으로 남의 가슴에 대못 치길 일상사로 하는 사람들을 보면서 나는 서서히 목회 의욕을 잃어갔다. 그리고《고백록》을 다시, 절절하게 만난 것은 바로 이때였다.

나는《고백록》을 통해서 목사로서 하나님 이름으로 불리는 백성들을 섬기는 나의 부르심에 관한 몇 가지 중요한 함의를 발견했다. 먼저, 신앙은 신비의 영역에 속한다. 믿음은 우리의 결단이나 경건한 상태이기에 앞서서 신적 선물이다. 하나님은 우리 믿음의 대상, 내용이시면서, 우리에게 믿음을 주시고 이 믿음을 키워가시는 분

gift-giver, care-giver이시다. 이분이 먼저다. 이 선물을 받고도 한참을 포장지조차 뜯지 않고 딴청을 하고 있는 사람들이 있다는 깨달음이 오는 순간, 나는 사람을 사랑할 힘을 얻었다. 신비가 현실태가 되는 데는 시간이 걸릴 뿐이다.

그다음으로, 신앙은 과정이다. 나중에 알게 된 것이지만 《고백록》은 신앙 간증이 아니었다. 물론 아우구스티누스의 사적인 고백이 담겨 있기는 하나, 오늘날의 의미에서 신앙 간증은 아니라는 뜻이다. 오늘날은 성공담, 극복기, 탈출기만이 간증된다. '승자의 간증', '패자의 변명'이란 말의 조합이 자연스럽다. 하지만 아우구스티누스는 굳이 말하자면 승자가 되었는데도 패자의 고백을 한 것이다. 그가 주교로서 이미 상당한 입지와 명성을 얻은 후에, 하나님에 대한 자신의 어둡고 우매한 마음을 털어놓았으니까. 난 《고백록》의 책장을 넘기면서 신앙이 한순간에 일어나는 사건이라기보다는(물론 좋은 출발점이 될 수 있다), 연속되는 들숨과 날숨 같은 것임을 알게 됐다. 조금씩 이어가는 여정임을 인정하게 되었다. 가다가도 뒤를 돌아보아야 하고, 어떤 날은 멀리 가지 못하기도 한다. 가쁜 숨, 깊은 숨 아니 한숨도 다 우리 생명의 현상들이다. 이 모든 것을 포함해야 신앙이다. 내가 목회를 너무 두부나 무 자르기로 생각했었다.

마지막으로, 신앙은 의심의 반대말이 아님을 알게 됐다. 흔한 말로 아우구스티누스도 하나님을 다 알고 온전히 믿은 것은 아니다.

오히려 그의 믿음은 계속해서 이해를 추구하는 믿음Faith Seeking Understanding, "내가 믿으나, 믿음 없는 것을 도와주소서"라고 부르짖는, 달리 말해서 모순율을 끌어안는 믿음이었다. 믿음이 우리의 이성과 이해력을 마비시키지도 않고, 의심과 의문을 배제하지도 않는다. 오히려 참된 믿음은 의심과 의문을 먹고 자란다. 믿음의 반대말은 무관심, 신앙을 가장한 타성, 그리고 '내 종교me-oriented religion'와 율법주의이다. 우리는 모두, 신앙한다고 말하면서도 대부분의 시간을 머뭇거리고 두려워하며 겁먹은 걸음을 걷는 미약한 존재들이다. '믿음이 적은 자들아!'라고 일갈하는 것만이 목회가 아니었다. 그 믿음 없는 자들의 대열에서 발견하는 내 모습, 강단에서는 사자후를 외치지만 생활에서는 간담이 졸아들기는 마찬가지인 나를 폭로하고, 이런 나를 목동으로 세우신 주님을 의지하는 것만이 사는 길이었다.

《고백록》은 성경 다음으로 나와 내 목회를 형성한 책이 되는 셈이다. 그리고 이번에 포이에마가 출간하는 《고백록》을 보면서, 이런 친절하고 살가운 현대어 번역을 왜 35년 전에는 아무도 시도하지 않았을까 새삼 아쉬워진다. 그저 춥고 마음이 시리기만 했던 학부생 시절, 이렇게 감칠맛 있고 보드라운 《고백록》을 만났다면 나는 좀 더 지혜롭고 균형 잡힌 삶을 살 수 있었을 것이다. 내 목회의 길도 좀 더 탄탄한 내용으로 채워졌을 것이다. 《고백록》을 읽고 싶었지만 난해한 번역과, 왠지 길고 장황하며 지루할 것 같은 내용에 지레 겁먹고 시도하지 못한 모든 신자들에게 일독을 권한다. 이 책의 이름과 저자를 많이 말하는 사람들 가운데서도, 책을 제대로 읽지 못한 채 몇 마디 유명한 경구들만 인용하는 사람들이 많으리라는 게 내 짐작이다. 이 현대영어 번역본 《고백록》은, 비교적 충실하게 원본 《고백록》의 고갱이들 한가운데를 뚫게 해준다. 투자하라.

송태근
삼일교회 담임목사

차 례

아우구스티누스의 저작 소개

히포Hippo의 아우구스티누스(354-430년)는 다양한 주제를 다룬 많은 신학 저작을 내놓았다. 《고백록》에서도 그는 강렬한 지적 호기심을 가지고, 관심을 끄는 여러 주제를 섭렵한다. 그가 보기에 그 주제들은 하나님과 떼려야 뗄 수 없이 연결되어 있었다.

아우구스티누스는 당대의 주요한 논쟁들에 뛰어들기도 했다. 특히 마니교 신학을 신랄하게 공격했다. 마니교는 동방의 신비종교로 로마에 유입되었는데, 그 역시 젊은 시절 이 종교사상에 심취했었다.

당시의 관행에 따라 그의 설교도 제자들이 기록, 보존하여 많은 양이 오늘까지 전해진다. 설교를 기록, 전수하는 것이 일반적인 관행이었다.

아우구스티누스의 글들은 어렵고 사고가 복잡하게 느껴질 수 있다. 그러나 《고백록》의 문체는 상당히 시적이면서, 찬양과 적용 중심으로 나아가고 있다. 그는 《삼위일체론》과 같이 그 주제에 관한 한 가장 깊이 있는 책을 저술하기도 했지만, 시장의 언어로 단순명쾌하게 의사를 전달하는 모범을 보여주는 설교도 여러 편을 남겼다. 363편이나 되는 설교가 아우구스티누스의 이름으로 우리에게 전해진다. 아우구스티누스는 수사학을 배워 익혔고 가르치기도 했다. 그러나 기독교인으로서 그는, 감정을 자극하는 웅변은 하나님의 영원한 진리를 다룰 때 기교를 필요로 하지 않는 기독교적 의사전달 방법에는 못 미친다고 믿었다.

아래 나오는 연표는 완벽하지는 않지만 아우구스티누스의 저작 시기를 보여준다. 저작들 중에는 보존되어 전해 내려오는 270여 통의 서신이 포함되어 있다.

387년	세례 받다. 《가톨릭교회의 관습과 마니교도들의 관습 *De moribus ecclesiae catholicae et de moribus Manichaeorum*》
389–391년	《참된 종교*De vera religione*》
392년	《마니교도 포르투나투스 반박*Acta contra Fortunatum Manichaeum*》
394년	《마니 제자 아디만투스 반박*Contra Adimantum Manichaei discipulum*》
397년	《심플리키아누스에게*Ad Simplicianum*》(소소한 질문들을 다

룸),《그리스도교 교양De doctrina christiana》저술 시작

397-398년 《마니교도 펠릭스 반박Contra Felicem Manichaeum》

397-400년 《고백록Confessiones》

398년 《그리스도교 규율De disciplina christiana》

399년 《복음서에 관한 질문Quaestiones Evangeliorum》

400년 《삼위일체론De Trinitate》 저술 시작.《복음사가들의 일
치De consensu Evangelistarum》,《욥기 주해Adnotationes in Iob》,
《야누아리우스의 질문Ad inquisitiones Ianuarii》,《마니교도
파우스투스 반박Contra Faustum Manichaeum》

405년 《가톨릭 형제들에게Ad catholicos fratres》

406-412년 《이교인 반박 여섯 질문Quaestiones expositae contra paganos
numero sex》

412년 《도나투스파 반박Contra Donatistas》,《영과 문자De spiritu et
littera》,《신약성경의 은총론De gratia Testamenti Novi》,《죄벌
과 용서 그리고 유아세례De peccatorum meritis et remissione et
de baptismo parvulorum》

413년 《하나님 관상De videndo Deo》,《신국론De civitate Dei》저술
시작

415년 《삼위일체론》완성

416년 《요한복음 강해In Ioannis Evangelium tractatus》

417년 《하나님의 현존De praesentia Dei》

418년	《아리우스파 설교 반박*Contra sermonem Arrianorum*》, 《그리스도의 은총과 원죄*De gratia Christi et de peccato originali*》, 《카이사리아 교회 신자들을 향한 설교*Sermo ad Caesariensis Ecclesiae plebem*》
419년	《구약 칠경에 관한 질문*Quaestiones in Heptateuchum*》
419-420년	《율법과 예언서 반대자 반박*Contra adversarium legis et prophetarum*》
421년	《믿음 소망 사랑의 길잡이*Enchiridion de fide, spe et caritate*》
425년	《예비신자를 위한 신경 해설*De symbolo et catechumenos*》
426년	《신국론》 완성, 《그리스도교 교양》 완성
426-428년	《재론고*Retractationes*》
428년	《성도들의 예정*De praedestinatione sanctorum*》
429-430년	《금식의 유익*De utilitate ieiunii*》
연대 미상	《레굴라 아드 세르보스 데이*Regula ad servos Dei*》(아우구스티누스의 수도 규칙)
430년	사망

《고백록》의 구성

397년에서 400년 사이 어느 시점에선가 쓰인 《고백록》은 엄밀히 말해서는 자서전 혹은 비망록이 아니라 콘피테리*confiteri*, 곧 한 영혼의 찬양이다. 더 정확하게 말하면, 책 한 권 분량의 찬양 기도

이다. 이런 이유 때문에 왜 이 책이 계속해서 하나님을 언급하고 또 일화들과 신학적 토의 사이에서 왔다 갔다 하는지 이해하지 못하는 사람들로부터 종종 오해를 산다. 겉으로 봐도 처음 열 장과 마지막 석 장은 전혀 연결이 되지 않는 듯 보인다.

그러나 주제들과 이어지는 본문을 찬찬히 뜯어보면, 자전적인 부분들은 일기日記가 아니고, 그렇다고 아우구스티누스가 하나님을 어떻게 대했는지에 관한 증언도 아님을 알 수 있다. 이 이야기들은 오히려 예화이다. 아우구스티누스는 어떻게 그 자신이 하나님의 역사하심을 보여주는 하나의 사례가 되었는지를 알림으로써, 이야기들을 통해서 영원한 실재를 드러내 보여주고 있다. 아우구스티누스는 하나님의 인생 설계를 보여주는 직조물을 염두에 두고 있는 것이다.

우리는 이런 질문 대부분을 무시하고 지나간다. 이 질문들이 우리의 이야기 안에, 우리가 너무 바빠서 분석할 시간을 내지 못하는 이야기 안에 묻혀 있기 때문이다. 아우구스티누스는 묻혀 있는 이것들을 캐내보려고 한다. 자주 아우구스티누스의 글이 일부 중요하지 않은 지점 혹은 감정 혹은 애착에 매달려 있는 이유, 그리고 이것을 여러 각도에서 바라보는 데 상당한 시간을 보내는 이유가 바로 이것이다.

아우구스티누스는 자신의 성품, 혹은 대인 관계상의 흠결들에 집착하는 듯 보인다. 예민한 심성의 소유자 정도를 훨씬 넘어서 그는 자신의 글들을 통해서 자기 자신과 우리를 가르친다. 유년 시절의 추억이든 친한 친구들 사이의 대화이든 사랑하는 사람의 죽음 앞에서 격정을 표하는 것이든, 그의 글 한 편 한 편은 우리가 일상의 경험들을 새로운, 신선한 각도에서 보도록 끌어당긴다. 아우구스티누스는 그 자신이 실재를 찾아 탐구하는 연구자로 보이길 원한다. 그리고 책의 마지막 장들에서 이 실재를 더욱 깊이 탐색한다.

하지만 철학적인 성찰에서 머물지는 않는다. 그의 글은 하나님을 찬양할 이유를 제시한다. 개인적인 폭로, 묵상 그리고 찬양이 합해져서 가장 독특한 기독교 문헌이 탄생하게 된다.

이 책은 1977년 베이커 북 하우스Baker Book House에서 출간한 축약판《고백록》을 주 본문으로 삼고 있다.《고백록》전문 중 상당 부분을 축약했지만 글 한 편 한 편에서 뿜어져 나오는 지극한 기쁨을 느낄 수 있을 정도로는 충분히 추렸다.

쉽게 이해할 수 있도록 하기 위해, 영어로 옮기기 어려운 라틴어 문장들을 의역했다. 어려운 논변 역시 뜻을 소상히 밝히기 위해서 의역했다. 물론 본래의 사상을 손상시킬 정도는 아니다.

아우구스티누스의 글은 상당 부분 운문으로 되어 있다. 우리는 그가 얼마나 아름답게 사고했는지 드러내기 위해서 시어체를 살리기로 했다.

아래의 전체 개요를 읽으면서 자기 인생의 창에 비친 하나님을 탐구한 한 학생이 경험한 경이를 짐작해보는 것도 좋을 것이다.

제1권 아우구스티누스는 자기 인생을 추적한 하나님의 신비롭기만 한 은혜를 소개한다. 어린아이들을 관찰하고 이를 활용해 자신의 어린 시절을 유추하기도 한다. 말을 배우던 시기, 그리고 학교에서 지낸 나날들이 여기 포함되어 있다.

제2권 열여섯 살이 되던 해 아우구스티누스는 게으름과 정욕, 나쁜 장난에 빠져 지내며 타락한 모습을 보인다. 배를 훔친 이야기는 죄인들이 진정 무슨 생각으로 죄된 행동을 하는지 깊이 묵상하게 한다.

제3권 카르타고에 머물던 학생 아우구스티누스는 철학에 심취하게 되고, 기독교를 버리고 마니교로 간다.

제4권 성인이 되어 가르치기를 시작하지만, 마니교의 사상과 점성술에 더 깊이 빠져든다. 정부情婦를 둔다. 생애 처음으로 인생의 연약함과 덧없음을 심각하게 자각한다.

제5권 종교의 대가들로부터 자신의 마니교 신앙을 검증받기를 바랐지만, 오히려 환멸에 빠진다. 인간 지혜의 쓸모없음을 자각하고 어머니의 종교를 다시 돌아본다. 그러면서도 어머니의 간섭이 싫어 로마를 거쳐 밀라노로 간다. 밀라노에서 위대한 설교가 암브로시우스를 만나고 암브로시우스는 그에게 성경을 다시 보라고 간곡하게 권한다. 아우구스티누스는 이때 교리문답생이 된다.

제6권 아들을 찾아간 모니카는 아우구스티누스가 다시 정통 신앙의 언저리에 닿아 있는 모습을 확인한다. 그러나 아우구스티누스는 성인으로서 여러 면에서 문란한 삶을 살고 있다. 약혼 후 첫 번째 정부와 헤어지지만, 다시 두 번째 정부를 얻는다. 진리를 찾고 있으나, 여전히 그에 이르지는 못하고 있다.

제7권 진리를 찾던 아우구스티누스는 드디어 마니교를 버리고 점성술을 거부한다. 그러나 하나님을 그 안에서 발견하게 되는 실체와 하나님의 관계를 제대로 깨달으려고 노력하는 가운데 플라톤주의에 빠져든다. 그는 신플라톤주의에서 성경을 연구하고 예수 그리스도에 관한 진리에 접근하는 중요한 실마리를 잡는다.

제8권 그리스도께 돌이키는 지점까지 오게 된다. 그러나 아직은 세속적인 일과 자신의 욕망을 끊어버리지는 못한다. 그는 이 당시 격정에 휩싸여 지낸다. 한쪽에서는 이런 마음이, 다른 한쪽에서는 저런 마음이 전쟁을 벌이고 있었기 때문이다. 마침내 그는 어린아이들의 노랫소리를 듣고, 성경을 펼쳐든다. 자신의 위기를 타개할 수 있는 말씀이 거기에 있었다.

제9권   아우구스티누스는 수사학 교사를 그만두고, 아데오다투스와 알리피우스와 함께 세례를 준비한다. 세례를 받은 직후 그들은 아프리카로 향한다. 어머니 모니카는 세상을 떠나, 이들과 함께 돌아가지 못한다. 이제 막 신앙을 갖게 된 아우구스티누스에게 어머니의 죽음은 첫 시련과도 같았다. 그러나 신앙이 없던 시절 친구들이 죽었을 때와는 달리 무턱대고 슬퍼하지만은 않는다.

제10권   아우구스티누스는 잠시 이야기를 멈추고 이야기의 의미를 전하려고 한다. 먼저는 기억이 어떻게 실재를 담고 있는지, 이런 기억들이 하나님을 이해하는 데 어떤 길을 그려 보일 수 있을지를 묻는다. 그는 자아를 면밀하게 분석한 후, 자신이 배운 것을 기도의 의미에 적용한다. 한편 다시 한 번 죄된 본성, 그리고 하나님과 죄인을 중재하시는 구세주라는 큰 그림을 들여다본다.

제11권   과거의 기억, 현재의 경험 그리고 영원의 의미와 관련하여 자신이 깨우친 것들을 바탕으로 그는 창조의 신비들을 풀어보려고 한다. 그는 시간과 창조가 서로 긴밀하게 연결되어 있다고 주장한다. 아니, 시간 역시 피조물이다. 하지만 시간이란 과연 무엇인가? 아우구스티누스는 시간의 흐름이 하나님의 현존하시는 영원한 '지금'에 관하여 무엇을 말하고 있는지를 고찰한다. 그의 고찰은 창세기의 첫 구절들을 새롭게 깨닫도록 이끈다.

제12권　성경의 창조 기사에 관한 진리를 변증하면서 아우구스티누스는 어떻게 무에서 눈에 보이는, 형상을 가진 물질이 나왔는지 생각하며 경탄한다. 그는 창세기 1장 1–2절을 이해하기 위해 무진 애를 쓴다. 그러면서 자신이 하나님의 일하심에 관한 모든 설명을 알고 있지 못함을 인정한다. 우리는 이로써 성경을 어떻게 해석해야 하는지, 그리고 성경의 어떤 구문들을 해석할 때 비본질적인 면에서 불일치가 일어나면 어째서 겸손하고 또 신중하게 접근해야 하는지 알게 된다.

제13권　아우구스티누스는 창세기에 조금 더 알레고리적인 방법으로 다가선다. 이렇게 해서 하나님의 존재의 더 깊은 실체를 예시하려고 하는 것이다. 그는 이제 자기 글의 주제로 돌아온다. 인간에게 있는 하나님의 형상이란 무엇인가? 그는 창조와 구원의 일을 이루신 하나님께 찬미를 돌리며, 하나님의 백성을 기다리고 있는 최종적이고 영원한 안식에 관해 논하며 글을 맺는다.

아우구스티누스 당시의 지중해 연안 지도

갈리아

카시키아쿰

밀라노

아퀼레이아

로마

오스티아

아테네

히포 카르타고

타가스테

시칠리아

마다우라

지중해

예루살렘

알렉산드리아

하나님의 위대하심을 고백하다

"당신께서는 우리를 당신을 향하여 있도록 지으셨기에,
우리의 마음은 당신 안에서 안식할 때까지 쉴 수 없습니다."

하나님의 위대하심을 고백하다

아우구스티누스는 찬양으로 이 위대한 자서전의 말문을 연다. 인간의 미천함과 하나님의 위대함을 대조하면서 시작된 찬양은 하나님의 속성에 대한 찬미로 이어진다. "자신은 변치 않으시나 모든 것을 변화시키는 분, 항상 일하시지만 영원히 안식하시는 분, 모든 것을 갖고 계시나 지금도 찾고 계시는 분, 집착 없이 사랑하시고, 비참해하지 않고 질투하시며 자책 없이 우리와 후회를 공유하시며, 평정을 잃지 않고 진노하시는 분"과 같은 시적이면서도 역설적인 표현에 하나님의 속성을 담아냈다. 그리고 이러한 하나님 안에서 쉴 수 있기를, 그분 안에서 구원의 은총을 누리기를 간구한다. "당신께서는 우리를 당신을 향하여 있도록 지으셨기에 우리의 마음은 당신 안에서 안식할 때까지 쉴 수 없습니다."《고백록》의 핵심을 집약적으로 담아낸 이 유명한 구절도 바로 이 서두에서 등장한다. 축역하기 전 본래《고백록》텍스트의 제1권 1장과 4장, 5장 일부(5절)에 해당한다.

주님, 그 무엇도 당신과 견줄 수 없습니다.

그러니 당신을 향한 우리의 찬양도 인간의 한계를 넘어서는 일입니다.

당신의 권능에 입을 다물 수 없고,

당신의 지혜는 끝이 없습니다.

우리는 비천한 피조물이지만 당신을 찬양합니다. 인간이 무엇입니까? 당신이 지으신 모든 피조물 중 자그마한 조각에 불과하지 않습니까? 우리 각 사람은 다가오는 죽음의 경계 안에서 행할 뿐입니다. 죽음의 유한함은 인간의 죄인 됨을 증거합니다. 이 죽음의 운명은 당신께서 교만한 자들을 내치심을 온 땅에 선포합니다.

비천한 존재이지만 그럼에도 우리 인간에게는 당신을 찬양하고픈 갈망이 있습니다. 당신을 찬양할 때에 우리 안에는 당신이 일깨워주시는 기쁨이 일어납니다. 당신께서는 우리를 당신을 향하여 있도록 지으셨기에 우리의 마음은 당신 안에서 안식할 때까지 쉴 수 없습니다.

주님, 어느 것이 먼저인지 알려주십시오. 당신을 불러 찾아야 비로소 당신을 찬양할 수 있는 것입니까? 당신을 불러야 비로소 당신을 알 수 있는 것입니까? 먼저 당신을 알지 못한다면 어떻게 당신을 부르겠습니까? 당신을 알지 못하는 자는 당신이 어떤 분이신지 그릇 생각할 것입니다.

그게 아니라면, 당신을 알기 위해서 우리는 당신을 부르는 것입니까? "그런데 사람들은 자기들이 믿은 적이 없는 분을 어떻게 부를 수 있겠습니까? 또 들은 적이 없는 분을 어떻게 믿을 수 있겠습니까? 선포하는 사람이 없으면, 어떻게 들을 수 있겠습니까?"롬

10:14, 새번역

그렇습니다. 주님을 찾는 자는 주님을 찬양할 것입니다. 주님을 찾는 자는 주님을 만나게 될 것이니 말입니다. 주님, 나는 당신을 찾고 당신을 구할 것입니다. 당신께서 자신을 계시하셨으니, 나는 당신을 참되게 알 수 있다는 믿음을 가지고 당신을 찾을 것입니다. 주님, 믿음을 가지고, 당신께서 먼저 내게 주신 그 믿음을 가지고 당신을 찾겠습니다. 당신께서는 그 믿음으로 말미암아, 성육신하신 아들을 통하여, 전파자의 사역을 통하여 나에게 생명을 불어넣으셨습니다.[1]

***

주님 외에 누가 주님이겠습니까?
우리 하나님 외에 누가 하나님이겠습니까?
가장 높으시고
가장 선하시고
가장 능력 있으시고
가장 전능하시고

가장 자비롭고 가장 공정하신 분.

참으로 숨어 계시되 참으로 드러나 계신 분.

참으로 아름다우시고 참으로 강하신 분.

늘 그곳에 계시며 불변하시는 분. 당신은 변치 않으시나 모든 것을 변화시키십니다. 새롭지도 않지만 낡지도 않으십니다. 만물을 새롭게 하시지만 교만한 자들을 그들도 미처 모르는 사이에 노쇠케 하십니다.

주께서는 항상 일하시나 영원히 안식하십니다. 지금도 모아들이시지만 부족한 것이 하나도 없으십니다. 당신께서는 지금도 지지하고, 채우시고, 퍼뜨리십니다. 지금도 창조하고 번창케 하시며, 자라게 하십니다. 모든 것을 갖고 계시나 지금도 찾고 계십니다.

당신은 사랑하시되 집착하지 않으시며, 질투하시되 비참해하지 않으십니다. 우리처럼 후회하시되 자책하지 않으십니다. 진노하시되 평정을 잃지 않으십니다.

사람은 계획한 일을 마치지 못하나, 당신의 뜻은 변함이 없습니다. 당신은 찾으신 것을 잃어버리는 법 없이 끝내 취하십니다. 부족한 것 없으시나 얻으신 것을 즐거워하십니다. 무엇을 얻고자 탐내지 않으시나 빚이라도 지신 양 넘치도록 갚아주십니다. 그러니 이미 당신의 것이 아닌 것을 가진 자 누가 있겠습니까? 당신은 빚진 것이 없으셔도 빚을 갚으십니다. 하지만 갚으신다 하더라도 당신께는 손해가 생기지 않습니다.

나의 생명, 나의 거룩한 기쁨이신 나의 하나님, 내가 지금 무슨 말을 한 것입니까? 유한한 인간이 당신에 대해 무엇을 말할 수 있겠습니까? 하지만 입을 다물고 있는 자들에게 화가 미칠 것입니다. 침묵이야말로 가장 웅변적인 소리이기 때문입니다.

　　당신에게 의지하게 하소서.

　　나의 마음에 들어오셔서 사로잡아주소서. 모든 재앙을 잊고 나의 유일한 선이신 당신을 끌어안게 하소서.

　　당신은 내게 누구십니까? 나를 불쌍히 여기사 내게 말하는 법을 가르쳐주소서.

　　내가 당신께 누구이기에 당신은 나의 사랑을 요구하시며 나의 사랑을 받지 못하시면 화를 내고 재앙으로 나를 위협하시기까지 하십니까? 내가 당신을 사랑하지 않으면 내게 임하는 화가 결코 작지 않을 것입니다.

　　주 나의 하나님, 나를 불쌍히 여기시고 당신이 내게 누구신지 말씀해주소서. 내 영혼에 "나는 너의 구원이다" 속삭여주소서. 내가 들을 수 있도록 큰 소리로 말씀해주소서.

　　보십시오, 주님. 내 마음이 당신 앞에 다 드러나 있습니다. 내 마음의 귀를 열어주시고 내 영혼에 말씀해주소서. "나는 너의 구원이다."

　　말씀하시고 내가 당신을 이해할 수 있게 허락하소서.

　　당신의 얼굴을 나에게서 숨기지 마소서.

나로 죽게 하시고 그래서 죽지 않게 해주소서.

나로 당신의 얼굴 보게 해주소서.

유년기

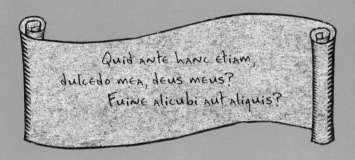

Quid ante hanc etiam,
dulcedo mea, deus meus?
Fuine alicubi aut aliquis?

"나의 기쁨이신 하나님, 삶이 시작되기 전,
나는 어디에 있었습니까? 나는 누구였습니까?"

유년기

이 장에서 아우구스티누스는 유아기의 일을 회고하면서 하나님의 자비로우심을 (바로 그 자비로우신 주님 앞에서!) 증언한다. 물론 아주 어릴 적의 이야기는 육신의 부모에게서 들어 알게 된 것이다. 아우구스티누스는 어머니와 유모를 통해 하나님께서 자신을 먹이시고 사랑을 베푸셨음을 증언하며, 모든 선善은 주님의 선물임을 고백한다. 젖을 빠는 것밖에 모르던 아기가 점차 주변을 의식하고, 의사를 표현하는 법을 배우고, 때가 되어 언어를 사용할 수 있게 되는 과정을 돌아본다. 존재와 생명은 궁극적으로 오직 하나님 안에서만 가능하다는 것, 하나님은 언제나 '현재'를 사시며 인류의 수많은 날들은 하나님의 '오늘'을 통해 흘러간다는 것을 이야기하고, 하나님의 여일하심을 고백하며 끝을 맺는다. 제1권 5장의 일부 (6절) 및 6장에 해당하는 내용이며, 1권 8장에 나오는, 언어를 익히는 것에 관한 내용도 짤막하게 언급하고 있다.

내 영혼의 집은 비좁습니다.[1]

넓혀주소서, 당신이 들어오실 수 있도록.

그 집은 폐허입니다.

고쳐주소서.

그 집의 훼손된 모습이 당신 눈에 거슬릴 것입니다. 하지만 다른 누가 그것을 말끔하게 해주겠습니까? 당신 외에 내가 누구에게 부르짖겠습니까? 주님, 내 은밀한 허물을 말끔히 없애주소서. 당신의 종을 원수의 권세에서 구해주소서. 당신을 믿기에 당신께 부르짖습니다. 오직 당신만이 아시니.

내 죄를 아직 당신께 고하지 않았습니까? 내 사악한 마음을 아직 용서하지 않으셨습니까? 당신은 진리이시니, 당신의 판단에 반박하지 않겠습니다. 스스로를 속이는 부패한 마음이기에, 내가 나 자신을 속일까 두렵습니다. 주님께서 내 모든 죄를 기록하셨으니, 당신의 판단에 맞설 의사가 없습니다. 누가 그 앞에 서겠습니까?

시 130:3 참조

하지만… 비록 나는 먼지요 재에 불과하지만, 나로 하여금 당신의 자비를 증거하게 해주소서. 말하도록 허락해주소서. 나를 거들떠보지 않는 사람들이 아니라 은혜 가운데 계신 당신께 내가 외칩니다. 나는 당신께 천대받아 마땅하나, 당신은 불쌍히 여기시며 내게 다가오십니다.

주 나의 하나님, 죽어가는 인생으로(아니, "살아 있으되 죽은 자로") 태어났을 때 나는 아무것도 몰랐습니다. 그러나 당신은 내가 태어난 첫날부터 당신의 긍휼로 나를 두르셨습니다. 나는 기억하지 못하나, 육신의 부모가 내게 말해주었습니다. 그분들을 통해 당신은 나를 빚으셨습니다.

당신은 여인의 젖으로 나를 안위하셨습니다. 내 모친의 젖으로도 유모들의 젖으로도 나는 만족하지 못했습니다. 내 어릴 적에 당신은 그들을 통해 나를 먹이셨습니다. 그것은 당신의 다스림이었고, 지금도 당신은 창조의 숨은 샘에서 풍성한 부가 흘러나오게 하십니다. 나를 지으신 당신께서는 내게 충분히 넘치도록 주셨습니다. 내 유모들을 지으셔서 당신이 그들에게 주신 것을 기꺼이 내게 주게 하셨습니다. 그들이 내게 준 것은 하늘을 닮은 사랑이었습니다. 당신은 그들이 당신에게서 받은 풍성함을 내게 기꺼이 주게 하셨습니다. 그들이 내게 행한 선한 일은 그들 자신에게도 선한 일이었습니다. 그들이 전해준 선함은 원래 그들에게서 나온 것이 아니라 당신으로부터 온 것이기 때문입니다.

하나님, 모든 선한 것이 당신으로부터 나옵니다. 내 안에 있는 온전한 모든 것은 당신에게서 온 것입니다. 내 안과 밖에 있는 모든 선한 것이 당신의 선물임을 나는 어릴 적부터 알았습니다.

모든 좋은 선물은 당신이 어떤 분이신지를 선포합니다.

내가 아기였을 때 할 줄 아는 것은 고작 젖을 빨고, 좋으면 옹알

거리고, 싫으면 칭얼거리는 것밖에 없었습니다. 그 이상은 알지 못했습니다. 시간이 흐르면서 나는 웃기 시작했는데, 처음에는 잠결이었고 나중에는 깨어서도 웃었습니다. 이 일을 기억하지는 못하나, 누군가 내게 말해주었고 어린 아기들이 자라는 모습을 보고 알게 되었습니다.

나는 조금씩 주변을 알아가기 시작했습니다. 하지만 내게 필요한 것을 채워줄 이들에게 말하는 방법을 알지는 못했습니다. 내가 원하는 것은 내 안에 갇혀 있고, 내 소원을 들어줄 이들은 내 밖에 갇혀 있었습니다. 그들이 내 생각 속으로 들어올 수는 없는 노릇이었습니다. 그래서 나는 팔다리를 바동대며 울었고, 그렇게 내가 원하는 것을 알렸습니다. 사실 내 뜻을 그들에게 전하기란 거의 불가능했으나, 나는 개의치 않았습니다. 위험하거나 이치에 닿지 않는 내 요구를 즉시 들어주지 않으면, 나는 분개했습니다. 그래서 화를 냈지만 어른들은 내게 굽히지 않았습니다. 부탁을 들어주지 않는 어른들에게 나는 막무가내였습니다. 그들이 잘해주지 않으면, 나는 울음으로 앙갚음을 했습니다.

자세히 살펴보니, 아기들은 다 이런 식이며, 나도 그런 아기 중 하나였습니다. 내 막무가내를 겪어낸 유모들의 말에 따르면, 보통 아기들이 아무래도 나보다 훨씬 나았습니다.

보소서. 내 안의 아기는 죽은 지 오래되었으나 나는 아직 살아 있습니다. 이토록 미숙한 피조물이, 주님, 당신 안에서 죽지 않았습니다. 그것은 당신이 영원히 살아 계시며, 당신 안에서는 세계의 기초가 놓이기 전부터 아무것도 변하지 않았기 때문입니다.

우리가 "전에"라 하는 모든 것이 일어나기 전에도 당신은 당신이셨습니다.

당신은 참으로 하나님이십니다.

당신은 진실로 당신이 지으신 모든 것의 주님이십니다.

당신은 영원히 계시고 변함이 없으십니다.

당신이십니다.

변하는 만물을 움직이게 하시는 첫 원인이십니다.

변하는 모든 것은 변치 않는 당신의 존재에서 샘솟듯 흘러나옵니다. 스스로 존재 이유를 찾을 수 없는 시간에 매인 모든 것들이 당신 안에서 영원한 존재의 이유를 발견합니다.

그러니 말씀해주십시오, 주님. 구걸하는 자처럼 당신 앞에 서 있습니다. 불쌍히 여기셔서 말씀해주소서. 나는 당신의 긍휼이 필요한 사람입니다. 말씀해주소서. 아기로 태어나기 전에 나는 죽어 있었습니까? 내 어머니 배 속에서 살던 '나'는 누구였습니까? 어머니 배 속에 있을 그때에 나는 무슨 소리를 들었습니다. 그때 나는 아기를 안고 있는 여인들을 보았습니다.

나의 기쁨이신 하나님, 삶이 시작되기 전

어딘가에 내가 있었습니까?

내가 누군가로 있기는 하였습니까?

이런 물음에 답해줄 이 아무도 없습니다. 아버지도 어머니도 말해주지 못합니다. 다른 이들의 경험을 관찰하여도 그 답을 알 수 없고, 나의 기억에도 아무것이 남아 있지 않습니다.

이런 것을 묻는다고 나를 비웃으시렵니까? 아니면 내가 아는 '당신'을 인정하고 찬양하라 말씀하시렵니까?

하늘과 땅의 주님, 당신을 인정합니다. 나의 조각을 모아 나를 지으심과 내가 기억 못하는 어린 시절로 인하여 당신을 찬양합니다. 당신은 우리 자신의 가장 깊은 진실을 발견할 방법을 일러주셨습니다. 우리는 다른 사람들을 보면서 당신이 우리 안에서 일하심을 헤아려봅니다. 아기 시절 우리를 돌봐준 '연약한 여인들'에게서 당신의 보살핌에 대해 배웁니다.

내 존재가 생겨나 생명을 얻고 유아기를 벗어나자, 나는 말을 사용해 내 느낌을 다른 사람에게 전할 수 있게 되었습니다. 주님, 당신을 통하지 않고서야 의사소통을 한다는 생각을 어찌 할 수 있겠습니까? 자기 자신을 지은 사람이 있습니까? 아니면 본질과 생명이 흘러나오는 다른 기원이 있겠습니까?

없습니다. 오로지 주님 당신 안에서 본질과 생명이 결국 연결됩니다. 당신은 가장 높으시며 변치 않으십니다.

당신께는 '오늘'이라는 시간의 끝이 없으나, 당신으로 인해 우리에게는 하루하루의 끝이 있습니다. 당신 안에서 날이 저뭅니다. 당신께서 날의 끝을 붙들지 않으시면 하루는 저물지 않을 것입니다.

또한 당신의 날은 결코 끝나지 않기에, 당신의 모든 시간은 한 날, 곧 '오늘'입니다. 당신의 '오늘'로부터 우리와 우리 아버지들의 장구한 날들이 나왔습니다. 우리의 매 순간은 당신의 현존으로 측정되고 만들어집니다. 수많은 순간이 흘러갈 것이나, 매 순간마다 당신이 지으신 흔적을 간직할 것입니다. 내일 벌어질 모든 일들에도 불구하고 당신은 한결같으십니다.

지나간 모든 날들 너머, 그 뒤에 당신이 굳건히 서 계십니다. 만물이 당신의 오늘 동안에 모두 지어졌습니다.

어머니 모니카의 보살핌

"나는 세상의 칭찬을 받았습니다.
사람들을 기쁘게 하면 내게 돌아오는 명예가 있었습니다.
당신의 눈길에서 벗어나 빠져든 부패의 심연을 나는 보지 못했습니다."

어머니 모니카의 보살핌

아우구스티누스는 어린 시절 심한 복통을 앓아 거의 죽게 되었던 때를 회상한다. 독실한 기독교 신앙을 가지고 있던 어머니 모니카는 아들이 죽기 전 세례를 받게 하려고 서둘렀으나, 아우구스티누스의 병이 금세 나아버림으로써 세례는 연기되고 만다. 당시에는 세례를 받은 뒤에 지은 죄는 용서받기 어렵다는 인식이 퍼져 있어 죽기 직전까지 세례를 미루는 일이 많았던 탓이다. 이어지는 이야기에서 아우구스티누스는 거짓말과 도둑질, 속임수 등 '성인의 문턱에 접어든 뒤틀린 소년'의 병폐를 고백한다. 그러면서도 남다른 기억력과 말솜씨, 우정의 축복을 비롯해 자신에게 주어진 모든 선한 것은 하나님께서 주신 것임을 감사하며, 자신을 지으시고 함께하시는 하나님을 찬양한다. 본래 텍스트의 제1권 11장과 19장, 20장에 해당하는 부분이다.

소년이 되어 나는 들었습니다. 주 우리 하나님께서 자신을 낮추사 교만한 우리 자리까지 내려오셔서 영원한 생명을 우리에게 약속해 주셨다는 소식을 들었던 것입니다. 당신께 큰 소망을 둔 어머니의 태에서부터 나는 그분의 십자가 인을 받았고 그분의 소금 뿌림을 당하였습니다.[1]

주님, 당신은 내 소년 시절을 아십니다. 그때 나는 갑자기 심한 복통으로 죽을 뻔하였습니다. 하나님, 그때부터 이미 나를 지키신 당신은, 내가 내 어머니와 우리 모두의 어머니인 당신 교회의 경건한 보살핌을 받으면서 그리스도의 세례 받기를 얼마나 갈망하였는지 아셨습니다. 내 육신의 어머니가 크게 상심하였는데, 그것은 믿음 안에 있는 그녀의 깨끗한 마음은 내가 거듭나 구원받기를 바라며 해산의 고통을 이미 겪고 있었기 때문입니다. 주 예수여, 내가 죄 사함을 위해 당신께 고백하였더라면 생명을 주는 성례로 말미암아 성결하고 정결해지는 것을 내 어머니가 보았을 것입니다.

하지만 나는 곧 원상태로 돌아왔습니다. 살아가면서 죄로 인해 다시 더러워질 것이요, 내 죄의 더러움이 내가 정결해진 후에 나를 더욱 더럽게 할 것이요, 내 죄책은 더 무거워질 것이기에 정결하게 하는 예식을 미뤘습니다. 당시에 아버지를 제외하고 나는 어머니와 다른 식솔들과 더불어 믿었습니다. 아버지는 믿지는 않았으나, 자신의 불신에 동참시키고자 어머니의 경건함으로부터 나를 떼어 놓으려 하지는 않았습니다. 나의 하나님이신 당신이 내 지상의 아

버지를 대신하여 나의 아버지가 되어주시기를 내 어머니는 간절히
바랐습니다. 당신은 내 어머니가 아버지보다 더 영향력이 있게 하
셨습니다. 내 어머니는 (훨씬 나은 사람이었으나) 당신의 명령에 순종
하여 아버지에게 복종하였습니다.

나의 하나님, 원하시면 내게 말씀해주소서. 나의 세례가 연기된
까닭이 무엇입니까? 고삐가 느슨해져서 죄로 달려갈 수 있게 하신
것은 나의 유익을 위함이었습니까?
아니면 막으셨는데도 내가 억지로 간 것입니까?
막으신 것이라면, 어찌하여 나는 귓전에 맴도는 이런 말씀을 들
은 것입니까? "내버려두어라. 하고 싶은 일을 하게 두어라. 아직
세례 받을 때가 되지 않았다." 건강상의 문제였다면, "더 심한 상처
로 고생하게 내버려두시오. 그는 아직 치료받지 못했소" 하고 말하
는 법은 없습니다. 내가 낫는 것이 더 나은 일 아니었습니까? 그랬
다면 내 영혼은 영혼의 건강을 주신 분의 보호 속에서 안전했을 것
입니다. 당신은 나를 지키셔서 나와 내 친구들이 훈육 받으면서 자
라도록 해주실 수도 있었습니다. 유혹의 거대한 물결이 나를 휩쓸
어간 성인기를 생각하면, 세례를 받는 편이 분명 좋을 일이었을 것
입니다.
나의 어머니는 일이 어찌 될 것을 내다보았습니다. 어머니는 차
라리 내가 아직 부드러운 진흙일 때 유혹에 직면하는 편이 낫다고,

그래야 나중에 내가 당신의 손 안에서 다시 빚어질 수 있다고 보았습니다.[2]

***

뒤틀린 소년이었던 나는 성인의 문턱에 접어들었습니다.[3] 이 무렵 나는 교양 없이 행동하는 것보다는 교양 없이 말하는 것이 더 싫었습니다. 교양 없는 행동은 별로 꺼리지 않았으나, 순전함을 간직한 사람들 앞에서 느끼는 질투는 어쩔 수 없었습니다.

나의 하나님, 고백하건대 나는 세상의 칭찬을 받았습니다. 사람들을 기쁘게 하면 내게 돌아오는 명예가 있었습니다. 당신의 눈길에서 벗어나 빠져든 부패의 심연을 나는 보지 못했습니다.

당신의 눈에 나는 얼마나 더러운 존재였습니까? 내 인생은 너무도 비천해져서 나와 같은 이들이 보기에도 경멸을 일으킬 정도였습니다. 나는 노는 데 빠져 가정교사와 선생들, 부모를 속였습니다. 헛된 연극을 보러 무던히 다녔고, 배우들을 따라 하려는 마음에 쉴 줄을 몰랐습니다.

또한 부모님의 창고와 서랍에서 물건을 훔쳤고, 자신들의 놀이를 내게 가르쳐준 소년들에게 가져다줄 마음에 잔뜩 들떴습니다. 그들도 나만큼이나 놀이를 좋아했습니다. 놀면서도 나는 종종 첫째가 되고자 하는 헛된 욕심에 비겁한 수를 써서라도 이기려고 했고, 그처럼 다른 아이들을 이기려는 욕심으로 나 자신을 이길 수 있었습니다. 나 자신은 그렇게 하면서도 다른 사람들이 그런 잘못을 저지르는 것은 참을 수가 없었습니다. 누군가 속임수를 쓰는 것을 알면 나는 맹렬히 화를 내며 그를 나무랐습니다. 그러나 누가 나를 꾸짖으려고 할 때, 내 잘못을 인정하기는커녕 비난에 맞서 싸웠습니다.

이것이 순수한 소년 시절입니까?
아닙니다, 주님, 그렇지 않습니다.
순수하지 않았습니다.
나의 하나님, 당신께 자비를 부르짖나이다.
이러한 죄악이 세월과 더불어 점점 더 쌓여갔습니다.
땅콩과 구슬과 참새 같은 사소한 일로 가정교사와 선생들에게 짓던 죄가 나중에는 돈과 땅과 노예와 관련되어 입법자들과 왕들을 상대로 짓는 죄로 커졌습니다. 어른에게는 회초리보다는 더 혹독한 벌이 가해져야 합니다.

왕이신 당신께서 하늘나라는 어린아이와 같은 자들의 것이라 하셨을 때, 그것은 이러한 죄를 말한 것이 아니라 소박한 어린아이의 생각 같은 겸손을 명하셨던 것입니다 마 18:4; 막 10:14-15; 눅 18:16-17 참조.

가장 뛰어나시며 우주를 만드신 선하신 창조주요 통치자이신 주님, 당신께서 내게 어린아이 시절을 허락하셨으니 당신께 감사를 돌리는 것이 마땅합니다. 그때에도 나의 기원이 되는 신비스러운 하나됨의 흔적이 내 안에 심겨 있었습니다.[4]

하나님과 하나되어 있기에 내가 살고 느끼며 나의 안녕을 통제할 수단을 갖게 되었습니다. 나의 내면의 자아는 나의 외적 감각기관이 발견한 진리가 사실인지 시험해보았습니다. 내 생각을 사로잡은, 이처럼 작은 추구의 몸짓을 통해 나는 진리를 기뻐하고 속임수를 미워하는 법을 익혔습니다. 내게는 비범한 기억력과 언변의 은사가 있었습니다. 또한 복되게도 좋은 친구들이 있었습니다. 고난과 굴욕, 무시를 피하며 살 수 있었습니다.

나처럼 미미한 피조물이 고상하고 동경 받는 인생을 살아오지 않았습니까? 허나, 그것은 내 노력 때문이 아니었습니다. 그 모든 것은 내 하나님이 주신 선물이었습니다. 나에게서 나온 것은 하나도 없었습니다.

나를 지으신 이는 선하시며

그분은 나의 선입니다.

어린 시절, 내가 가질 수 있던 그 모든 선한 것으로 인해 그분 앞에 찬미를 올립니다. 내 지은 모든 죄악, 그분과는 아무 상관이 없습니다. 그가 지으신 피조물 안에는, 내 안에 그리고 다른 이들 안에는 기쁨을 구하고 영광과 미묘한 진리를 갈망하는 마음이 있습니다. 그래서 슬픔과 혼돈, 오류 속으로 우리는 곤두박질해 추락했습니다.

그러나 나의 기쁨이요 나의 영광이요 나의 확신이신 나의 하나님, 감사합니다.

당신이 주신 선물로 인해 감사합니다.

당신이 나를 지키시는 것처럼 나를 위해 선물을 간수해주셨습니다.

당신이 주신 선물은 자라나서 온전해질 것입니다.

나 역시 성장하여 온전해질 것입니다.

나 당신과 함께할 것이니,

내게 주신 삶 온전히 알게 될 때까지 그러할 것입니다.

카르타고에서

"진리여, 진리여! 내 영혼의 깊은 데서 당신을 목말라했습니다.
그들은 엄청나게 많은 책을 읽고 여러 깊은 지식을 탐구했으나,
그것은 내게 당신의 메아리를 울릴 뿐이었습니다."

카르타고에서

고향 타가스테 인근의 마다우라에서 문법과 수사학을 공부한 아우구스티누스는 드디어 대도시 카르타고에서 유학 생활을 시작한다. 하지만 그 시절은 감각적인 것에 탐닉하는 육신의 정욕, (거짓 감정에 젖게 만드는) 연극 관람을 사랑하는 것으로 대변되는 안목의 정욕, 수사학 분야에서 두각을 나타낸 것에 우쭐해지고 난폭한 동아리와 교유하는 데서 나타난바 이생의 자랑에 걸려 넘어졌던 시절로 기억될 뿐이다. 그런 와중에도 로마의 철학자 키케로의 저서 《호르텐시우스》를 접하고서 지혜에 대한 강렬한 욕구가 불타올랐으나, 성경에서는 매력을 찾지 못하고 마니교에 빠져들고 만다. 어머니 모니카는 눈물로 땅을 적시며 아들을 위해 기도하고, 주님의 위로인 듯, 한 꿈을 꾼다. 주교는 다음과 같은 말로 모니카를 권면한다. "눈물로 키운 자식은 망하지 않습니다." 제3권 1-5장, 6장의 일부(10절), 11장, 12장에 해당한다.

나는 카르타고로 갔습니다.[1] 거기서 나는 비속한 사랑타령에만 귀를 기울였습니다.

나는 사랑이라는 상념을 사랑했을 뿐, 실제로 사랑을 한 것은 아니었습니다.

나는 깊디깊은 욕망에 빠져서 내가 더는 사랑할 수 없으리라는 사실에 견딜 수 없어 했습니다.

사랑을 사랑했던 나는 사랑할 만한 것을 찾아 헤맸습니다.

나는 안전한 길을 싫어했으며 덫이 놓인 길이 아니면 찾으려 하지 않았습니다.

내 속에 영혼의 양식이 없어 굶주렸기 때문입니다. 나의 하나님, 나는 당신께 굶주려 있었습니다. 그것은 전혀 다른 종류의 갈망이었습니다. 참으로 나는 썩지 않을 양식을 바라는 마음이 부족했습니다. 그 양식이 내 안에 풍성히 있어서가 아니라, 오히려 내 속이 텅 비어 있었기 때문입니다. 내 굶주림을 채워줄 양식이 있다 해도 선뜻 받아들일 마음이 없었습니다. 결국 내 영혼은 쇠약해졌고 상처투성이가 되었습니다.

곤비해진 내 영혼은 감각을 자극하는 것을 찾아 헤맸으나 그것은 상처에 소금을 뿌리는 격이었을 뿐, 사랑을 찾을 수는 없었습니다. 영혼이 없는 그런 것들은 애초부터 사랑의 대상이 될 수 없는 것이었습니다.

그래도 사랑하고 사랑받는 것은 너무도 달콤했습니다. 그러다가 사랑하는 사람을 만나더라도 나는 그의 몸을 소유하고 탐할 뿐이었습니다. 봄날의 우정을 발견했으나 더러운 색욕으로 짓밟고 말았습니다. 육욕은 아니더라도 지독한 누추함으로 진실하고 명랑하기만 한 사랑을 덮어버렸던 것입니다.

겉보기에 나의 허영심은 세련되고 교양 있어 보였습니다. 사랑에 사로잡히기를 몹시도 원했기에 사랑이라면 무조건 빠져들고 보았습니다.

나의 하나님, 자비로우신 하나님, 당신은 그 달콤함에 쓰디쓴 뿌리를 던지셨습니다. 당신은 자애롭게도 그리하셨습니다. 나는 사랑받았고 기쁨의 줄을 발견했습니다. 그러나 그 줄은 슬픔의 사슬이 되었습니다. 나는 시뻘겋게 달아오른 질투와 의심, 두려움, 분노, 싸움의 인두로 지짐을 당했습니다.

극장은 내 비참을 알고 있기라도 하는 양 나를 매혹시켰습니다. 나의 열정에 기름을 부어주었습니다. 사람을 슬프게 만드는 것이 무엇일까요? 왜 사람은 자신이 겪을 것도 아니면서 슬픔으로 몰아가는 비극을 보는 것일까요? 관객들은 극의 이야기에서 슬픔을 느끼기 원하지만, 그 슬픔은 쾌락이라 할 수 있습니다. 참으로 가련하고 터무니없는 마음입니다. 무대 위에서 배우들이 거짓 감정을 연기할수록, 관객은 자신의 참 감정에 충실할 자유를 점점 잃어가는 것입니다.

한 사람은 남모를 고통을 당하고 있는데, 그것을 '비극'이라며

태연해하다니 얼마나 이상한 광경입니까? 대리 경험이라며, 장난과 같은 고통의 운명을 자비나 되듯이 펼칩니다. 그림자에 불과한 연기를 보면서 조작된 감정을 끌어올리는 것이 어찌 남을 불쌍히 여기는 것일 수 있겠습니까? 보고 있는 관객은 고통을 줄여줄 의무가 없으며, 그냥 슬퍼하기만 하면 됩니다. 가여움을 더 많이 이끌어내는 배우일수록 더 우렁찬 박수를 받습니다. 배우가 연기하는 참사가 (실제로 일어난 일이든 혹은 짐짓 꾸며낸 것이든) 관객들을 눈물 짓게 하지 못한다면, 배우에게는 혐오와 비판이 쏟아집니다. 관객이 감동을 받아 가여운 마음을 품게 될 때, 배우는 그 모습을 바라보면서 기쁨의 눈물을 쏟습니다.

우리는 정말 슬퍼하기 원하는 것입니까? 말할 필요 없이, 모든 사람은 기쁨을 원할 것입니다. 비참해지기를 바라는 사람은 아무도 없습니다. 따라서 측은지심으로 행할 수 있다면 아마 우리는 만족할 것입니다. 열정 없는 자비란 있을 수 없기에, 그 이유만으로도 우리의 열정은 끓어오릅니다. 이처럼 애정을 간절히 바라는 마음은 우정의 물길이 되기도 합니다. 그러나 열정은 어디서 그런 고리를 찾습니까? 열정이 동반된 우정은 부글거렸다가 꺼지는 거품의 강으로 달려갑니다. 우정이라는 미덕은 우리가 육정의 뜨거운 물결 속으로 뛰어들려 하기 때문에 변질됩니다. 우정에 깃든 애정은 하늘의 맑음을 가져야 하건만 가만두면 마구 흘러가 부패해버리고 맙니다.

그러면 연민은 모조리 피해야 하는 것입니까? 그렇지 않을 것입니다. 애정에서 비애를 건져내는 것도 잘못은 아닙니다. 그러나 불결의 유혹을 받는 것은 조심해야 합니다. 내 영혼아, 내 조상의 높으신 하나님이 너를 지키는 분이시니, 불결을 삼가라.

나는 그 시절 이후로 연민의 마음을 갖지 않은 적이 없었습니다. 그러나 그때 연인들 안에 있는 기쁨도 찾았고, 장난 비슷한 느낌이기는 하지만 우리는 서로의 몸에 탐닉하는 악한 상상을 했습니다. 무대 위의 연인들이 사랑을 잃었을 때, 나는 그들에게 연민과 고뇌를 느꼈으나 속으로는 그런 감정을 즐겼습니다. 이제 나는 그러한 타락의 순간에서 행복을 찾는 사람을 불쌍히 봅니다. 다른 사람의 연민의 대상이 된 사람보다는 내가 이런 사람을 더 불쌍히 여기는 것은, 그가 가련한 환희라는 유독한 탐닉에 사로잡혀 있기 때문입니다. 슬픔을 즐거워하느니 그보다 진실한 자비에 매달리는 편이 낫겠습니다.

고통을 나눌 만큼 서로를 사랑하라고 권유받지만, 진정한 연민은 슬퍼할 핑계를 찾아 나서지 않습니다. 만약 우리의 선의라는 것이 극장의 자비만큼이나 병든 것이라면, 모순된 이야기이지만, 다른 사람의 슬픔을 나누어 가진 이는 타인이 좀 더 망가져야 더 많이 연민할 수 있게 되는 것입니다.

슬픔은 인간에게 허락된 것이나, 만일 우리가 주 하나님 당신과 같다면 구태여 슬픔을 구할 일은 없을 것입니다. 우리와 비할 수 없이 순결하게 영혼들을 사랑하시고 완전한 연민을 사람들에게 베풀어주시는 당신은 슬픔 없이 불쌍히 여기십니다. 이 점에서 우리가 어찌 감히 당신과 같겠습니까?

내가 극장이 주는 정서에 빠져들었던 것은 내 절망의 한 표현이었습니다. 나는 짐짓 꾸민, 인격과는 동떨어진 비참함에 감정을 이입하려 했던 것입니다. 그래서 눈물을 자아낼 뿐인 연기였으나, 나는 연극에 탐닉했고 무대에 매료되었습니다. 길 잃고 불운한 양, 목자이신 당신을 따르지 않던 이 양이 더러운 병에 걸린 게 이상한 일이겠습니까?[2] 나는 불행을 사랑하게 되었으니, 불행한 일이 내게 닥치지 말아야 할 법이 어디 있겠습니까? 나는 내가 보고 있는 게 무엇인지 몰랐고, 내가 실제 삶에 상처를 내는 허구에 귀를 기울이고 있으면서도 신경 쓰지 않았습니다. 날카로운 발톱이 내 피부를 할퀴어 염증이 생기고 상처가 부풀어 올라 그 헌데가 썩어가는 것 같았습니다. 나의 하나님, 이것이 정녕 삶이었단 말입니까?

그러나 내가 당신을 떠나 멀리 있던 그때에도 당신의 신실한 자비는 나를 품고 계셨습니다. 나는 비참한 죄를 짓느라 골몰했고 당신을 욕되게 하는 관념적인 철학을 추구했습니다. 당신을 저버린 내가 반역의 심연 언저리까지 다가가도록 당신은 내버려두셨습니다. 나는 꾀임에 빠져 귀신들을 섬겼고 악한 희생제물을 바쳤습니다. 나 자신의 의지에 따라 이 모든 일을 행하면서도 속으로는 당신의 채찍 소리를 듣는 듯하였습니다.

한번은 교회에서 성례전이 베풀어지고 있는데도, 감히 죽음에 이르는 죄 지을 계획을 세우기도 했습니다. 원망하는 뜻에서 하는 말은 아니나, 뛰어난 자비를 베푸시는 나의 하나님, 그 일로 인해 당신은 중한 벌을 내리셨습니다. 내가 자랑스럽게 파괴자들과 함께 방황하고 당신에게서 떠났지만, 그때에도 당신은 무시무시한 그들로부터 나의 피할 거처가 되어주셨습니다.

나는 당신의 길이 아니라 나의 길을 사랑했습니다.

나는 방랑의 자유를 너무도 원했습니다.

사람들은 나의 학업을 칭찬하였으며, 나는 법정에서 뛰어난 재판관이 될 수 있으리라 생각했습니다. 칭찬을 받으면 받을수록, 나는 칭찬에 더 익숙해졌습니다. 인간의 눈멂이 그러합니다. 우리는 한치 앞도 못 보면서 자기 영광을 추구합니다. 나는 수사학 학교에서 일등을 하며 스스로 대견해 했습니다. 한껏 거만해졌습니다.

주님께서 아시는 것처럼, 내가 에버소레스 동아리의 행동을 피하고 그 모임에 가담하지 않은 일은 잘한 일이었습니다.[3] 이 불길하고 사악한 이름은 내가 함께 생활하던 이들의 정체를 알려주는 명찰 같은 것이었습니다. 나는 부끄러운 줄도 모르고 그들과 어울렸으나 그들의 소행에는 가담하지 않았습니다. 나는 그들과 함께 살면서 때로 그들의 우정에 기뻐했으나, 그들이 하는 짓은 미워하였습니다. 그들은 순진한 신입생들을 혼란스럽게 하며 의기양양해

했습니다. 난장판이 되기 일쑤요 악행이 판치는 연회를 벌이면서, 새로 들어온 학생들을 괴롭혔습니다. 신입생들을 부추겨 사악함에 빠지게 하는 점에서 그들의 행동은 악마의 그것을 빼닮았습니다. 그러니 그들이 스스로를 일컫는 '에버소레스'(뒤엎는 자들)라는 이름보다 합당한 이름이 어디 있겠습니까? 그들은 먼저는 전복하고 그다음은 변태적인 짓을 했습니다. 그들이 사람들을 속일 때면 속이는 영이 그들을 농락하는 듯했습니다. 그들 자신은 매우 세련되게 다른 이들을 희롱하고 속인다고 생각했지만 말입니다.

이런 사람들과 지내면서 혼란스러웠던 나는, 수사학 공부에 열심을 내면서 탁월한 웅변가가 되고자 하는 마음을 품었습니다. 명예는 가련하고 허무한 내 마음의 목표였습니다. 나는 인간의 자만을 즐겼기 때문입니다.

공부를 하는 동안, 키케로의 책을 접하게 되었습니다. 그의 심성은 아니더라도 그의 강론은 모든 이들의 탄성을 자아내게 했습니다. 《호르텐시우스》는 철학을 권고하는 책입니다.[4] 이 책은 내 태도를 바꾸어주었고 새로운 목표와 갈망을 가지고 주님이신 당신께 기도하게 해주었습니다. 키케로는 모든 헛된 바람이 가치 없는 것임을 일깨웠습니다. 순간 나는 영원히 지속되는 가치를 담고 있는 지혜를 찾고 싶다는 강렬한 열망에 사로잡혔습니다. 당신에게로 돌아가고자 나 자신을 재우쳤습니다. 이 책이 웅변의 혀를 날카롭게 해주지는 않았습니다. 그때까지 나는 어머니가 보내준 돈을 다

웅변술을 연마하기 위해 쓰고 있었습니다.

내 나이 열아홉 살이었고, 아버지는 2년 전에 이미 돌아가셨습니다. 나는 키케로에게서 유연한 수사학적인 재치를 배우지 않았습니다. 그에게서 형식보다는 내용을 배웠습니다.

하나님, 그때 내 마음 뜨겁게 불타올랐습니다. 나는 물질주의를 버리고 당신을 찾기를 열망했습니다. 앞으로 당신이 나를 어떻게 하실지 더 이상 걱정이 되지 않았습니다. 지혜는 당신에게서 찾을 수 있고, '철학'은 그리스어에서 말하듯 지혜를 사랑하는 것이었기 때문입니다.[5] 이 책은 내게 철학을 추구하도록 해주었습니다.

어떤 사람들은 교묘한 말로 오류를 덮고자 현혹하고, 교활한 논증을 펴고, 명예를 얻는 데 철학을 사용합니다. 키케로 당시의 사람들이나 그 이전 사람들이나 철학을 오용하던 대부분의 사람들은 이 책을 아주 싫어했습니다. 이 책을 읽으면서 나는 요설일 뿐인 철학들을 숱하게 알게 되었습니다. 당신의 경건한 종들 가운데 한 사람이 분명하게 밝힌바, 당신의 영이 주신 온전한 충고가 내게 필요했던 것입니다. "누가 철학과 헛된 속임수로 너희를 사로잡을까 주의하라. 이것은 사람의 전통과 세상의 초등학문을 따름이요 그리스도를 따름이 아니니라. 그 안에는 신성의 모든 충만이 육체로 거하시고"골 2:8-9. 그때에 나는 사도들이 기록한 성경을 알지 못했기에, 내 마음의 빛이신 당신께서 아시는 것처럼, 키케로의 권고에 따라 마음에 각성을 얻고 불이 붙기까지 변했습니다.

나는 사랑에 불붙었고, 어떤 유파가 아니라 지혜를—그것이 무엇이든 간에—추구하고 얻고 간직하고 품고자 했습니다.

키케로의 책이 붙인 불은 대단했으나, 단 한 가지 내가 도저히 넘어설 수 없는 무엇이 있었습니다. 이러한 키케로의 사상은 그리스도와는 전혀 관계가 없었습니다.

나는 당신의 아들, 나의 구주의 이름 앞에 내 어머니의 젖으로 부드러워진 나의 마음을 바쳤습니다. 한때 나는 그 이름을 마음 깊이 간직한 적이 있었습니다. 내가 아무리 배우고 학식 있고 깊이 있는 사람이 되었다 할지라도, 이 이름 외에 다른 어떤 것도 나를 완전히 사로잡지 않은 것은 모두 당신의 자비 덕분입니다.

그때에 나는 성경에 내 마음을 다 쏟아보리라 결심했습니다. 그 안에 어떤 내용이 담겨 있는지 알고 싶었습니다. 그러나 애석하게도 자만심에 사로잡힌 자들은 이해할 수 없고, 그렇다고 아이들에게도 열려 있지 않은 그 속의 어떤 내용에 부딪혔습니다. 배움이 없는 자라도 그 기본 내용을 이해할 수 있었으나, 구석구석에 고상한 신비가 숨어 있었습니다.

내 세속적인 지각으로는 이 좁은 길로 들어설 수가 없었습니다. 그 길로 기어 들어갈 만큼 낮게 머리를 숙일 수 없었습니다. 지금 성경에 관해 말할 수 있는 것을 그때는 알 수가 없었습니다. 성경의 언어는 키케로의 정연함에 비할 바가 아닌 듯 보였습니다. 잔뜩 부풀어 오른 나의 오만은 이 소박한 문장을 경시했으나, 나의 날카로운 문예적인 기지도 그 머금은 의미들을 꿰뚫지는 못했습니다.

성경의 언어는 낮은 자들의 마음에 아주 쉽게 다가갑니다. 배울 대로 배운 나로서는 작아지는 것을 견딜 수 없었습니다. 부푼 내 머리는 위대한 것만을 찾았습니다.

그래서 나는 비슷한 자만심에 들뜬 자들에게서 영향을 받았습니다. 그들은 육신의 왁자지껄함에 만족하는 자들이었습니다.[6] 그들의 입은 마귀의 올무였습니다. 그들은 당신의 이름과 우리 주 예수 그리스도와 중보자이고 위로자이신 성령께 돌아가야 할 찬양을 마구 혼잡하게 만들어버렸으니 말입니다. 그들은 당신에 대해 쉴 새 없이 좋은 말을 지껄였지만, 하나님을 찬양하고자 하는 그들의 열망이라는 것은 입술의 말에 불과할 뿐이었습니다. 그들의 마음에는 진리가 도무지 없었기 때문입니다.

그러면서도 그들은 "진리여! 진리여!" 하고 외쳤고, 한편 내게 언제고 진리에 관해 이야기했습니다. 그러나 그들의 말은, 그 안에 당신의 어떤 모습도 담지 못한 거짓말에 불과했습니다. 진리는 오로지 당신 안에 있기 때문입니다.

그들은 세계의 구성요소, 그리고 당신이 세계 안에 지어놓으신 모든 것에 대해서도 진실을 말하지 않았습니다. 내 아버지, 당신을 향한 사랑 때문에 나는 진리를 말하는 철학자들을 지나쳐버려야 했습니다. 당신의 지고한 선하심은 모든 아름다운 것 중에서도 아름답습니다.

진리여, 진리여!

내 영혼의 깊은 데서 당신을 목말라했습니다. 그들은 엄청나게 많은 책을 읽고 여러 깊은 지식을 탐구했으나, 그것은 내게 당신의 메아리를 울릴 뿐이었습니다. 그것은 진리의 메아리였습니까? 그 책들은 해와 달을 섬기는 데 쓰이는 쟁반이었을 뿐입니다.

나는 당신의 작품이 아니라 당신에게 굶주려 있었습니다. 해와 달은 당신이 만드신 아름다운 작품일 뿐, 가장 위대한 작품이라고도 할 수 없을 것입니다. 당신이 지으신 영적 세계가 반짝이는 천상의 작품들보다 훨씬 낮기 때문입니다. 하지만 내가 목말라 찾았던 것은 당신이 만드신 최고의 작품이 아니라 당신, 진리이신 당신이었습니다. 당신에게는 변하는 것도 없고 변화하는 그림자도 없습니다약 1:17 참조.

그들은 그 쟁반에 현혹하는 환영幻影을 담아 바쳤습니다. 태양을 내 연모의 중심으로 삼았더라면 차라리 나았을 것입니다. 태양은 최소한 존재하며 눈으로 볼 수 있으니 말입니다. 하지만 나는 상상이라고 하는 속이는 환영에 빠졌습니다. 나는 그것이 당신의 진리인 줄로만 알았습니다. 그래서 그것을 꿀꺽 삼켰던 것입니다. 그 정신의 음식은 그리 맛있지 않았습니다. 당신의 실체를 맛보여 주지 않았기 때문입니다. 결국 그들의 텅 빈 철학에서는 당신을 발견할 수 없었습니다.

그들의 사상은 세우는 것이 아니라 쇠잔하게 하는 것이었습니다. 꿈에서 보는 음식은 현실 세계의 음식과 아주 비슷하지만 꿈속에서 음식을 먹은 사람이 영양을 섭취할 수는 없는 법입니다. 내가 먹은 사상들은 전혀 당신의 것이 아니었습니다. 이제는 압니다. 당신이 말씀해주셨기 때문입니다. 꿈에서 깨는 것 같았습니다. 그 꿈은 이 땅과 저 하늘의 실체들을 대신하는 거짓 형상들이 있는 물질의 환상이었던 것입니다.

육신의 눈으로 살펴볼 수 있는 분명한 것을 연구하는 편이 낫습니다. 짐승들과 새들도 그것을 볼 수 있으니 말입니다. 실재하는 대상들은 우리가 이것저것 갖다 붙이는 환상보다 더 확실합니다.

한 번 더 말하자면, 우리가 마음으로 실재들을 조작할 때 실재에 덧붙여진 추론에는 의미가 텅 비게 됩니다. 그러한 추측은 진리와 부합하지 않습니다. 그러한 생각들은 낱알의 껍질일 뿐이며, 껍질은 먹을 수도 없고 먹어도 배부르지 않습니다.

내 영혼의 연인인 당신을 볼 때 나는 엄습하는 허기에 쓰러질 듯하지만 그러기에 나중에는 강건해질 것입니다. 당신은 우리가 보는 물질 안에 계시지 않습니다. 하늘에 계시지만, 우리가 창공에서 보는 것들이 있는 그 하늘에 계신 것이 아닙니다. 하늘과 창공은 당신이 지으신 작품입니다. 게다가 그것들은 당신의 최고 작품에 끼지도 못합니다.

천체들에 대한 나의 환상, 실재와는 전혀 무관한 환상으로부터 당신은 참으로 멀리 떨어져 계십니다. 우주에 실재하는 천체들에 관한 오묘한 형상들로부터도 아주 멀리 떨어져 계십니다. 그 환상들은 확실해 보이기도 하나, 실은 실제 사물들이 더 확실합니다.

확실한 것은, 그것들은 당신이 아니라는 것입니다. 그 안에는 생명의 불꽃이 없습니다.

더 낫고 확실한 것은 그 천체들 너머에 있는 생명입니다. 어떤 물체 자체보다도 생명이 더 좋은 것입니다.

당신은 영혼 너머에 있는 바로 그 생명이십니다. 삶의 원천이 되는, 당신 안에 생명을 품고 계신 바로 그 생명이십니다.

변하지 않으시는 당신이 내 영혼의 생명이십니다.

***

당신은 내게 위로부터 손을 뻗으셔서 저 깊은 어둠에서 내 영혼을 건져내셨습니다. 당신의 신실한 종, 내 어머니는 자식을 잃은 그 어느 어미들보다도 더 당신 앞에서 나를 위해 울었던 것입니다. 어머니는 내가 어떤 죽음에 걸렸는지 알고 있었습니다. 그녀는 당신이 주신 믿음과 영의 소유자였기 때문입니다. 주님, 당신께서는 내 어머니의 기도를 들어주셨습니다. 기도를 들으시고 그 눈물을 멸시하지 않으셨습니다. 어머니의 눈물은 강을 이루었고, 기도하는 곳마다 그 땅을 흠뻑 적셨습니다. 그렇습니다. 당신께서 어머니의 기도를 들으셨습니다.

당신께서 어머니를 위로하고자 허락하신 환상 때문에 어머니는 나를 집으로 들였습니다. 어머니는 내가 따랐던 신성 모독적인 행동들에 몸서리를 쳤고 나의 과오를 혐오했지만, 시간이 흐르자 다시 나와 한 상에서 먹기를 자청했습니다. 환상 속에서 어머니는 슬픔에 짓눌린 채 한 목수의 나무 자 위에 있었습니다. 쾌활하고 웃음을 머금은 명랑한 젊은이가 어머니께 다가왔습니다. 모든 것을 알고 있기나 한 듯이 젊은이는 어머니에게 왜 매일 슬픔에 잠겨 우는지 물었습니다. 어머니는 마음이 떠난 나 때문에 괴로워하는 것이라고 답했습니다. 젊은이는 울음을 그치고 생기를 찾으라 말하고는 주위를 둘러보면 내가 함께 있는 게 보일 것이라고 했습니다. 어머니는 내가 그 자 위에서 자기와 함께 서 있는 모습을 보았습니다. 당신이 내 어머니를 배려하심이 아니라면 이것이 무엇이겠습니까? 전능하신 하나님, 당신은 돌봐야 할 이는 단 한 사람뿐인 양 그렇게 모든 사람을 배려하십니다. 사람 하나하나가 바로 그 단 하나의 사람인 양 돌보아주십니다.

어머니가 이 환상에 대해 내게 말했을 때, 왜 나는, 언젠가는 내가 있는 곳에 어머니가 서 있게 될 테니 실망할 필요가 없다고 비꼬아 말했을까요? 어머니는 망설임 없이 이렇게 대답했습니다. "아니다. 네가 서 있는 곳에 내가 함께 있을 게 아니라, 내가 서 있는 곳에 네가 함께 있을 게다."

주님, 당신께 고백합니다. 이 일을 기억하고 이 일에 관해 자주 말하기도 했거니와, 당신은 깨어 있는 내 어머니를 통해서 내게 응답하셨습니다. 어머니는 내 빗나간 해석의 타당성 따위는 처음부터 안중에 없었습니다. 어머니는 보아야 할 것을 보았고, 어머니가 말하기 전에는 내가 깨닫지 못했을 뿐입니다. 꿈보다는 어머니의 확신이 나를 움직였습니다. 그 꿈으로 말미암아 이 경건한 여인은 안도하게 되었습니다.

어머니는 오래전에 주어진 약속이 한참 후에 성취될 것을 봄으로써 짓눌리는 슬픔 속에서도 위안을 얻었습니다. 거의 9년 동안이나 나는 거짓의 어둠 구덩이에 빠져 있었습니다시 40:2 참조. 구덩이에서 올라올 생각을 안 했던 것은 아니나, 매번 더 크게 엉덩방아를 찧고 주저앉을 뿐이었습니다. 그 시간 동안 정숙하고 경건하며 참 정신을 지닌 과부는 비록 희망을 품고 있었으나 울며 애통해하기를 그치지 않았고, 기도할 때마다 나를 당신 앞으로 데려가기를 멈추지 않았습니다. 어머니의 기도는 사랑이신 당신 앞에 이르렀습니다. 그러나 당신은 내가 어둠에 머물고 다시 어둠 속으로 들어가도록 내버려두셨습니다.

다른 일도 고백해야 하고 지난 일을 자세히 기억할 수도 없으니 그만 말을 아끼겠습니다. 그러나 당신이 어머니에게 다른 응답도 주신 일을 회상합니다. 그 응답은 당신의 종, 즉 당신의 교회를 돌보고 당신의 책을 아는 주교를 통해 주어졌습니다. 여인은 주교를 찾아가서, 나의 오류를 지적하고 충고해줄 뿐 아니라 내가 빠져 있는 거짓을 드러내어 바른 것을 가르쳐줄 것을 부탁했으나, 주교는 지혜롭게 거절했습니다. 그는 가르침을 받아들일 준비가 되어 있는 사람들을 가르칠 수 있었습니다. 나는 나중에야 왜 그가 나를 가르치려 하지 않았는지 알게 됐습니다. 나는 아직 가르침 받을 준비가 되어 있지 않았습니다. 나는 내가 따르던 거짓 가르침에 대해 으쓱하는 마음이 있었던 것입니다.

어머니는 내가 교묘한 질문을 던져 수사학을 배우지 못한 사람들을 속여먹는 데 수사학을 쓰고 있다고 주교에게 고발했습니다.

그러자 주교는 이렇게 말했습니다. "좀 더 지켜봅시다. 그저 아들을 위해 하나님께 기도하십시오. 그는 자신의 잘못을 알게 될 것이며 그것이 하나님을 얼마나 욕되게 하는 것인지도 알게 될 것입니다."

주교는 전에 어떻게 자신의 모친이 속아서 자기에게 마니교를 받아들이도록 했는지 말해주었습니다. 주교는 마니교 경전을 읽었을 뿐 아니라 틈날 때마다 그 대부분을 필사하기도 했습니다. 누구도 그와 논쟁하지 않았고 아무도 그에게 입증해주지 않았지만, 그는 이 분파를 배격해야 함을 알게 되었고 결국 그 모임에서 나왔습니다.

주교의 말을 듣고도 만족스럽지 않았던 내 어머니는 간청하는 눈물로 한 번만 나를 만나달라고 그에게 매달렸습니다.

마침내 주교는 끈질기게 간청하는 내 어머니에게 두 손을 들었습니다. "하나님의 복을 비니 그만 집으로 돌아가십시오. 눈물의 자식은 망하지 않습니다."

어머니는 이것이 하늘로부터 내려온 응답이라 여겼습니다(그래서 내게 자주 이 일을 말했습니다).

감사의 제사

"그렇게 그는 떠났습니다.
내 마음은 슬픔에 잠겨 칠흑 같은 밤이 되었습니다.
죽음이 사방에 도사리고 있음을 그때 알았습니다."

감사의 제사

다시금 하나님을 찬양하기 위해 아우구스티누스는 자신의 부끄러운 과거를 고백하며, 그 같은 기억을 하나님께 감사의 제물로 바치기를 원한다. 여전히 그는 마니교에 빠져 있었고, (본문에는 나오지 않지만) 한 여인과 동거하는 중이었으며, 점성술에도 관심을 갖고 있었다. 잘나가는 수사학 선생으로 사회생활을 순조롭게 시작한 그는 카르타고에서 고향 타가스테에 돌아가 수사학을 가르치는데, 여기서 충격적인 일을 겪는다. 몸은 다르지만 마치 자신과 하나의 영혼을 공유하고 있는 것 같았던 절친한 친구가 죽음을 맞은 것이다. 극심한 슬픔에 빠진 아우구스티누스는 살아 있음이 버겁지만 그렇다고 차마 죽을 수는 없는 이도 저도 못하는 상황에서 인간의 비참한 실존을 자각한다. 하지만 아직 하나님께 돌아가 짐을 내려놓지는 못한 채 전전긍긍할 뿐이다. 제4권 1장 1절의 일부, 3-7장이 여기에 해당한다.

내게 은혜를 베풀어주십시오. 방황하던 지난날을 되돌리고자 합니다. 나의 하나님, 지난날들로 인해 당신께 감사를 드립니다. 당신 없는 나는 나 자신을 몰락으로 이끄는 안내자일 뿐 대체 누구란 말입니까?[1] 기껏해야 당신의 품 안에서 젖을 빨며 당신의 손에서 영원한 음식을 받아먹는 아기일 뿐입니다.

하지만 인간이 이렇건대, 이와 다를 사람이 있단 말입니까?

***

그때 현명하고 노련하며 저명하고 노회한 의사가 고열에 시달리는 내 이마를 그 손으로 짚어주었습니다. 그가 나를 낫게 한 것은 아닙니다. 오직 당신만이 교만한 자를 물리치고 겸손한 자에게 은혜를 주심으로써 이 병을 고치시기 때문입니다.

그런데 당신은 저 노련한 의사로도 나를 고치지 못하신 것입니까, 아니면 내 영혼 고치는 일을 늦추신 것입니까?

이 의사와 친해질수록, 나는 그의 수사에 매료되었고 그의 말하는 방식에 주의하여 들었습니다. 그는 평이한 어휘를 사용했지만 그의 말은 활기 있고 생생하며 진실하게 들렸습니다. 그는 대화 중에 내가 점성술을 공부하고 있다는 것을 알고는 그것을 멀리하라고, 가치가 없는 것에 정성을 기울여 힘을 빼지 말라고 아버지와 같이 온화하게 충고하였습니다.

그는 생계를 꾸려가는 직업으로 점성술을 공부했던 자신의 젊은 시절 이야기를 들려주었습니다. 그는 히포크라테스의 글을 이해할 수 있었기에 곧 이 공부에 정통할 수 있으리라 생각했습니다. 그러나 결국 점성술을 버리고 그 대신 의학을 붙들었습니다. 점성술이 전혀 엉터리임을 알게 되었기 때문입니다. 그는 진실한 사람이었던지라 사람들을 기만하는 일로 먹고살 수는 없었던 것입니다.

그가 말했습니다. "자네는 수사학을 생업으로 삼아보게. 자네가 수사학을 공부하는 건 자네가 원해서 하는 일이지 돈이 필요해서 한 것은 아니지 않은가? 자, 내 말을 명심하게. 나는 의술을 익히기 위해 정말 노력했고 그래서 의술을 생업으로 삼아 평생을 살아왔다네."

나는 그를 조르다시피 하여, 어떻게 별자리를 보고 장래의 일을 예측한 게 들어맞을 수 있는지 알려달라고 했습니다. 그는 예측이 실현되기도 하는 것은 만물 가운데 존재하는 일종의 우연 때문이라고 답했습니다. 한 사람이 어떤 시인의 시집을 우연히 펼쳤다 해도, 그는 자신과 전혀 다른 것을 사고하고 노래한 시인의 시구에서 자신의 생각을 사로잡고 있던 것과 아주 비슷한 표현을 찾아내곤 합니다. 이것이 그다지 놀라운 일이 아닌 것은, 이 사람의 심령이 작용하여 더 높은 지성에 의해 무의식적으로 추구자의 행동을 이끄는 답을 찾게 되기 때문입니다. 그가 답을 찾은 것은 순전히 우연이지 기술은 아닌 것입니다.

당신께서는 그 의사를 통해 나를 크게 가르치셨습니다. 이 일들을 기억하게 하셔서 훗날 나 스스로 찬찬히 살펴보게 하셨습니다. 그러나 그때 그가 점성술을 버리게 하지는 못했습니다. 각별히 선하며 경외심을 지닌 내 친구 네브리디우스도 나로 하여금 저 사술邪術을 버리게는 하지 못했습니다. 그는 점성술을 경멸하는 친구였습니다. 그러나 나는 그러한 책들을 지은 저자들의 권위에 눌려 한참 더 방황했습니다. 게다가 예측이 맞아 들어가는 것이 우연의 결과라는 입장을 확고히 지지할 만한 증거를 발견하지도 못했습니다. 사람들에게 인기 있는 점성가들의 예측은 정확히 들어맞는 것 같았습니다.

이 시기에 나는 수사학을 가르치는 교사가 되기 위해 고향으로 되돌아갔습니다.[2] 고향 마을에서 나는 한 친구와 아주 가깝게 지냈습니다. 그도 내 또래로 나처럼 뭔가를 막 시작하고 있었습니다. 우리는 죽마고우로 학교를 같이 다니며 뛰놀던 사이였습니다. 그러나 어른이 되면서는 소원하게 지내다가 나중에 다시 가까이 지내게 된 것입니다. 성령이 친구를 하나로 묶어주심으로써 우리 마음 안에 사랑이 덧입혀지지 않고는 진정한 우정이 만들어질 수는 없는 것입니다.

학문적 관심사가 같았기에 우리의 우정은 깊어갔습니다. 나는 그를 신앙의 자리에서 끌어내렸습니다. 아직 젊은 그는 신앙이 철저하지도 견고히 서 있지도 않았습니다. 나는 그에게 내가 믿고 있던 미신과 덕이 되지 않는 일화를 잔뜩 들려주었는데, 이 일은 내 어머니를 근심에 빠지게 했습니다.

우리는 진리가 아닌 것으로 하나가 되었습니다. 그리고 나는 그에게 의지해 영적인 지원을 구했습니다. 그러나 도망자와 같은 우리는 당신이 우리를 얼마나 가까이까지 추격하고 계신지 조금도 알지 못했습니다. 당신은 복수의 하나님이셨으며 샘솟는 자비 샘이기도 하셨습니다.

당신은 놀라운 길로 우리를 이끌어 당신에게로 향하게 하셨습니다.

우리가 우정을 쌓은 지 일 년 만에 당신은 그를 이 세상에서 데려가셨습니다. 돌이켜 보건대, 그와의 우정은 나의 인생에서 가장 소중한 것이었습니다.

우리 인간을 은밀히 이끄시는 당신의 모든 방법을 온전히 찬양할 수 있는 자 누구이겠습니까? 나의 하나님, 당신이 그때 하신 일은 당신의 계산, 그 심연 속에서 이루어진 일로서, 나로서는 도저히 이해할 수가 없습니다. 그는 오랫동안 고열에 시달리며 병상에 누워 있다가 끝내는 죽기 직전의 의식불명 상태에 빠졌습니다. 모두가 그의 회복을 간절히 바랐지만, 세례식을 받을 때에도 그는 혼수상태에서 깨지 못했습니다. 나는 그가 세례 받는 것에 크게 신경 쓰지 않았습니다. 나를 받아들인 그의 믿음이 그의 가슴에 간직되어 있음을 믿었으므로 의식이 없는 그의 몸에 무슨 예식을 하든 차이가 없다고 생각했습니다.

하지만 뜻밖의 일이 벌어졌습니다. 그가 위중한 상태에서 회복되기 시작한 것입니다. 우리는 가까운 친구였기에 나는 한시도 그의 병상을 떠나지 않았습니다. 그와 대화를 나눌 수 있게 되자, 나는 그에게 의식과 감각이 없을 때 그가 받은 세례에 대해 농담을 했습니다. 그런데 그는 자기가 세례를 받았다는 사실을 알고 있었습니다. 그는 내가 원수이기라도 한 양 내게서 물러났습니다. 그는 내게 친구로 남고 싶다면 그런 농담은 하지 말아달라고 했습니다. 갑작스럽기는 했지만, 그것은 그가 순전히 자의로 한 말이었습니다.

의외였지만 나는 내색하지 않았습니다. 내가 느낀 것을 말해도 감수할 수 있을 만큼 건강해진 뒤에 하려고 말을 아꼈습니다. 그러나 결국 나는 그에게 화를 낼 수 없었습니다. 그로 인해 그는 당신께 보호받고 나도 위안을 받게 하려는 것이었습니다.

며칠 후 내가 잠시 자리를 비운 사이에 신열이 갑자기 그를 덮쳤고, 그렇게 그는 떠났습니다.

내 마음은 슬픔에 잠겨 칠흑 같은 밤이 되었습니다. 죽음이 사방에 도사리고 있음을 그때 알았습니다. 고향에 머물러 있는 것은 고역이었고 아버지 집에서 지내는 것도 시들해졌습니다. 친구를 연상시키는 일들이 이제는 내게 고문과 같았습니다. 어느 곳을 가든 나는 그를 찾았지만, 그는 어디에도 없었습니다. 그가 없는 모든 장소가 싫어졌습니다. 그 어디서도 그를 찾을 수 없음을 알았습니다. 그는 내게 살아 있는 것 같았으나 실은 부재했습니다.

내가 왜 그토록 슬퍼했는지, 나 자신조차도 이해할 수 없는 거대한 수수께끼였습니다. 왜 그리 슬픔에 허덕이냐고 격정에 떠는 내 영혼에게 물었습니다. 하지만 답을 얻지는 못했습니다. 하나님을 믿자고 내 영혼에게 말했다면, 내 영혼은 단박에 거절하고 말았을 것입니다. 사별의 아픔을 준 친구는 실재했던 사람이었습니다. 내가 믿고자 하는 유령 같은 신보다도 더 진실하고 더 나은 실재였던 것입니다.

그나마 울 수 있어서 다행이었습니다. 내 친구에 대한 나의 깊은 애도의 마음을 가장 잘 표현해주는 것은 눈물이었습니다.

이제 그 모든 일은 과거의 일이 되어버렸습니다.

시간이 흐르며 상처도 함께 아물었습니다.

진리이신 당신께서 가르쳐주소서.

내 마음의 귀가 당신의 입을 향하게 해주소서.

슬플 때는 울어야 슬픔이 진정되는 것은 무슨 까닭입니까?

당신은 어느 곳에든 계신 분이지만 우리의 비참으로부터는 멀리 떨어져 계신 것입니까? 우리는 이런저런 시련에 뒤척이는데, 당신은 주무시고 계신 것입니까? 당신이 우리의 신음소리에 귀를 기울이지 않으신다면, 우리에게는 희망이 없습니다. 비정한 인생의 포도나무에서 어찌 달콤한 포도송이를 딸 수 있겠습니까?

신음과 눈물, 한숨, 불평을 거쳐야 우리의 탄원이 조금 유해지는 것입니까? 그래야 당신이 더 잘 들으시는 것입니까?

슬픔을 안고 당신에게로 나아가기 원합니다. 상실로 인한 슬픔이 가눌 길 없는 슬픔이 되고 마는 것은 무슨 연유입니까?

친구가 다시 살아서 돌아오리라는 희망을 품지는 않았습니다.

무덤 밖으로 나오라고 눈물 흘리며 부르지도 않았습니다.

그저 슬피 울었습니다.

마음이 참혹했습니다.

기쁨을 잃었습니다.

통곡은 비통의 표현, 한때 즐거워했으나 지금은 잃어버려 애타는 마음을 달래주고, 가질 수 없어 쓰디쓴 마음을 잊게 해주는 것입니까?

내가 왜 이런 말을 하는 것일까요? 이제 질문을 멈추고 당신께 고백하겠습니다.

어떤 이유에서든 나는 참혹한 상태였습니다. 사라질 것들에 연연하는 모든 영혼은 참담해집니다. 물질을 사랑하는 마음이 설 곳을 잃을 때 영혼은 두 동강 납니다. 어쩌면 참혹함은 어디에나 있었던 것인지도 모릅니다. 고운 모습을 하고 있었지만 이내 벗겨져 버리고 말았습니다.

바로 그때였습니다. 나는 격하게 울었고, 후회가 밀려왔지만 편안한 마음이 되었습니다. 이제야 깨닫습니다. 그때 나는 망가질 대로 망가져서 나의 친구보다 내 비참한 삶을 더 소중하게 붙들고 있었습니다.[3] 내 삶에 있는 어떤 것들을 기꺼이 바꾸었는지 모르지만, 친구와 짝하는 것보다 자랑 삼아 걸어온 길들을 놓아버리기가 더 두려웠습니다. 그 친구를 위한 것이라 할지라도 내가 점치는 일을 그만두었을지는 잘 모르겠습니다. 필라데스와 오레스테스가 서로를 위해서 기쁘게 죽었을지 아니면 함께 죽었을지, 혹은 함께 사는 일이 죽음보다 더 나빴을지는, 아주 허황되지 않고 어느 정도 연관성이 있는 것입니다.[4]

내 안에서 서로 어울리지 않는 두 가지 감정이 솟아났습니다. 삶이 싫었지만, 죽자니 겁이 났습니다. 내가 친구를 사랑하는 만큼, 나를 절망시키는 잔혹한 원수 죽음을 미워하고 두려워한다는 생각이 들었습니다. 나는 우리를 막다른 골목으로 신속히 몰고 가는, 모두에게 임한 죽음의 권능에 몸을 떨었습니다. 나의 심사는 그랬습니다.

나의 하나님, 당신은 내 마음을 들여다보고 계십니다. 제가 품었던 숨은 생각들을 아십니다. 당신은 저렇게 눌어붙어 떨어지지 않는 부정한 생각을 말끔히 씻겨내시고, 내 눈을 당신에게로 향하게 하시는 나의 소망입니다. 내가 빠졌던 함정에서 내 발이 벗어나도록 일하기 시작하셨습니다.

살아 있어야 할 내 친구가 죽었는데 다른 사람들은 여전히 살아 있다는 게 온당해 보이지 않았습니다. 우리는 같은 자아의 두 부분인 줄 알았는데 그는 죽고 나는 살아 있는 게 합당해 보이지 않았습니다. 친구에 대해 이렇게 말하는 것이 마땅해 보였습니다. "자네는 내 영혼의 일부일세." 우리는 두 몸 안에 있는 한 영혼이었기 때문입니다. 그가 없이 나는 온전치 못했습니다. 마치 반쪽만 남아 사는 것 같았습니다.

나는 죽은 친구의 살아 있는 절반이요 내가 죽어야 그가 진짜 죽는 것이라는 생각에 갑자기 죽음의 공포가 밀려왔습니다.

우리는 피조물이기에 다른 사람을 알지도 못하고 사랑하지도 못한다는 것이 얼마나 미칠 것 같은지요. 한 인간을 잃고 그토록 버거워했다는 것이 참으로 어리석었습니다. 고통으로 속이 뒤숭숭했으며 마음에 쉼을 얻지도 다른 사람들의 충고에 귀를 기울이지도 못했습니다. 산산조각 난, 피 흘리는 자아를 끌고 다녔습니다. 끌고 다니기 지겨웠지만, 내려놓을 줄도 몰랐습니다.

한적한 숲도, 시끄러운 유희와 음악도, 왁자지껄한 곳도, 연회도, 성적 쾌락도, 책과 시조차도 내 마음을 진정시키지 못했습니다.

그가 없는 인생은 마치 빛이 막을 가린 것 같아서 모든 것이 창백하게 보였습니다. 삶은 반역이요 혐오였습니다. 한숨과 눈물만이 유일한 도움이었으나 그 안에는 안식이 없었습니다.

내 영혼이 삶에서 회피하자, 엄청난 무게의 비애감이 나를 짓눌렸습니다. 나의 짐을, 주님, 당신께 올려드려야 했습니다. 그랬다면 가볍게 하셨을 것입니다. 진리를 알고 있었으나, 나는 당신께 돌아설 수도, 돌아설 마음도 없었습니다. 당신을 생각했으나, 당신은 내게 하나님이 아니셨기 때문입니다.

나의 신은 견고한 실재가 아니었습니다. 나는 실재가 아닌 환영을 보고 있었습니다. 나의 실수는 내가 생각하는 신이었습니다.

내 짐을 내려놓고 안식하게 해달라고 구한다 하더라도 그 외침은 허공을 맴돌다 내게로 다시 돌아올 뿐이었습니다. 나는 참으로 비참한 처지, 살아갈 수도 없고 더 이상 존재할 수도 없는 그런 형국이었습니다.

내 마음이 내 마음을 피해 어디로 달아날 수 있겠습니까?

나 자신으로부터 떠나 어디로 가야 합니까?

나 자신의 발걸음을 따르려면 어디로 가야 합니까?

그래서 도망쳤습니다. 다시 고향을 등졌습니다. 다시는 친구를 볼 수 없는 곳으로 가야 더 이상 그를 찾지 않을 터였습니다.

그래서 타가스테를 떠나 카르타고로 향했습니다.

시간은 쉴 새 없이 흐른다

"오 주님, 당신은 내게 총명을 선물로 주셨습니다.
그래서 잡는 책마다 쉽게 이해할 수 있었습니다.
하지만 나의 이해력을 순전히 나만을 위해 사용하였습니다.
뛰어난 지력도 나를 이롭게 하지 못했습니다. 아니, 도리어 해가 되었습니다."

시간은 쉴 새 없이 흐른다

친구를 잃은 슬픔에 다시 카르타고로 돌아간 아우구스티누스는 시간의 흐름과 다른 친구들과의 우정에서 위로를 구하려 하나, 이는 근본적인 해결책이 될 수 없었다. 세상 만물은 금세 변하고 마는 덧없는 것, 아우구스티누스는 불변하시는 하나님을 찾으라고, 하나님을 붙들라고 자신의 영혼을 향해 호소한다. 그리고 자신이 26, 27세쯤 되어 쓴 첫 책 《아름답고 알맞은 것》을 언급한다. 인정받기를 바라며 아우구스티누스는 그 책을 당시의 유명한 웅변가 히에리우스에게 바쳤으나, 책에 대해 칭찬해주는 이는 아무도 없었다. 아우구스티누스는 그 시간을 아직 진리를 모르던 시기, 자신이 지닌 교만의 무게로 인해 계속 심연으로 떨어지던 시기로 회고한다. 아울러 그는 남들이 어렵다고 하는 책 아리스토텔레스의 《열 가지 범주》를 어렵지 않게 이해할 수 있었으나 그 책은 자신에게 아무런 도움이 되지 않았다고 이야기한다. 그리고 자신에게 그처럼 남다른 지성을 주신 하나님께 감사하지 않았으며, 하나님을 잘못 이해하고 있었다고 고백한다. 제4권 8-16장에 해당한다.

인생의 시간은 흐르고 흘러 쉬지 않고 하염없이 흘러갑니다. 시간은 천천히 흐르는 법도 없습니다. 시간에 관한 우리의 관념만이 우리의 생각을 속일 뿐입니다.

삶의 경험이 하루하루 스치듯 지나가며 새로운 추억과 생각이 내 마음을 채웠습니다. 나는 차츰 나아졌고 옛날의 즐거웠던 기억을 회상할 수 있게 되었습니다. 슬픔은 그렇게 물러갔습니다.

또 다른 슬픔의 시기도 있었습니다. 아니, 원인은 다르나 똑같은 슬픔이 찾아왔습니다. 한 가지 이유에서 슬픔이 찾아와 내 영혼을 흔들었고 땅바닥에 쏟아버렸습니다. 나는 한 사람에게 애정을 쏟았고, 그가 언제까지나 나를 위해 그 자리에 남아 있으리라 생각했습니다. 그러나 사람은 죽습니다. 내 삶이 다시 살아나 희망을 가지게 된 것은, 다른 친구들이 나를 떠받쳐준 덕분이었습니다. 이제 나는 당신이 아니라 그들에게 마음을 쏟았습니다. 이 얼마나 큰 허상인지요. 세상의 사랑에서 만족을 얻을 수 있다는 약속은 영원한 거짓말이어서, 영혼을 합당한 연인에게서 떼어내 정부淸婦에게로 옮겨가게 합니다. 그런데 우리는 그 약속에 속습니다. 마침내 우리가 더럽혀질 때까지 그 약속은 달콤한 거짓말을 속삭이기 때문입니다. 친구들이 하나둘 죽어갔지만, 나는 저 거짓말을 내 마음에서 없애버리지 않았습니다.

하지만 나는 다시 한 번 인간의 교제에 마음의 중심을 두었습니다.

친구들과 함께 모여 즐겁게 웃고 떠들었습니다. 우리는 서로 도왔고, 모여서 즐거운 책을 읽었습니다.

농담을 주고받았고 진지한 대화를 나누기도 했습니다. 서로 상처 주지 않고도 이견을 표시했습니다. 사람의 생각이 바뀔 수 있다는 점을 인정했으며, 이따금 서로 의견이 다른 경우조차도 일상적인 의견의 일치에 흥취를 더해줄 뿐이었습니다.

때로는 서로 가르쳤고 때로는 서로 배웠습니다.

누군가 모임에 오지 않으면 몹시 섭섭해했고 돌아오면 그를 반겼습니다.

서로를 대하는 우리의 마음이 그러했습니다. 우리는 우리의 표현과 언어, 우리의 눈짓과 각자의 몸짓을 잘 아는 서로를 사랑했고 서로에게서 사랑을 받았습니다. 모두가 녹아 하나가 될 때까지 우리의 영혼은 이 연료로 인해 타올랐습니다. 상호적인 애정으로 묶인 친구들의 모습이었습니다. 우리는 감정적으로 너무 가까워져서 우리 중 누구 하나에게라도 의혹이나 비판이 쏟아질 경우, 이 정서적인 연결이 깨지는 것을 느낄 수 있었습니다. 우리는 정서적인 필요 때문에 서로 의존하였습니다.

이 모임에서 누가 죽으면, 무거운 애통함이 짙은 슬픔이 되어 마음을 눈물로 얼룩지게 했습니다. 우리의 우애는 나중엔 슬픈 관계가 되었습니다. 죽은 자의 잃은 생애는 산 자의 죽음으로 되돌아왔습니다.

당신을 사랑하는 자는 복이 있습니다.

그는 당신에게서 우정을 기대합니다.

그는 당신의 영예를 지키고자 할 때에만 원수를 만듭니다.

당신 안에 자리한 자는 이 땅의 사랑 또한 당신 안에서 사랑 받는 것이라고 봅니다.

당신을 잃을 수는 없습니다. 오직 당신만이 확실하십니다.

우리 하나님은 하늘과 땅을 지으신 분입니다.

하늘과 땅을 창조의 솜씨로 가득 채우셨습니다.

당신을 떠나간 자는 있을지언정 당신이 잃은 자는 없습니다.

떠난 자도 도망해 숨을 곳이 없습니다.

당신이 계시지 않은 곳이 어디 있다고 숨겠습니까?시 139:7-12 참조

당신의 살피심을 피해 어디로 도망하겠습니까?

그 종착점에는 무엇이 기다리고 있겠습니까?

당신과 당신의 노염밖에 더 있겠습니까?

반역의 끝은 무엇입니까?

당신의 법을 깨고도 벌을 면하겠습니까?

당신이 진리이므로 당신의 법은 진리입니다.

만군의 하나님, 그러니 우리를 되돌려주소서. 우리 앞에 서셔서 우리에게 당신을 보이셔서 우리의 패주敗走를 멈춰주소서. 그러면 우리가 온전한 사람이 될 것입니다. 우리 영혼이 어디로 달려가든

당신은 이미 우리 길을 막고 서 계십니다. 우리 앞에 계신 당신을 뵙지 못하면, 우리는 슬픔에서 벗어날 길을 찾지 못할 것입니다. 비록 어떤 슬픔은 아름답게 보일 테지만 말입니다. 인생에서 사랑스러운 것들은 당신이 주신 것이며 당신 안에서 우리가 그것들을 누릴 때에야 비로소 빛을 발합니다.

모든 아름다운 것들은 새로워지는 순간을 맞습니다. 그것들은 떴다가 가라앉습니다. 커졌다가 완전해지고, 그런 다음 스러지고 쇠락합니다.

지상의 것이 모두 다 낡는 것은 아닙니다.

그러나 지상의 것은 모두 부스러집니다.

지상의 것은 시작이 있고 존재하는 듯 보입니다.

자랄 수 있는 데까지 신속히 뻗어나 자랍니다.

그보다 더 신속하게 시들고 형태를 잃습니다.

이것이 지상의 법칙입니다.

당신은 각각의 개체에 시간과 존재를 할당해주셨습니다. 각 개체가 창조 세계의 전체는 아니며 그 일부일 뿐입니다. 각 개체는 반드시 소멸하고, 그다음 개체가 당신의 계획 가운데서 그 뒤를 잇습니다. 당신이 지으신 모든 것이 갑자기 존재하지 않게 되는 것은 아닙니다. 각자에게는 순서가 있고, 순서가 되면 지나고, 그러면 다음 것이 그 뒤를 잇습니다. 그리하여 모든 조각들이 언젠가는 각 개체가 그 일부가 되는 우주를 이룹니다.

우리가 하는 말도 마찬가지입니다. 우리는 연속적으로 소리를 내보내지만, 듣는 사람은 상징들을 구성하는 각 부분을 취하여 이해합니다. 각 단어가 사라지기에 그 뒤를 이어 다음 단어가 소리를 만들고 의미를 완전하게 합니다.

사라져가는 환영들로 인해 의기소침해진 내 영혼이 당신, 만물의 창조주이신 하나님을 찬양합니다. 당신은 내 영혼이 부패할 것들에 계속 애착하지 못하도록 하셨고 내 감각을 즐겁게 하는 것들에 붙어 있지 못하게 하셨습니다. 우리에게 붙어 있는 것들은 우리가 가는 어느 곳이든 따라다니다가 애착의 대상이 부패한 갈망과 함께 떨어져 나갈 때에야 비로소 따라오기를 그칩니다.

사랑은 대상을 찾고 안착할 곳을 바랍니다.[1] 그러나 물질적인 것에는 사랑이 안착할 곳이 없습니다. 그것들은 오래가지 않으며 사라지는 탓입니다. 그렇다면 우리 육신의 감각은 무엇을 붙잡아야 합니까? 스쳐 지나가는 쾌락을 붙잡을 수 있는 이 누구란 말입니까? 육신의 감각들은 더디고 둔하며 미각, 후각, 촉각일 뿐입니다. 이런 감각들은 맡겨진 일들은 잘 처리하나, 경험의 한 순간을 포착해서 사라지지 않게 할 수는 없습니다.

만물의 하나하나가 당신의 말씀으로 지어졌으므로, 당신의 명령을 듣고 끝까지 그 길을 따릅니다.

내 영혼아, 그분의 명령을 들으라. 어리석게 소음을 내어 마음의 귀를 멀게 하지 말라.

육신이 되신 말씀이 입을 여셨습니다. 영혼에 명령하시기를, 마음이 갈리지 않는 화평의 장소로 돌아와 결코 실망하지 않을 만한 것들을 사랑하라 하십니다. 우주가 모든 부분의 완성을 향해 움직일 때 어떤 것들이 사라지고 어떤 것들이 대체되는지 보라 하십니다.

"너는 내가 어디로 가고 있는지 아느냐?" 하나님의 말씀이 물으십니다.

그러니 내 영혼아, 다른 무엇보다 이 시간에 너의 집을 지어라. 너는 이미 가치 없는 것들에 너 자신을 굴렸다. 이제 진리에 너를 의탁하여라. 네가 진리에서 무엇을 얻고 있나 분별하여라.

그분은 쇠하지 않는 분,

진리 안에서는 썩어가던 것도 다시 꽃 피우고

모든 질병이 치유된 후에는 새로워지리니,

죽을 수밖에 없는 몸들이 다시 지음을 받고

당신의 것으로 매이게 될 것입니다.

최후의 일들은 사라지지 않고

당신과 더불어 영원히 있을 것입니다.

하나님은 영원히 거하시고 굳게 서 계시기 때문입니다.

너는 왜 아직도 육체의 비틀린 길로 행하는가? 방황하는 영혼아, 앞서 변화 받은 사람들의 길을 따라가거라. 너의 감각으로는 무엇을 좇든 큰 그림을 볼 수 없다. 너는 불완전한 것에 만족하고 있다. 너의 몸에 새로운 감각, 실재 전체를 볼 수 있는 감각이 허락되면 좋으련만. 단지 부분만 취하는 저주받은 타락한 감각들이 아닌 그런 감각이. 그러면 너는 현재가 지나가고 있음을 알고 기뻐하게 될 것이다. 너의 입에서 나오는 음절들이 입술을 지나 날아갈 때 즐거워하듯이, 그보다 더 나은 것이 이루어지고 들리는 것을 보고 즐거워할 것이다.

우리는 기다립니다. 공존하지 않는 다수의 것들이 모여 이루어진 한 가지 일이 완성되기를 기다립니다. 그 모아놓은 전체가 부분보다 훨씬 더 큰 기쁨을 줍니다. 그 모든 부분을 만든 분은 그것들을 모아놓은 전체보다 훨씬 더 훌륭하십니다. 그분은 우리 하나님, 사라지지 않으시는 분입니다. 그분 뒤에 오실 이 아무도 없습니다.

이 땅의 경험에서 육체의 즐거움을 찾는다면, 그 선물을 주신 하나님을 찬양하여라. 너의 사랑을 쾌락에 쏟지 말고 그것을 지으신 분에게 쏟아라.[2] 그러지 않으면 너를 즐겁게 하는 것들이 너를 괴롭게 할 것이다. 너를 즐겁게 하는 저 영혼들을 사랑하되, 하나님 안에서 사랑하여라. 사람은 변하고, 영원히 견고하게 서 있지 않는 한 스쳐 지나고 사라지고 만다. 그분 안에서 그들을 사랑하여라. 너의 영혼을 그분에게로 데리고 오라. 또한 너와 함께 어떤 영혼들이든 데리고 오라. 그들에게 이렇게 말하여라. "그분을 사랑하자! 그분을 사랑하자. 그가 우리를 지으셨고, 그는 우리 가까이 계신다." 그분은 만물을 지으신 후 사라져버리지 않으셨다. 그분은 가까이 계시고, 만물이 그분 안에서 존재한다.

그분을 보라.

그곳에 그분이 계신다. 진리가 드높여지는 곳에 그분이 계신다. 우리의 마음 있는 곳에 그분이 계신다. 우리 마음이 방황하여 그분을 떠나가더라도, 그분은 거기 계신다.

죄인들아, 너희 마음으로 돌아가 그분을 찾아라. 너희를 지으신 그분을 두 팔로 안고 단단히 붙어 떨어지지 마라.[3]

그분과 함께 서라. 너의 발이 설 곳을 얻을 것이다. 그분 안에서 쉬어라. 참 안식을 얻게 될 것이다.

어떠한 험한 길이 네 앞에 있는가? 너는 어디로 가려는가? 어디에서 좋은 것을 찾게 되든, 그곳은 바로 그분일 것이다.

무엇이든 그분과 연결돼 있어야 비로소 선하고 즐거움이 있음을 마음에 새겨두어라. 원천 되시는 분에게서 떼어내 쓰려는 순간, 쓴맛을 보게 될 것이다. 좋은 것은 그분의 것이기에, 그분을 잊고 그것을 얻는 것이 어찌 가치가 있겠는가? 이 고단하고 신산스러운 길에서 방황하고 있다면 너의 목표가 무엇인가? 그분에게서 발견되지 않는다면, 쉴 곳을 찾을 수는 없다. 어디에서도 안식을 찾을 수 없다. 끈질기게 찾을 수야 있겠지만, 안식은 네가 있는 곳에서 멀리 떨어진 곳에 있다.

죽음의 땅에서 행복한 삶을 추구한다면, 찾을 수 없을 것이다. 삶 자체가 존재하지 않는 곳에 복된 삶이 존재할 수 있겠는가?

참 생명이 우리에게로 내려와 우리의 죽음을 대신 져주셨습니다.

참 생명은 그분의 풍성한 생명으로 죽음을 없애셨습니다.

참 생명의 목소리가 우레처럼 울렸습니다.

지금 당장 돌아오라고 그분은 우리에게 외치셨습니다.

자기가 나오신 그 은밀한 곳으로 우리를 부르셨습니다.

그분은 처음에 처녀의 태를 향해 떠나셨습니다. 거기서 그분은 인간의 유한한 몸을 입으셨습니다. 그것은 그 몸의 유한함이 영원히 지속되지 않게 하시려는 것이었습니다. 그분은 신랑이 결혼식에 당도하듯 인생 속으로 들어오셨습니다. 장거리 경주 선수가 코스를 출발할 때 느끼는 자유의 기쁨을 알고 계셨습니다.

그분은 보폭을 늦추지 않고 계속해서 달리셨습니다.

그리고 외치셨습니다.

그분의 말씀과 행동이 사람들의 귓전을 때렸습니다.

그분의 죽음과 부활은 포효와 같았습니다.

아버지로부터 내려오셔서 다시 올라가셨습니다.

생명이신 분께서 자신에게 돌아오라고 우리에게 외치셨습니다. 우리 눈으로 그분을 볼 수 있었던 이 세상에서 그분이 떠나신 것은, 우리 마음에 다시 돌아오시기 위함이었습니다. 그분이 떠나신 것은 우리로 하여금 그분을 발견하게 하시려는 것이었습니다. 그분은 떠나셨지만, 놀랍게도 마음은 그분이 다시 나타나신 그곳에 있습니다!

그분은 우리와 그리 오래 계시지 않으셨습니다. 그러나 우리에게 오신 이후로는 우리를 떠나신 적이 없으십니다. 여기서 떠나셨지만, 자기가 지으신 세상으로부터 떠나지는 않으셨습니다. 그분은 죄인들을 구하려 세상에 오셨습니다. 고백하거니와, 내 영혼이 그 죄인 중 하나였습니다. 나는 그분께 죄를 지었지만 그분이 나를 고치셨습니다.

사람의 아들들이여, 어찌 그리 둔합니까. 생명이 여러분에게 내려오셨습니다. 왜 그분께로 올라가지 않으려 합니까? 그러나 여러분이 높은 곳에 있다 착각하고 하늘을 향해 삿대질을 하고 있으니 어찌 올라갈 수 있겠습니까?

그대들의 왕좌에서 내려오십시오. 그래야 하나님을 향해 그 길을 올라갈 수 있을 것입니다.[4] 그분보다 더 높아지려는 몸짓은 여러분을 더 낮게 만들 뿐입니다.[5]

이 소식을 선포합니다. 죄인들은 먼저 눈물 골짜기로 내려간 후에야 아버지께로 갈 수 있습니다. 잃은 자들을 향한 애타는 동정심을 느끼면서도 그들에게 진리를 말하지 않는다면, 그대는 하나님의 성령으로 말하는 것이 아닙니다.

그때 나는 이것들을 몰랐고, 지상의 아름다움만을 사랑했으며, 심연으로 가라앉고 있었습니다.

"우리는 아름다운 것을 사랑하는가?" 내가 친구들에게 물었습니다. "그렇다면 아름다움이란 무엇인가? 미美란 무엇인가? 도대체 무엇이 사랑하는 대상에게로 우리를 끌어당기고 잡아채는 것인가? 우아하고 아름다운 것만이 우리를 끌어당길 수 있다네."

나는 이것을 연구하였고 몸 자체에 전체의 통일성과 연결돼 있는 아름다움이 있음을 알게 되었습니다. 또 다른 종류의 아름다움이 있습니다. 조응하는 부분들이 어떻게 하나로 서로 맞춰지는지를 설명해주는 그런 아름다움입니다. 예를 들어, 신체의 한 부분이 전체 몸 안에 들어 있거나, 혹은 신발을 신었을 때 발이 더 완전해지는 것을 들 수 있을 것입니다.

이 생각은 내 마음에서 나와 생각 속에서 조합되었습니다. "아름답고 알맞은 것"이라는 주제로 두세 편의 글을 쓰고 난 이후의 일입니다. 주님, 당신은 이 책의 내용을 아시나, 나는 기억을 못합니다. 저 글들을 가지고 있지도 않거니와 어떻게 잃어버렸는지도 모르겠습니다.

그러나 저 글에 관해 기억나는 것이 있습니다. 어떤 이유에서 나는 로마의 웅변가 히에리우스에게 저 글을 헌정했습니다.[6] 나는 그를 모르지만, 그의 학식은 전설처럼 전해졌습니다. 나는 사람들이 그의 글을 인용하는 것을 들었는데 맘에 들었습니다. 그러나 가장 인상적이었던 것은, 그가 주요 인사들 사이에서 평판이 높다는 것이었습니다. 그리스식 수사학을 연마한 시리아 사람이 위대한 라틴어 연사가 된다는 것은 정말이지 대단한 일이었습니다. 그는 특히 철학 분야에서 좋은 평가를 얻고 있었습니다.

이 일로 나는 명성이라는 것의 본질에 대해 생각하였습니다. 어떤 사람은 대중이 알아주어서가 아니라 사랑을 얻었기 때문에 유명해지기도 합니다. 칭찬을 듣는 것으로 이런 사랑이 생기겠습니까? 그 이상이 있을 것입니다. 칭찬하는 사람들의 상찬 이상으로 작품에는 사람을 빨아들이는 힘이 있었습니다. 참된 찬탄은, 그 작품에 열광하는 사람의 관점에서 유명인의 업적을 평가하는 어떤 사람들의 찬탄을 또한 일으키는 법입니다. 애정은 가슴에서 가슴으로 전해집니다. 상찬이 진실한 것일 경우 전염성을 갖습니다. 칭찬하는 사람에게는 꾸미지 않은 진정한 사랑이 있는 법입니다.

애석하게도 누구를 칭찬하고 어떤 사상을 높여야 할지를 결정할 그때에 나는 추종자들의 박수 소리만을 듣고 결정했습니다. 나의 하나님, 나는 당신의 관점에서 바라보지 않았습니다. 오직 당신만이 결코 속지 않으시는 분인데도 말입니다.

전차 경주자나 검투장에서 야수들과 싸우는 검투사들처럼, 자신의 기예技藝로 대중의 인기를 얻은 명사들을 선택하지는 않았습니다. 나는 아주 다르고 사뭇 진지한 수준, 내가 도달하기 원하던 수준을 사랑하고 추구했습니다. 배우들에게 따라붙는 악평이나 애호 같은 것을 좇지는 않았습니다. 여전히 그들을 좋아했지만 나 자신에 대해서는 명성이 아니라 무명이 주어지기를 바랐습니다. 그들과 같은 능력으로 평가받기보다는 차라리 멸시받는 편이 좋았습니다.

무엇이 인간의 마음으로 하여금 이토록 다양한 사랑에 이르게 하는 것인가요? 우리는 똑같은 인간인데, 왜 내가 지니고 있으면 싫어했을 다른 사람의 기예에 감탄하는 것입니까? 그런 기예를 지녔다면 나는 그런 능력이 싫어서 도망치고 말았을 것입니다. 명마가, 당연히 말이 되기를 원치 않을 기수의 사랑을 받는 것은 논리적인 결론이 아닙니다. 배우에게 그리고 내게는 똑같은 인간 본성이 있습니다. 그러면 나는 내게 있으면 경멸할 것이 다른 사람에게 있으면 그 이유만으로 경탄을 보내야 하는 것입니까? 인간에게는 깊은 신비가 있습니다. 그러나 당신은 우리의 머리카락 한 올까지 다 헤아리셨습니다. 주님, 당신의 허락 없이는 머리카락 하나도 떨어지지 않습니다. 우리 마음에서 솟아나는 감정들에 비하면 머리카락은 차라리 헤아리기 쉬운 것에 속합니다.

내가 듣고자 갈망하였고 흉내 내기 원하던 내 마음속의 위대한 웅변가들이 있었습니다. 그들을 인생의 모범으로 삼은 것은 실수였습니다. 교만이 서서히 차올랐고, 달변의 선생들이 말할 때마다 내 생각은 이리저리 흔들렸습니다. 그러나 당신은 이러한 선호를 통해서도 역사하셨고, 나를 당신이 원하시는 존재로 조심스레 만들어가셨습니다. 이제 용기 내어 당신 앞에 고백합니다. 나는 칭송을 받아 마땅한 그의 업적보다는 그의 지명도 때문에 그 웅변가를 추종하였습니다. 그가 사람들의 주목을 받지 못했다면 혹은 사람들이 그의 말을 경멸하고 천대하였다면, 내가 그를 절절히 사모하

는 일은 없었을 것입니다. 그의 저작이 늘 그대로이고, 차이라고
는 비판하는 이들의 느낌뿐이었다 해도, 크게 달라지지는 않았을
것입니다.

견고한 진리에 서지 않는다면 영혼은 쉽게 절름발이가 될 수 있
습니다.

***

당시에는 당신의 전지한 지혜가 어떻게 내 생각을 표 안 나게 돌
려놓고 있는지 알지 못하였습니다. 당신만이 물질에 대한 사고와
애착으로 경도된 지성에도 역사하실 수 있었습니다. 나는 무엇이
실제요 알맞고 아름다운 것인지 분별하는 중재인을 자처했습니다.
나는 세속적인 사상을 근거로 아름다움에 관한 기준을 세웠고, 오
직 물질적인 것에서만 그 단서를 얻었습니다.

나는 지성의 본질을 연구했으나, 영적 실체의 본질에 관하여는
잘못된 선입견을 가지고 접근했습니다. 그러니 진리를 알 수 없었
던 것입니다. 가끔 진리의 무게가 내 시야를 뚫고 들어왔지만, 그
때마다 나는 내가 실체라 생각하던 것, 즉 선과 색깔과 분명한 형
태에 나의 요동하는 사고를 붙들어 맸습니다. 나는 실체를 파악하
는 데 나 자신이라는 편향된 기준을 내세웠던 것입니다. 물리적 실
체에 관여하는 마음의 작용은 눈에 보이지 않는 것이기에 나는 그

것을 이해할 수 없는 것이라 단정했습니다.

나는 기질적으로 조화를 사랑하고 불화에 이르는 일탈을 싫어했습니다. 조화에서는 통일을, 불화에서는 분리를 보았습니다. '통일'의 범주에 나는 이성의 논리와 진리의 본질 그리고 모든 지고한 선을 가져다놓았습니다. 반면 비이성적인 삶에는 불화를 두었는데, 불화는 실질적인 본체를 가지고 있으며 그 본체는 본질상 최악인 것이라고 잘못 단정했습니다. 악이 쌓여 물질적 삶의 본체인 비이성에까지 이른다는 이 생각은 나의 하나님이신 당신에게서 나온 것이 아니었습니다. 모든 진리는 당신으로부터 나오기 때문입니다.

나는 이론적으로 열정에 휘둘리지 않고 성별도 없는 자아처럼 '일원적'이라는 선한 범주를 세웠습니다. 그리고 '이원적' 범주도 만들어, 이 악한 측면에 분노와 폭력적인 행동, 염치없는 정욕 등을 포함시켰습니다. 내가 무슨 말을 하고 있는지 나도 몰랐습니다. 그것은 두 가지 사실에 관해 내가 모르고 있었기 때문이었습니다. 첫째, 악은 핵심적인 실체가 아닙니다. 둘째, 내면의 자아는 선의 순수한 중심이 아닙니다.

사실은 이렇습니다. 폭력적인 행동은 부패한 사고와 감정에서 비롯됩니다. 이러한 내면의 타락 때문에 잔혹한 행동이 일어납니다. 자아는 제어하기 어려운, 굽히려 하지 않는 정욕 때문에 길길이 날뜁니다. 마음의 원함은 다스려지지 않고, 육신의 쾌락에 머뭅니다. 비이성적인 사고와 거짓된 사견에서 나온 무지한 행동이 형편없는 대화를 낳습니다.

내 심령이 그랬듯이 이성적인 심령 자체가 부패했다면, 외부에서 빛이 비추기까지는 계속해서 어둔 상태로 남아 있을 것입니다. 영혼은 외부로부터 작용이 있을 때에만 진리의 보유자가 될 수 있습니다. 인간의 본성에는 진리가 없습니다.

주 나의 하나님, 내 촛대를 밝혀주소서.

당신은 내 어둠을 뚫고 빛을 던져주십니다.

당신은 당신 자신을 우리에게 주셨습니다. 당신은 참 빛이십니다.

당신은 모든 사람의 앞길을 밝혀주십니다.

당신 안에는 회색 그늘이 없습니다.

당신에게는 변화하는 그림자를 찾을 수 없습니다.

나는 당신께 향했다가 뒤로 떠밀려 죽음을 맛볼 뻔했습니다. 당신은 나의 오만한 영혼을 튕겨내셨습니다. 나는 오로지 하나님이신 당신만이 되실 수 있는 것이 될 수 있다고 상상하는 이상한 광증에 시달렸으니, 더없는 교만에 빠져 있었습니다. 나는 아침저녁으로 변할 수밖에 없는 존재인 게 분명했습니다. 나는 변화를 원했고 지혜롭고 고결해지고 싶었습니다. 그러나 나는 내가 아니라 당신이 변할 수밖에 없는 분이라고 애써 고집했습니다. 당신은 나의 무가치하고 고집스러운 신관神觀을 밀치고 다가오셨습니다.

나는 악이 물리적 형태를 가지고 있다고 생각했고, 나 자신이 육체이면서도 육체를 고발했습니다. 나는 이리저리 부는 바람, 당신에게로는 돌아가지 않는 바람이었습니다. 당신 안에서 혹은 내 삶 안에서 실체를 갖지 못한 채 환영만을 따라 이리저리 방황하였습니다. 나는 실체 없이 사고만 했습니다. 내 꿈은 당신의 진리에 뿌리를 두지 않았습니다. 주목받고자 하는 내 열망의 산물, 고작 물질적인 현실의 관찰로 이뤄진 것이 바로 내 꿈이었습니다. 나는 당신이 아끼시는 작은 자들, 동료 시민들과 토론하기를 즐겼습니다. 나는 그들에게서 떨어져 유폐되어 있는 줄 몰랐습니다. 어리석게 떠드는 것을 즐겼습니다. 나는 물었습니다. "하나님이 심령을 지으셨다면, 어떻게 그 영혼이 실수를 할 수 있는가?" 말하자면 나는 이렇게 물은 것이나 다름없습니다. "어떻게 하나님이 실수를 하셨는가?" 불변하는 하나님의 본질조차도 죄가 세상에 들어오는 것을 막지 못하는 실수를 저지르셨다고 주장한 것입니다. 빗겨 나간 것은 나 자신의 오락가락하는 본성임을 인정하지 않은 것입니다. 나 자신이 죄 짓기로 결정한 것이었고, 내가 지은 죄의 형벌을 이제 당하고 있었던 것입니다.

스물여섯 혹은 스물일곱 살 무렵, 몇 편의 글을 썼습니다. 물질적인 허상들이 내 곁에서 기세등등하게 맴돌며 내 마음의 귀에 대고 수군거렸습니다. 아름다움과 거룩함을 묵상하면서 나는 곧장 당신의 달콤한 진리에 도달하게 되었고, 그제야 가슴속에서 울리는 당신의 멜로디를 들을 수 있었습니다. 나는 멈추어 서서 듣고 싶었습니다. 신랑의 목소리를 듣고 감미롭게 즐거워하기를 참으로 간절히 바랐습니다. 그러나 그럴 수 없었습니다. 내 실책의 소음들이 그 멜로디를 집어삼켰기 때문입니다. 철학이 잡아끌면 끌수록 내 교만의 무게는 더 무거워져만 갔습니다. 나는 그 무게에 짓눌려 아주 깊은 구덩이로 빠져들었습니다.

당신은 내가 기쁨과 즐거움의 소리를 듣도록 허락하지 않으셨고, 내 부러진 뼈들이 당신을 찬양하는 것도 허락하지 않으셨습니다. 내가 아직 겸손해지지 않았기 때문이었습니다.

스무 살 어간에 좋은 일이 있었습니다. 아리스토텔레스의 책《열 가지 범주》를 읽은 것입니다. 나는 아리스토텔레스가 거의 신적인 위대함을 지녔다고 생각했습니다. 카르타고와 이곳저곳에서 만난 최고의 수사학 선생들은 자주 그의 이름을 입에 올렸습니다.

별다른 도움 없이 아리스토텔레스의 논리를 읽고 이해할 수 있었을 때 내 교만은 하늘을 찌를 듯했습니다. 이 책에 관해 다른 사람들과 이야기를 나누었는데, 그들은 말과 도표로 책의 내용을 풀어주는 유능한 선생들에게서 배우면서도 그 내용을 겨우 이해할 수 있었다고 했습니다. 그들은 그 사고의 흐름을 내가 스스로 이해한 것보다 잘 설명하지 못했습니다.

물질세계의 실체에 관한 내 사상을 최초로 형성해준 것이 바로 이 책이었습니다. 아리스토텔레스는 인간 존재가 물질적 실체로 지어졌음을 분명히 가르쳤습니다. 인간의 특성 또한 그렇다고 가르쳤습니다. 인간의 형태는 측정이 가능합니다. 인간은 키로 말할 수 있습니다. 인간관계는 실질적인 사실로 기술할 수 있습니다. 인간은 또 다른 인간의 형제라고 말할 수 있습니다. 우리는 그가 사는 곳과 그가 태어난 곳을 말할 수 있습니다. 어느 한 시점에서 그가 서 있다 혹은 앉아 있다고 말할 수도 있습니다. 그가 신고 있는 신발이나 그가 칼을 찼는지 여부에 대해서도 말할 수 있습니다. 그가 하는 일, 혹은 그를 화나게 하는 일을 말할 수 있고 그에 대해 셀 수 없이 많은 묘사를 할 수 있습니다. 아리스토텔레스는 이러한 본질적인 것들의 예를 '아홉 가지 상태'로 분류하여 정리하였습니다.[7] 실체가 곧 핵심 되는 상태였습니다.

이런 것들을 이해함으로써 좀 더 식견이 넓어졌습니까, 아니면 오히려 생각이 방해를 받았습니까? 저 열 가지 범주에 관해 생각하면서 나는 상상력을 마구 펼쳤습니다. 나는 이 추론을 사용하여 경이롭고 불변하며 나뉘지 않는 당신의 본체self를 이해하려고 하였습니다. 당신의 위대함과 아름다우심도 우리 육체를 분류하는 것과 같은 범주들을 사용하여 그 아래 배치하려고 하였습니다. 우리가 할 수 있는 최선은 물질적 실체를 당신에게 연결하는 것입니다. 당신은 유일한 주제이시며 만물이 당신 안에서 자신의 존재를 갖게 됩니다. 당신의 위대하심과 아름다우심은 당신 외에는 비교할 데가 없습니다. 신체 자체로 장엄하거나 아름다운 인간은 없습니다. 내가 그 형상이나 아름다움에서 완전함에 못 미친다면, 나는 아직 육체인 것입니다.

나는 인간적인 범주와 신적인 범주를 혼용함으로써 당신을 오해하였습니다. 이 경우 나의 비천함에서 오는 상상의 개념만 있을 뿐 진리는 없습니다. 나는 당신의 높으심에 대해서는 아무것도 알지 못했습니다.

당신이 명하시니 땅은 내게 엉겅퀴와 가시를 내놓았습니다. 나는 이마에서 땀을 흘려야 먹을 양식을 구할 수 있었습니다.

가지고 있던 책에서 이른바 '학예liberal arts'라는 인간의 가장 위대한 사상들을 읽고 내가 얻은 소득은 무엇이었습니까? 내 생각이 부패한 열망에 사로잡혀 있었는데, 이런 책들을 읽고 이해한들 무슨 차이가 있었겠습니까? 배움은 즐거웠습니다. 하지만 지성이 익힌 것의 의미를 일러줄 신적 배경이 없었습니다. 무엇이 참이고 확실한 것인지 분별할 기초가 없었습니다. 나는 빛을 등지고 서 있던 것입니다. 빛의 조명을 받아야 할 것들이 내 눈앞에 있었으나 모두가 그림자 안에 가려 있었습니다.

오 주님, 당신은 내게 총명을 선물로 주셨습니다. 그래서 잡는 책마다 쉽게 이해할 수 있었습니다. 수사학, 논리학, 기하학, 음악, 산수 등 분야를 막론하고 보았습니다. 그러나 나는 당신께 받은 이 선물을 당신 앞에 되돌려 드리지는 않았습니다. 나의 이해력을 순전히 나만을 위해 사용하였습니다. 뛰어난 지력도 나를 이롭게 하지 못했습니다. 아니, 도리어 해가 되었습니다. 내 목표는 사물을 내 것으로 만드는 것이었습니다. 나는 당신을 위해 내 재능을 사용하지 않았습니다. 나는 당신에게서 멀리 떠나 먼 나라에서 방황하면서 당신의 은혜를 내 정욕을 채우는 데 써버렸습니다. 재능이 있다 한들 선용하지 않았으니 탁월한 능력이 내게 무슨 유익이겠습니까? 함께 공부하던 재능이 출중한 학생들이 나보다 더 열심히 공부하는 것이 이해가 되지 않았습니다. 아무리 탁월하다 해도 나를 따라잡지 못했으니 말입니다.

부끄럽습니다. 나는 당신에 대하여 부질없는 추론이나 하고 있었습니다. 나는 드디어 무한한 진리의 하나님이신 당신이 어마어마하게 크고 빛나는 실체적인 몸을 지니고 계시며 나는 그 본체의 한 조각에 불과하다는 생각에 이르렀습니다. 삐딱한 생각의 극치였습니다! 그러나 그때 내가 그러했습니다. 나는 이처럼 불경스러운 생각을 다른 이들에게 가르칠 뿐 아니라 그에 대해 쓰기를 부끄러워하지 않았습니다. 이제 부끄러움 없이 고백하렵니다. 나는 당신의 자비를 왜곡했습니다. 나는 당신을 보고 짖어대는 개에 불과했습니다.

별다른 도움 없이도 그 많은 책들을 섭렵하는 능력이 다 무슨 소용이란 말입니까? 나는 신앙의 가르침을 차마 입에 못 올릴 신성모독으로 바꾸어놓는 악한 방식으로 지식을 오용하였습니다. 명석한 지성을 가진 이들이 불리한 처지에 있지 않은 것은, 이 신실한 자들이 당신에게서 그리 멀리 떨어져 있지 않기 때문입니다. 그들은 당신의 교회라는 둥지에 남아 있었습니다. 거기서 그들은 안전히 거하고, 깃털이 다 자라고 날개가 튼튼해질 때까지 그곳에 머물수 있었습니다. 그들은 믿음이라는 단단한 음식을 섭취했기 때문입니다.

주 우리 하나님, 당신의 날개 그늘 아래서 당신의 보살핌을 받게 해주소서.

우리가 어릴 때 돌보아주소서. 우리의 머리카락이 희어지고 기운이 없어 외칠 때, 우리를 품어주소서.

우리를 붙드시는 당신의 손이 우리를 꼭 붙드십니다. 그러나 우리 스스로 서보려고 할 때, 우리를 붙드신 손의 힘은 약해집니다.

우리가 아는 단 한 가지 복된 사실은 우리가 당신 안에서 안식한다는 것입니다. 우리가 이 복을 박차고 나올 때, 당신은 우리가 돌아오기까지 우리를 한구석에 밀어놓으십니다.

오 주님, 우리를 돌이켜주소서. 그러지 않으시면 우리는 넘어지고 맙니다.

우리 안에 썩지 않을 선을 심어주소서. 당신만이 썩지 않는 우리의 선이십니다.

당신 안에서는 방황하더라도 되돌아갈 집이 없지 않을까 두려워하지 않습니다. 우리가 멀리 떠나 있는 때에도 당신은 영원 너머까지 펼쳐진 인내로 우리의 집을 보전해주십니다.

치료와 회복

"나의 피난처요 분깃이신 당신께서 내 영혼의 구원을 위해서 지상의 거처를 옮기도록 카르타고에서 몰아내셨습니다. 로마에 가면 진지하게 학문을 연구할 수 있을 것이라는 데 이끌려 카르타고를 떠나게 하셨습니다."

치료와 회복

아우구스티누스는 하나님께서 창조하신 자연 세계로 눈을 돌린다. 모든 피조세계가 자신을 지은 하나님을 찬양한다. 하나님은 자신이 손수 지은 것을 잃지 않으시며, 누구도 그분의 눈을 피하여 숨을 수 없다. 여기서 아우구스티누스는 자연철학자들과 마니교 지도자 파우스투스에 대한 이야기를 들려준다. 당시의 자연철학자들은 자연의 이치를 연구해 일식과 월식을 예측할 정도의 지식을 얻었다. 하지만 자신들의 일식은 보지 못하고 있었으니, 자연을 만드신 하나님을 알지 못하고, 자신들의 인간적 속성을 투사해 신의 모습을 상상하고 있었던 것이다. 한편, 아우구스티누스는 유명한 마니교 인사 파우스투스가 카르타고에 온다는 소식을 듣고 잔뜩 기대하지만, 정작 그를 만나고 나서는 파우스투스의 명성은 웅변술 덕일 뿐, 그의 학식은 자신의 궁금증을 해소시키기에는 턱없이 부족하다는 사실을 깨닫고 마니교에 대한 열심이 사그라지고 만다. 그리고 아우구스티누스는 어머니의 만류를 뿌리치고, 교사 자리를 새로 얻어 로마로 간다. 제5권 1장, 2장, 3장의 일부(5절), 6-9장, 10장의 일부(18절)에 해당한다.

고백의 제사를 받아주소서.

당신께서 내게 혀를 지어주셨습니다. 혀를 움직여 당신을 고백하게 하셨습니다.

이제 이 말의 제사가 당신께 영광을 돌리게 하소서.

내 부서진 뼈를 당신께서 맞춰주셨습니다. 그 뼈들로 찬양의 질문을 하게 하소서. "오 주님, 당신 같은 이가 어디 있나이까?"

당신께 고백하는 자, 그의 개인적인 작은 것까지 당신은 이미 알고 계십니다. 당신은 모든 인생의 생각을 다 아십니다. 닫힌 마음도 당신이 못 들어오게 막지 못합니다. 아무리 굳은 마음이라도 당신 손의 칼날을 돌려놓지는 못합니다. 긍휼이든 분노든 당신이 뜻을 정하시면 당신을 향해 세웠던 방어벽들이 녹아내립니다. 당신의 열기를 피할 자 아무도 없습니다.

내 영혼 당신을 찬양하게 하소서. 당신을 사랑하게 하소서.

내 영혼 당신께 받은 자비를 당신 앞에 고백하게 하소서. 당신을 찬양하게 하소서.

당신의 피조물이 존속하는 한 찬양의 목소리는 결코 침묵하지 않을 것입니다.

목소리를 가진 인간의 영혼은 당신을 향합니다.

움직이는 피조물과 움직이지 않는 피조물 모두 당신을 묵상합니다.

근심에서 벗어난 영혼은 당신이 지으신 피조물에 의지하고자 일어나 당신을 향해 비틀거리며 나아갑니다.

당신은 회복과 힘의 샘물로 만물을 놀랍게 지으셨습니다.

안식을 모르는 자와 경건치 않은 자, 당신의 손길이 미치지 않는 곳으로 달아나게 하소서. 어둠을 뚫고 달아나는 그들을 당신께서 보십니다. 반역자의 마음은 보잘것없으나, 우주는 당신의 소중한 창조 세계로 남아 있습니다.[1] 경건하지 않은 자들이 어떻게 당신께 해를 끼쳤습니까?[2] 그들은 어떻게 당신의 통치에 거역했습니까? 저 높은 하늘에서 가장 낮은 땅까지, 창조 세계는 의롭고 완전합니다. 그러니 당신의 임재가 분명하지 않아 숨을 수 있는 곳 어디 있겠습니까? 그들이 도망하여 당신이 찾지 못할 곳 어디이겠습니까?

***

죄인들은 필사적으로 달아나기에 당신이 그들을 보고 계시다는 사실을 알지 못합니다. 그들은 눈멀었고, 어둠 속에서 당신에게 걸려 넘어질까 두려워 그냥 내달립니다. 당신은 지으신 것을 하나도 잊지 않으신다는 이것이 두려운 것입니다. 그래서 의롭지 않은 자들은 당신을 원망하고, 그 부딪힘으로 인해 크게 다칩니다. 그들은 당신의 친절에서 뒤로 물러나와서 당신의 정의에 걸려 넘어집니다. 그들은 자신의 무가치함에 걸려 넘어집니다.

인간은 참으로 무지하여서 당신이 어디에나 계심을 알지 못하니다. 어디서도 당신을 비껴 지나칠 수 없습니다. 오직 당신만이 당신으로부터 아주 멀리 떨어져 있다고 믿는 자들 곁에도 계십니다.

그들이 돌이켜 당신을 찾게 해주소서. 그들은 자신의 창조주를 잊었을 수 있으나, 설령 그렇다 해도 당신은 당신의 피조물을 잊으시는 법이 없습니다.

그들이 돌이켜 당신을 찾게 하소서. 당신은 당신께 고백하는 자들의 마음에 계시며, 당신 앞에 엎드리는 자들의 마음에 계시고, 당신 품 안에서 우는 자들의 마음에 계시며, 자신이 저지른 일을 뉘우치는 자들의 마음에 계십니다. 당신은 그들이 이제 기쁨으로 울기까지 그들의 눈물을 닦아주십니다. 주님, 당신만이 그들을 지으셨습니다. 당신은 그들의 제일 원인이십니다. 주님, 당신이 그들을 지으셨으니, 당신만이 그들을 다시 만들고 그들을 위로하실 수 있습니다.

죄인들이 자기 힘으로 당신을 찾지 못하는 것은 당신에게 이르는 길을 모르기 때문입니다. 그들은 당신이 지으신 우주를 연구할 수도 있습니다. 그들은 자신들의 연구와 지성에서 당신 임재의 흔적을 더듬을지도 모릅니다. 그것을 가지고 당신의 지혜에서 나온 것들을 이해하려고 애쓸 것입니다.

그 독생하신 분만이 우리를 위해 지혜와 의와 거룩함이 되셨습니다. 그분은 우리 가운데 하나가 되셔서 가이사에게 세금을 내셨으며 인간에게 벌어지는 모든 일을 다 겪으셨습니다.

죄인들은 스스로 당신에게로 이르는 길을 알지 못합니다. 그러나 이제 그들은 당신이 보이신 길로 당신에게 올라갈 수 있습니다.[3]

***

그들은 길을 알지 못했으나, 다만 자신들이 별에까지 높아졌다고 착각하고 있었습니다. 그들이 어떻게 땅으로 떨어졌으며 어둠 속에 갇힌 어리석은 자들이 되었는지 보소서.

그들은 다른 창조 세계에 대해서는 많은 말을 할 수 있습니다. 그러나 창조 세계를 지으신 창조주로부터 오는 진리를 구하지는 않습니다. 이렇게 그들은 그분에게 가까이 가지 않습니다.

그분이 하나님이신 것을 알면서도 합당한 영광을 돌리지 않습니다.

감사를 드리지 않습니다.

그리하여 그들의 청산유수와 같던 말들이 무의미한 환영이 되어 버리고 말았습니다.

그들은 자신이 지혜롭다고 생각합니다. 당신에게만 속한 성품을 자신도 가지고 있다고 착각합니다.

자신에게 있는 것을 놓고 당신 탓을 합니다.

진리이신 당신을 상대로 거짓말들을 지어냅니다. 삐딱한 고집에 스스로 사로잡혀버리고 맙니다.

이렇게 하여 그들은 썩지 않는 하나님의 영광을 썩어 없어질 사람과 새, 네 발 달린 짐승, 심지어는 기어 다니는 벌레들의 형상으로 바꿔놓았습니다. 당신의 진리를 거짓으로 바꾸었고, 창조주가 아닌 피조물을 경배하고 섬겼습니다.

***

거의 9년의 세월 동안 나는 마니교도들의 가르침을 새겨들었습니다. 나는 파우스투스를 만나기를 간절히 원했습니다. 내가 우연찮게 연을 맺게 된 그 밀교에서는 내가 믿음에 관해 제기한 반대 의견에 답할 사람이 단 한 사람도 없었습니다. 나는 파우스투스를 만나 대화하면 내가 곤란해하던 점들이 곧 풀리리라는 희망을 붙들고 있었습니다. 그때 그가 왔습니다. 그는 대화를 나누기에 유쾌한 사람이었고 훨씬 더 유려한 언어로 말할 수 있는 사람이었습니다. 하지만 그는 다른 마니교도들과 다를 바 없이 말했습니다. 나는 목이 말랐으나 그는 반짝이는 잔만 보여줄 따름이었습니다.

하지만 나는 갈증을 풀어줄 더 나은 음료를 바라고 있었습니다. 이런 생각들이 내 귀에 딱지처럼 앉아 있어서 더 나은 말을 듣고자 하였으나 그런 건 없는 것 같았습니다. 그들의 미사여구 뒤에는 진리의 울림이 없었고, 거창한 제시와 화려한 수식은 있었지만 영혼이 지혜로워지는 일은 없었습니다. 파우스투스를 이해력과 지혜의 사람으로 떠받들고 있던 사람들은 판단력을 지닌 이들이 아니었습니다. 그들은 그저 그의 말 듣기를 좋아할 뿐이었습니다.

　내가 관찰해보니, 어떤 이들은 복잡하고 유창한 설명이 따르지 않는 한, 진리를 의심하고 받아들이지 않습니다. 나의 하나님, 나는 당신으로 인해 그 웅변가의 마력에서 빠져나올 수 있었습니다. 당신은 이미 놀랍고 비밀스러운 방법으로 나의 귀를 진리에 조율되게 하셨습니다. 당신께서 나를 가르치셨기에 나는 무엇이 진리인지 분별할 수 있게 되었습니다. 당신 외에는 마땅한 진리의 교사가 없습니다. 언제 어디서든 별은 우리를 내려다보며 빛을 발합니다. 당신으로 인해 이제 나는 좌중을 사로잡는 웅변이라 할지라도 더 진실한 것이 아님을 알았습니다. 더듬거리며 말한다고 해서 더 거짓인 것도 아닙니다. 언어는 풍성합니다. 지혜와 어리석음은 어떤 접시에 담겨 나오느냐에 따라 근사한 음식이 되기도 하고 또는 먹지 못할 음식이 되기도 합니다. 말솜씨에 따라 어떤 그릇에 어떤 음식이 담겨 나오느냐가 결정되는 것입니다.

　애타게 고대한 끝에 그를 만나 처음에는 그의 강연에 매료되었고 토론에 임하는 그의 활력을 보았습니다. 그의 사상은 잘 준비된 말로 제시되었습니다. 나는 다른 사람들보다 그에게 큰 갈채를 보냈습니다. 그러나 그의 강연 중에 일어나 내 고민을 질문하여 답을 듣지 못한 것이 못내 아쉬웠습니다. 나와 내 친구들은 다른 시간을 틈타서 그런 질문을 가지고 그와 대화를 나눠야 했습니다. 그 대화를 통해서 나는 그가 라틴어 문법을 제외하고는 학예에 무지함을 금방 알아차렸습니다. 그의 문법 실력은 평균 정도였습니다. 그는 툴리의 《웅변학》 일부, 세네카[4]의 책 중 일부, 어떤 시인들의 글, 그리고 라틴어로 쓴 마니교 관련 서적들을 읽고 어느 정도 유창함을 연마했던 것입니다. 그는 사람들의 이목을 집중시킬 수 있을 정도로 매일 연습했고, 그의 타고난 기지가 천부적인 세련됨에 더해지기도 했습니다.

내 양심의 판단자이신 주님, 파우스투스를 만난 기억은 이랬습니다. 당신 앞에서 나의 기억과 가슴은 열려 있습니다. 당신은 그때 신비스러운 섭리로 나의 생각을 지도하기 시작하셨습니다. 내가 저지른 실수들을 내 눈앞에 두셔서 똑똑히 보게 하셨습니다. 내가 그 실수들을 있는 그대로 보고 미워하도록 하시려는 것이었습니다.

탁월하리라 여겼던 분야의 학문에 그가 서툰 사람임을 알게 되자, 내가 고민하고 있던 어려움을 풀 수 없으리라는 생각에 크게 낙심이 됐습니다. 그가 무지하기는 해도, 마니교도가 아니었다면 신앙의 진리를 터득할 수 있었을 것입니다. 그들의 책은 하늘과 별들, 해와 달에 관한 허황된 이야기들로 가득 차 있었습니다. 그래서 나는 내가 마니교도들의 책에서 읽은 내용과 내가 학문을 연마하는 과정에서 발견한 것들 사이의 차이에 대해서 그에게 만족할 만한 설명을 기대하지 않기로 했습니다. 둘 중 이쪽 아니면 저쪽이 더 정확한 것인지, 그게 아니면 이쪽이나 저쪽 매한가지인지 묻고 싶었지만 말입니다.

하지만 이러저러한 점들을 고려해야 하지 않겠느냐고 제안하자, 그는 부담감을 느껴 꺼려 하는 표정이 역력했습니다. 그런 점들에 대해 아는 게 없음을 스스로 인식하고 있었기에 순순히 인정했습니다. 적어도 그는 내가 알고 지내던 수다쟁이들, 많은 것들을 가르치면서도 한마디 말도 뻥끗 못하는 축에 속한 사람은 아니었습니다. 당신을 향하지는 않았지만, 그에게는 가슴이 있었습니다. 그는 자신의 한계를 알았기에 논쟁에서 야비한 구덩이에 빠지지는 않았습니다. 자신이 평이하게 설명할 수 없는 논쟁에는 성급하게 뛰어들지 않았습니다.

그의 이러한 면이 나는 마음에 들었습니다. 자기 자신에게 솔직한 겸허한 지성은 내가 찾고 있던 신비한 지식보다 한결 나은 것이었습니다. 조금 더 난처하고 예민한 질문을 할 때마다 그에게는 솔직한 모습이 보였습니다.

이 일 후로 마니교도들의 글에 관한 열정이 내게서 싹 사라지는 것을 느낄 수 있었습니다. 내가 궁금해하는 여러 가지에 대해 답을 줄 수 있는 다른 교사들을 찾을 수 있을 것 같지 않았습니다. 내가 만난 그 사람은 그들 중에서도 최고의 교사였으니 말입니다. 나는 그가 잘 안다고 자신 있게 말한 다른 학문에 관해 대화를 나눠보려고 했습니다. 나 역시 카르타고에 있을 무렵에 읽었고 또 어린 학생들을 가르쳐보았기 때문입니다. 나는 그가 듣고자 하는 대목 혹은 내 판단에 그가 이해할 수 있으리라 보이는 대목들을 그에게 읽어주었습니다. 그러나 나는 이 사람에게서 심오한 것들을 배워 마니교도로서 진보를 이뤄보겠다던 계획을 완전히 철회하고 말았습니다.

그들과의 관계를 그 즉시로 끊지는 않았습니다. 사실 나 역시 더 나은 것을 알지 못했기 때문입니다. 나는 더 나은 것을 발견할 때까지는 이왕 맺은 인연을 이어가자는 쪽으로 기울어 있었습니다.

다른 이들에게는 빠져나올 수 없는 올무였던 이 사람 파우스투스가, 내가 사로잡혀 있던 오류에서 나를 알게 모르게 풀어주는 일이 이렇게 일어나게 된 것입니다. 아 하나님, 당신의 손이 신비한 일을 섭리하신 것입니다. 당신은 내 영혼을 잊지 않으셨습니다. 내 어머니의 피가, 밤낮으로 흘리는 눈물을 타고 나를 위한 희생제물로 당신 앞에 부어진 것입니다. 당신은 나를 믿기 어려운 방법으로 다루셨습니다. 나의 하나님, 그 일을 하신 분이 당신임을 내가 압니다. 사람의 발걸음은 끝내는 주님께서 계획하신 대로 옮겨지기 때문입니다. 당신의 손이 이미 만드신 것을 다시 만드시지 않는다면, 어찌 우리가 구원을 얻을 수 있겠습니까?

당신은 나의 길을 인도하여 내가 카르타고에서 가르쳐오던 것을 가르치도록 나를 로마로 보내셨습니다. 내가 어떻게 로마로 가게 되었는지 생각할 때, 당신의 깊으신 지혜와 자비를 기억하고 고백합니다. 내 친구들은 더 높은 지위나 더 많은 수입을 얻을 수 있으니 로마로 가지 않겠냐며 설득하지 않았습니다. 물론 그런 것들에 관심이 없지는 않았습니다. 그러나 내가 로마에 간 주된 그리고 거의 유일한 목적은, 그곳 학생들이 흐트러짐 없이 진지하게 학문을 추구한다는 소문을 들었기 때문입니다. 교육 분위기 또한 엄격하고 규율이 확실했습니다. 허락을 받지 않는 한 학생들은 수업에 마음대로 빠질 수 없었고, 교수의 허락이 있기까지는 수업에 들어올 수도 없었습니다. 카르타고와는 전혀 다른 분위기입니다. 카르타고에서는 교수들 사이에서도 대단히 못마땅한 복지부동의 태도가 만연해 있습니다. 수업 시간에 버럭 소리를 지르고, 교권을 지키기 위해 세워놓은 모든 질서를 어지럽히는 행동을 서슴없이 행합니다. 학생들은 버릇없이 굴고, 자신의 행위에 따르는 공적인 결과에 놀랍도록 무심합니다. 그곳의 관습 자체가 학생들로 하여금 그렇게 행동하도록 부추긴 면도 있습니다. 그들은 당신의 영원한 법이 불법이라 선포한 것을 합법적으로 행할 수 있습니다. 그들은 자신들의 행동이 불러올 결과에 대해 책임지지 않아도 되는 양 행동하지만, 우선은 이런 식으로 행동하도록 부추기는 그 맹목성으로 인해 질책 받고, 그다음에는 상상한 것보다 말할 수 없이 심한 고통을 받습니다.

내가 학생이라면 그런 식으로는 행동하지 않았을 텐데, 이제는 선생이 되어 다른 이들의 그러한 행동을 참아야 했습니다. 전혀 다른 곳이라고 모두가 말하는 곳에 갈 수 있다는 것만으로도 좋았습니다. 나의 피난처요 분깃인 당신께서 내 영혼의 구원을 위해 지상의 거처를 옮기도록 카르타고에서 몰아내셨습니다. 로마에 가면 진지하게 학문을 연구할 수 있을 것이라는 데 이끌려 카르타고를 떠나게 하셨습니다. 당신은 이런 식으로 당신의 뜻을 따라 우리를 인도해가십니다. 어떤 이들은 이 죽어가는 삶을 사랑하여 미친 듯이 움직입니다. 또 다른 이들은 훨씬 더 무가치한 약속을 찾아 헤맵니다. 당신은 나의 치우친 성향을 이용하여 내 발걸음을 고치기 위해 움직이셨습니다. 내 마음의 적요를 흩뜨린 사람들은 천박한 광기에 눈이 멀어 있었고, 다른 곳에서 나를 초대한 사람들은 그저 그런 속물들이었습니다. 나는 피하고 싶은 참상이 덜한 곳, 행복이라는 비현실이 조금 더 많은 곳을 향해 떠났습니다.

당신은 내가 왜 진정 그곳으로 가려고 했는지 알고 계셨습니다. 오 하나님, 그러나 당신은 내게도 나의 어머니에게도 말씀해주지 않으셨습니다. 어머니는 몹시 슬퍼했고, 그 여정이 걱정되었는지 멀리 바닷가까지 배웅 나왔습니다. 나는 그때 어머니를 속였습니다. 어머니는 억지로라도 날 붙들어두려고 했기 때문입니다. 나를 붙잡든지 아니면 나와 함께 떠나려고 했습니다. 나는 친구 한 명과 바람이 순풍으로 바뀔 때를 기다려 로마를 방문하기로 한 것처럼 꾸몄습니다. 나는 어머니에게 거짓말을 하고 거기서 떠났습니다. 이런 거짓말을 한 나를 당신은 자비롭게도 용서하셨습니다. 당신은 이러한 발칙한 부정에도 불구하고 항해 내내 나를 지키셨습니다. 나로 하여금 당신 은혜의 너른 바다를 보게 하기 위함이었습니다. 내 어머니의 눈에서 흐른 물줄기가 저 씻어주는 물로 인해 마를 것이었습니다. 어머니는 나를 위해 매일 눈물로 바닥을 적셨습니다.

어머니는 나를 두고는 돌아가려 하지 않았기에, 간신히 어머니를 설득하여 배 옆의 거친 곳에서 하루를 유하게 했습니다. 그곳은 복자福者 키프리아누스를 기념하여 세운 기도처였습니다.[5] 그날 밤 나는 울면서 기도하는 어머니를 뒤로하고 은밀히 배에 올랐습니다.

오 주님, 어머니가 눈물을 흘리며 당신께 무엇을 구하였는지요? 당신께서 나의 항해를 막아주시기를 구하지 않았는지요? 헤아리기 어려운 깊은 계획을 갖고 계신 당신께서는 어머니의 기도를 들으셨고 그녀의 한 맺힌 소원을 아셨습니다. 당신은 나로 하여금 내 어머니가 늘 구해온 그것이 되게 하심으로써 응답하셨습니다. 바람이 불어와 배를 밀었고 이내 해안은 우리 시야에서 사라졌습니다. 다음 날 아침 어머니는 해안에 서 있었습니다. 슬픔에 초췌해진 얼굴로, 당신의 귀에 수많은 불평과 한숨을 쏟아놓았습니다. 내가 나의 욕망을 따르는 동안에 당신은 어머니의 불평과 한숨에 귀를 막으셨던 것 같습니다. 그러나 당신은 모든 욕망의 낭떠러지로 나를 밀어 넣었습니다. 그 무거운 비애로 인해서 나를 향한 어머니의 지상적 애정은 제대로 꺾이고 말았습니다. 어머니들이 그러하듯이, 내 어머니는 슬하의 자식을 사랑했습니다. 내 어머니는 특히 더했습니다. 내가 없어도 가장 큰 기쁨을 주시려는 당신의 일을 그 순간에는 어머니도 알 수 없었던 것 같습니다.

어머니는 몰랐습니다. 그래서 울고 슬퍼했습니다. 이런 비탄을 볼 때 어머니 역시 하와의 후예였습니다. 어머니는 슬픔 속에서 늘 품고 있던 것을 원했습니다. 어머니는 나의 거짓말과 무정함을 탓했지만, 곧 다시 나를 위해 당신께 기도했습니다.

어머니는 집으로 갔고, 나는 로마로 갔습니다.

로마는 나를 맞아주었으나 나는 몸의 병이라는 천형을 받는 듯하였습니다. 마치 지옥에 떨어지는 것 같았습니다. 당신과 나 자신, 그리고 다른 사람들에게 지은 모든 죄를 지고 가는 것 같았습니다. 우리 모두가 아담 안에서 죽은 원죄의 속박을 차치하고라도, 나는 후회막급의 죄를 많이도 지었습니다. 그때 당신은 이런 죄들로 인해 아직 나를 그리스도 안에서 용서하지 않으셨습니다. 나는 나 자신의 죄에서 촉발된 적의, 그리스도께서 자신의 십자가로 철폐한 적의에서 자유롭지 못했습니다. 나는 그분의 십자가 죽으심이 실제 육체 없이 이뤄진 것이라 믿고 있었으니, 어떻게 그분이 내 죄를 속할 수 있었겠습니까? 내 영혼은 죽어 있었기에 그분의 육체는 거짓으로 느껴졌습니다. 그러나 그분의 죽음은 사실이었습니다. 믿지 않던 내 영혼의 생명이야말로 정녕 가짜였습니다.

고열이 나면서 생명이신 당신으로부터 끊어질 뻔했습니다. 그때 생명이 끊어졌다면, 나는 불과 고통 속으로 떨어졌을 것입니다. 나의 악행은 당신의 진리의 심판을 받아 마땅합니다.

어머니는 내가 아픈지 몰랐습니다. 내가 없는데도 나를 위해 기도했습니다. 어디나 계신 당신께서 어머니의 기도를 듣기 위해 어머니가 있는 곳에 계셨습니다. 그리고 내가 있는 곳에도 계셨습니다. 당신은 나를 불쌍히 보아주셨습니다. 내 건강은 회복되었습니다. 그러나 나의 불순종하는 마음은 여전히 갈팡질팡하였습니다. 그처럼 위험 속에 있으면서도 나는 당신이 주시는 세례를 갈망하지 않았습니다. 세례와 어머니와 같은 경건을 갈망했던 것을 보니, 나는 이미 회고하고 고백한 바와 같이 소년 때에 더 똑똑했던 것 같습니다. 그러나 성인이 되어서는 부끄러움도 모르고 당신이 주시려는 처방전과 약을 무참히도 희롱했습니다. 그러나 당신은 내가 그 상태에 머물러 두 번의 죽음을 맞지 않도록 해주셨습니다. 그 상처로 인해 어머니의 심장에 구멍이 뚫렸다면, 다시는 회복하지 못했을 것입니다. 어머니의 사랑을 제대로 형언할 줄 모르는 나는 어머니가 내 육신을 낳을 때보다 영적으로 나를 낳을 때 얼마나 더 큰 산통을 겪어야 했는지도 말할 수 없습니다.

어머니의 깊은 사랑을 알기에, 내가 그때 죽었더라면 어머니가 어떻게 회복되었을까 생각할 때면 쉽지 않습니다. 어머니의 강인하고 쉬지 않는 기도, 오직 당신께만 쉬지 않고 바쳤던 그 모든 기도는 어떻게 되었을까요? 자비로운 하나님께서 저 정숙하고 근신하는 과부의 통한의 마음과 겸손한 마음을 경멸하실 수 있었겠습니까? 어머니는 끊임없이 당신의 성인聖人들을 섬겼고 자애로운 활동을 했습니다. 하루도 거르지 않고 아침과 저녁으로 당신께 두 번 예배했습니다. 당신의 교회에는 발길을 끊은 적 없었으나 늙은 과부들의 마실에는 나가는 적이 없었습니다. 말씀 속에서 당신의 음성을 듣고, 기도 속에서 당신께 말씀드리기를 원했습니다. 이런 여인의 눈물을 멸시하시거나 돕지 않으실 수 있었겠습니까? 어머니는 금이나 은, 덧없는 것이나 금세 지나가고 마는 물건들을 구한 적이 없습니다. 어머니는 다름 아닌 당신의 선물만을 구하였습니다.

주님, 당신께서 그리하지 않으실 리 없습니다. 당신은 어머니 가까이 계셨고, 처음부터 행하기로 작정하신 뜻을 시행하고 계셨습니다. 내가 조금밖에 언급하지 않았으나, 당신은 많은 환상과 응답을 내 어머니에게 주셨습니다. 그러니 어머니를 속이지 않으셨을 것입니다. 어머니는 신실한 마음으로 약속 하나하나를 붙잡았고, 늘 기도했으며, 당신께서 보여주신 환상에 신실하시기를 늘 구했습니다. 마치 날인된 계약서를 들고 있는 모습이었습니다. 당신의 영원한 자비를 경험한 자들과 더불어 당신은 신뢰의 관계를 세우셨습니다. 당신은 그들의 모든 죄를 용서하셨고, 그들은 당신께서 모든 약속을 지키시기를 청하였습니다.

당신은 질병으로부터 나를 고쳐주셨습니다. 당신 여종의 아들을 고쳐주셨습니다. 그리고 그 아들에게 더 크고 오래 지속되는 온전함을 주실 때까지 몸으로 살 수 있는 시간을 허락하셨습니다.

로마에서는 '거룩한 자들'의 모임에 가입했는데, 이들은 스스로 속았을 뿐 아니라 서로를 속이고 있는 자들이기도 했습니다. 나는 병에 걸렸고 이 모임의 제자 중 한 사람의 집에서 간병을 받았습니다. 이후 나는 제자의 단계를 넘어서 '선택받은 자'라 하는 핵심층으로 깊숙이 들어갔습니다. 그때까지도 나는 죄를 짓는 주체는 우리 개인이 아니라고 믿었습니다. 훨씬 더 외부적인 악의 힘이 우리 안에서 죄를 짓게 한다고 믿고 싶었습니다. 그렇게 해야 내 자존심이 만족되었기 때문입니다. 그래야 내 책임이 없어지기 때문입니다. 그러면 만일 내가 악한 어떤 일을 범한다 하더라도, 잘못을 범했다고 인정해야 할 필요가 없는 것입니다. 내가 전혀 어쩔 수 없는 어떤 '것'에 책임이 있기 때문에 당신은 내 영혼을 고쳐주실 테니 말입니다. 나는 핑계를 일삼았고 내 안에 있는 다른 신비한 '것', 진짜 나와는 단절되어 있는 그것에 책임을 전가하기에 급급했습니다. 사실 나를 나 자신으로부터 분열시키는 것은 전적으로 나였고 나의 악한 마음이었습니다. 내 죄는 참으로 가망이 없었습니다. 내가 죄를 지었다고 판단하지 않았기 때문입니다.

나야말로 참으로 구역질이 나는 죄인이었습니다. 나는 그때 당신께 의지해 구원을 얻고자 한 게 아니라, 전능하신 하나님, 당신 위에 군림하고자 했습니다. 당신은 내 입에 당신의 파수꾼들을 세우지 않으셨습니다. 나는 악한 말을 했고 나 자신을 정당화하기에 바빴습니다. 그래서 내 죄에 따르는 죄책을 마주할 필요가 없었습니다.

죄에 빠져 사는 자들은 이렇습니다. 그리고 나도 그 '선택받은 자' 중 하나였습니다.

밀라노로 찾아온 어머니

"어머니는 내가 다시 깨어나기를 기다렸습니다.
어머니 마음속에서 나는 죽은 것이나 다름없었습니다.
어머니는 당신께서 그 무덤에서 나를 꺼내실 때까지 기다렸습니다."

밀라노로 찾아온 어머니

로마에 갔던 아우구스티누스는 간사한 로마 학생들에게 실망하고서 다시 수사학 교수 자리를 얻어 밀라노에 가 있다. 그곳에서 아우구스티누스는 암브로시우스 주교의 영향을 받아 마니교를 떠나기로 결심한 상태다(원 텍스트의 제5권 11-14장 참고). 어머니 모니카는 바다와 육지를 건너 밀라노로 아들을 찾아온다. 그런 모니카를 기다리고 있는 소식은 아들이 아직 기독교 신자가 되지는 않았으나 마니교를 버렸다는 사실이다. 모니카는 자신이 죽기 전에 아들이 온전한 기독교 신자가 될 것을 믿고, 아들을 위한 기도에 더욱더 매진한다. 아우구스티누스는 어머니가 암브로시우스 주교의 금령을 따라 북아프리카 교회의 좋지 않은 관습을 버린 것과, 그가 곁에서 목격한 암브로시우스 주교의 모습을 회상한다. 제6권 1장, 2장, 3장 3절의 일부에 해당한다.

나의 어린 시절 당신은 나의 희망이셨습니다. 내가 성인이 되었을 때 당신은 내 마음 어디에 계셨습니까? 당신이 나를 지으신 것 아닙니까? 들의 짐승들과 공중의 새들과 나를 다르게 만드신 것 아닙니까? 당신은 필시 나를 저 짐승들보다 더 지혜 있게 지으셨는데, 그렇다면 왜 내가 어둡고 미끄러운 곳을 걸어 다니도록 놓아두셨습니까? 나는 내 밖 어디에서나 당신을 찾았습니다. 내 마음 이외의 모든 곳에서 하나님을 찾았습니다. 바다의 심연에서도 찾았습니다. 나는 진리를 믿지 않았습니다. 진리를 발견하게 되리라 생각하지도 않았습니다.

머지않아 어머니가 나를 찾아왔습니다. 어머니의 믿음은 조금도 흔들리지 않았습니다. 어머니는 당신께서 지켜주실 것을 믿고 바다를 건너고 산을 넘어서 나를 찾아왔습니다. 바다에서 큰 풍랑을 만났으나 어머니는 선원들의 마음을 안심시켰습니다. 일반적으로 항해에 익숙지 않은 승객들을 위안해야 하는 것이 뱃사람들의 일이었지만 어머니는 선원들의 마음을 안도시켜 배가 무사히 항구에 닿게 했습니다. 어머니는 당신께서 환상 가운데서 이 여행을 끝까지 지키시겠다 약속하셨다고 그들에게 말했던 것입니다.

어머니가 나를 찾아왔을 때, 나는 과연 진리를 찾을 수 있을까 하는 큰 절망의 위험에 빠져 있었습니다. 더 이상 마니교도가 아니라고 나는 어머니에게 선언했습니다. 그렇다고 해서 어머니의 정통 기독교 신앙을 받아들인 것도 아니었습니다. 이 말을 들은 어머니는 내 예상보다 더 기뻐했습니다. 어머니는 내가 살아온 참담한 인생을 쭉 지켜보았으며, 그 세월 동안 내가 마치 죽은 것처럼 슬퍼했습니다. 어머니는 내가 다시 깨어나기를 기다렸습니다. 어머니 마음속에서 나는 죽은 것이나 다름없었습니다. 어머니는 당신께서 그 무덤에서 나를 꺼내실 때까지 기다렸습니다. 과부의 아들에게 당신이 하실 말씀을 기다렸습니다. "청년아, 내가 네게 말하노니 일어나라." 말이 떨어지기 무섭게, 죽은 아들이 되살아나 말하기 시작했고 어머니 곁으로 돌아왔습니다.

그러나 어머니는 지난 세월 동안 눈물로 매일 당신께 간구한 것이 응답되려는 순간인데도 뛸 듯이 기뻐하지 않았습니다. 나는 아직 진리를 발견하지는 못했지만, 나를 붙잡고 놓아주지 않던 그 큰 거짓말에서는 빠져나왔습니다. 어머니는 너무도 침착했습니다. 당신께서 약속하신 그 모든 것을 어느 날 이루어주시리라 온전히 믿고 있었기 때문일 것입니다. 어머니는 주님께 모든 신뢰를 걸고 있었습니다. 자신이 세상을 떠나기 전 내가 정통 신앙으로 돌아온 모습을 반드시 보게 되리라는 확신을 얻었다고 말해주었습니다. 이것이 어머니의 잔잔한 확신이었습니다. 그래서 자비의 근원이신 당신을 향해 숱한 기도와 넘치는 눈물을 쏟았던 것입니다. 내 어두운 세계에 빛을 비춰달라고 어머니는 간절히 외쳤던 것입니다.

어머니는 더 잰걸음으로 교회로 가서는 암브로시우스의 설교에 귀를 기울였습니다. 암브로시우스는 영생의 샘물이 솟아날 것을 기도했습니다. 어머니는 그가 하나님의 천사인 양 그를 좋아하였습니다. 당신께서 그를 사용하셔서 의심하는 신앙의 단계로 나를 데려오도록 하셨기 때문입니다. 어머니는 내가 마지막 발작을 끝내고 곧 영적으로 완벽하게 건강한 상태에 들어갈 것이라고 확신했습니다. 의사가 내 영혼의 질병이 처한 마지막 위기 단계를 말해 주는 것 같았습니다.

아프리카에 있을 때 어머니는 성인들을 기리기 위해 케이크와 빵과 포도주 등을 교회로 가져가곤 했습니다. 여기서도 그렇게 하려고 하자, 교회 문지기가 어머니를 돌려보냈습니다. 주교가 그러한 관행을 금지한다는 것을 알고는, 주교의 말을 조용히 그러나 충심으로 따랐습니다. 나는 어머니가 이런 관습을 반대하는 쪽으로 신속히 입장을 바꾸는 것을 보고 놀랐습니다. 어머니는 왜 그러한 일을 해서는 안 되는지 묻지도 않았습니다.

어머니는 인이 박이도록 포도주를 마신 적이 없습니다. 포도주를 좋아했지만 그 때문에 진리를 부인한 일은 없었습니다. 술에 빠진 사람이 희석된 포도주를 마시지 않으려는 것처럼 많은 남녀가 건전한 가르침을 거부하곤 했지만 말입니다. 성인들을 기념하는 축제에 전통 음식이 가득 담긴 바구니를 들고 갔을 때, 어머니는 맛만 조금 봤을 뿐 나머지는 다 남들에게 나눠줘 버렸습니다. 격식을 차리느라 포도주를 조금 마셨지만 그것도 물에 희석한 것이었습니다. 작고한 성인들을 안치한 교회가 있다면, 어머니는 그와 똑

같은 포도주, 즉 물을 섞어 희석시킨 포도주가 미지근해질 때까지 들고 다니면서 그 교회들을 모두 방문했을 것입니다. 어머니는 주위 사람들과 함께 포도주를 몇 모금 마시곤 했는데, 신앙에 관해 이야기하려는 것이었지 술 마시는 즐거움을 위한 것은 아니었습니다. 그러다가 유명한 설교자요 성자 추앙을 받는 목회자가 이 관행을 금했다는 사실을 알게 되었습니다. 과도하게 마시고 취하는 것뿐 아니라 취하지 않을 정도로 마시는 것도 금지되었던 것입니다. 성인들의 소천일을 기념하는 것은 종종 불신자들의 미신적인 행진과 비슷해 보였습니다. 그래서 어머니는 축일 행사에 참여하기를 삼갔습니다. 어머니는 땅의 과실을 바구니에 담아 가기보다는 하나님께 드리는 순결한 간구를 가득 담아 순교자들을 배출한 교회들을 찾아갔습니다. 어머니는 가난한 사람들에게 베풀 수 있는 한 베풀었습니다. 그래서 온전한 성만찬을 거행할 수 있었습니다. 이런 예식들을 통해 순교자들이 그리스도의 수난 모범을 따랐으며 자신을 희생하고 면류관을 받았다는 사실을 기억했습니다.

오 주님, 어머니가 그토록 존경하는 암브로시우스가 아닌 다른 지도자가 이 관행을 금지했다면 어머니는 그토록 쉽게 접지 않았을 것입니다. 어머니는 그 주교가 내 영적 성장에 미치는 영향 때문에 그를 깊이 추앙했습니다. 그 주교도 어머니와 신앙에 관해 담소하기를 즐거워하였습니다. 어머니는 선행과 열정적인 영적 존경심을 가지고 항상 교회에 있었습니다. 암브로시우스가 나를 보았을 때, 그는 쉬지 않고 어머니를 칭찬했습니다. 내가 그런 어머니의 아들임을 자랑스러워하라고 했습니다. 주교는 그 아들이 어머니의 마음에 가져온 풍파에 관해서는 전혀 알 길이 없었습니다. 그 아들은 만사에 의심이 많았고, 거룩한 삶에 이르는 길을 어찌 알겠냐는 식이었습니다.

당신을 알게 해달라고 나는 간절히 기도하지 않았습니다. 내 관심은 오로지 교육과 토론이었습니다. 암브로시우스 자신은 세상의 관점에서 볼 때 행복한 사람인 것 같았습니다. 그는 큰 존경을 한 몸에 받았습니다. 독신이라는 점만이 유일하게 불편해 보였습니다.

경험해본 적 없기에 이해 못할 일들이 있습니다. 그의 내면에 자리 잡은 희망 혹은 그의 존경스러운 삶 이면에서 벌어지는 유혹과의 싸움을 나는 이해할 수 없었습니다. 역경이 몰려올 때 그는 어디서 위로를 얻는지, 보이지 않는 영혼의 입 속에 당신이 주신 떡을 받아먹는 은혜로운 즐거움이 과연 무엇인지 나로서는 알 수 없었습니다.

그는 나처럼 감정의 기복이 심한 사람이 아니었습니다. 나처럼 변방을 위태로이 헤매는 사람도 아니었습니다. 그에게 다가가고 싶을 때마다 그에게 다가갈 수는 없었습니다. 그는 사람들의 말을 경청하고 많은 사람들을 상담하느라 늘 바빴습니다. 그는 또한 약한 사람들을 섬겼습니다. 사람들에게 시간을 내지 않을 때는, 거친 음식을 먹든지 아니면 쉬고 있든지 그것도 아니면 독서에 빠져 있었습니다. 책을 읽을 때 그의 눈길은 책장 위를 훑었고, 마음으로는 의미를 새겼으며, 말은 하지 않았습니다. 그의 방문은 언제나 모두에게 열려 있었습니다. 그를 보고자 하는 사람은 언제라도 그에게 다가갈 수 있었습니다. 우리가 주교를 방문했을 때, 그는 주로 독서에 빠져 있었습니다. 그를 방해하고 싶지 않았기에 우리는 조용히 앉아 기다렸습니다. 그의 곁에서 떠나기가 싫었기 때문입니다.

친구들

"내가 거지보다 아는 것은 많았지만,
나의 추구에는 기쁨 한 조각조차 없었습니다."

친구들

아우구스티누스는 암브로시우스의 알레고리적 성경 해석을 접하면서 점차 감화되어가고, 성경이 마니교의 교설보다 더 탁월하고 권위가 있음을 알게 된다. 그러면서도 거짓을 섞어가며 황제를 찬양하는 연설을 하는 자신과 거리에서 술에 취해 웃고 있는 거지를 비교하며 자신이 얼마나 불행한지를 느끼게 된다. 친구이자 제자인 알리피우스, 네브리디우스와 함께 이 같은 고민을 나누지만, 그들 또한 좌절감을 느끼고 있기는 마찬가지이다. 아직 붙들 수 있는 진리를 보지 못하고 세상을 따르고 있었기 때문이다. 이에 괴롭고 시끄러운 생활을 떠나 친구들끼리 의기투합해 한적한 공동생활을 꿈꿔보기도 하지만, 이 또한 계획에 그치고 만다. 아직은 한숨과 신음을 오가며 세상사에 치이며 좀 더 뒹굴어야 하는 때였던 것일까. 제6권 4장의 일부(6절), 5장의 일부(8절), 6-10장, 14장에 해당한다. 어머니의 주선으로 어린 소녀와 약혼한 것을 계기로, 13년간이나 동거하던 여인과 헤어지지만, '정욕의 노예'가 된 탓에 또 다른 한 여인을 맞아들이게 된 것도 제6권(13장, 15장)에 나오는 내용이다.

성경의 모세오경과 선지서를 공부하는 데 맛을 들였습니다. 더 이상 의심의 눈길로 대충 훑고 넘어가는 일은 하지 않았습니다. 전에는 모든 것이 터무니없어 보였습니다. 전에 나는 불신에 사로잡혀 있었기에, 자신들은 믿지도 않는 우스꽝스러운 것들을 믿는 당신의 거룩한 자들을 경멸하였습니다. 이제 나는 암브로시우스의 설교를 경청했고, 그가 따라야 할 본으로 제시하는 본문에 귀를 기울였습니다. 문자는 죽이지만 성령은 생명을 주십니다. 암브로시우스는 오해의 베일을 걷어내고, 언뜻 의미 없이 보이거나 지성을 교란하는 듯 보였던 것들의 영적인 의미를 드러내 보여주었습니다. 그의 가르침이 옳은지, 나는 확신이 서지 않았습니다. 그가 가르쳐 준 어떤 것에도 나는 선뜻 동의를 표하지 않았습니다. 또 다른 신념 체계에 곧장 뛰어들게 될까 두려웠던 것입니다.

그와 같은 유보의 시간은 답답했습니다. 일곱에 셋을 더하면 열이 되듯이, 나는 영적 실재에 관해 확신을 갖기 원했습니다. 나는 숫자에 의심을 가질 정도로 정신 나간 회의주의자는 아니었습니다. 오감으로 포착할 수 있는 물질적인 것이든 영적인 것이든 모든 것이 명쾌하게 진실이기를 바랐습니다. 측정 가능한 물질처럼 물질적인 것 외에는 증거를 바탕으로 어떻게 사고해야 하는지 알 길이 없었습니다. 내가 불확실성을 떨쳐버렸다면, 영혼의 눈을 떠 선명하게 볼 수 있었을지도 모릅니다. 당신의 진리 안에서 방향을 찾았을 수도 있었을 것입니다. 당신의 진리는 언제나 역사하며 결코 실패하는 일이 없습니다.

그러나 나쁜 의사를 만나 고통을 당해본 사람은 좋은 의사라도 선선히 신뢰하지는 못하는 법입니다. 내 영혼의 건강이 무엇을 믿는다고 해서 치유될 수 있는 것이 아니라고 알고 있었기에, 나는 더 무시무시한 오류를 믿게 될까 두려웠습니다. 당신은 믿음이라는 진정한 약을 준비해두셨으나 그럼에도 나는 당신의 처방과 진료를 거부했습니다. 당신의 처방은 온 세상의 병을 놀라운 치유력으로 고치시는 것이었는데도 말입니다.

***

순수 추론만으로는 영원한 진리를 분별하기에 너무 약한 까닭에 우리에게는 거룩한 말씀의 권위가 필요했던 것입니다. 당신께서 성경에 특별한 권위를 부여하신 것은 말씀이 전파된 모든 땅의 사람들이 이 말씀을 찾아 믿기를 바라셨기 때문입니다. 전에는 이상하고 비이성적으로만 들리던 성경의 여러 부분에 대한 설명을 들었습니다. 그러나 이제는 여전히 비합리적으로 들리는 부분들을 깊은 신비로 돌리게 되었습니다. 성경의 권위는 탁월해서 신앙으로 받아들일 만한 가치가 있었습니다. 성경의 선명한 의미는 모든 사람에게 열려 있었고, 가장 장엄한 신비는 심오한 데까지 헤아릴 줄 아는 이들이 풀어줄 것이었습니다. 당신은 소박한 말씀과 평이

한 문체 속에 허리를 굽히고 계셨습니다. 그러나 당신은 말씀을 구하는 자들에게는 철저하게 적용할 것을 요구하십니다. 누구라도 성경을 펼 수 있고 그 안으로 빠져들 수 있습니다. 그 좁은 길목을 타고 불어오는 바람에 이끌려 소수의 사람들만이 당신께로 날아갑니다. 그러나 그토록 높은 권위가 아니라면 훨씬 더 많은 사람들이 당신께 이끌렸을 것입니다. 그리고 그 말씀이 소박하고 친절하지 않다면 더 많은 수가 이끌렸을 것입니다.

나는 이런 일들을 생각했고 당신은 그런 나와 함께 계셨습니다.

내가 한숨 쉴 때 당신이 들으셨습니다.

휘청거리는 나를 당신이 이끄셨습니다.

나는 세상의 넓은 길에서 방황했지만, 당신은 나를 잊지 않으셨습니다.

나는 명예와 부귀, 결혼을 원했지만, 당신은 나의 겉꾸밈을 비웃으셨습니다.

세상의 꿈을 놓아버리기 어려웠습니다. 그러나 당신이 나를 은혜로 이끌어주시니 그럴수록 당신 아닌 것들은 내게 시들해졌습니다. 오 주님, 내 마음을 살펴주십시오. 이처럼 내가 놓아버린 것을 당신을 향한 고백의 일부로 회고하게 될지 누가 생각이나 했겠습니까? 빠져나갈 길 없는 죽음의 덫에서 당신께서 내 영혼 풀어주셨으니, 내 영혼 오직 당신에게만 단단히 묶여 있게 해주소서. 나는 만신창이가 되었지만, 내가 모든 것을 떨쳐버리고 당신에게 속할 때까지 당신은 상처를 보듬어주셨습니다. 당신은 인생 그 무엇보다 높이 계십니다. 사람이 당신에게로 돌아와 당신께 치유받기까지 그가 쌓은 모든 것은 아무것도 아닐 뿐입니다.

나는 비참한 존재였습니다. 이런 나를 당신은 어떻게 다루셨습니까? 내가 황제에게 바치는 헌사를 암송하고 있던 그날, 당신은 나를 더욱 비참하게 만드셨습니다.[1] 헌사에서 나는 숱한 거짓말을 남발했고, 내가 거짓말하고 있음을 알고 있던 사람들은 내 거짓된 말에 환호를 보냈습니다. 내 마음은 염려로 숨이 막혔고 불길처럼 타오르는 걱정으로 타는 듯했습니다.

밀라노 거리를 지나고 있는데, 어떤 거지가 눈에 띄었습니다. 깔깔거리며 웃고 있는 모습을 보니, 그날 푸지게 얻어먹은 게 분명했습니다. 나는 한숨을 쉬며 친구들에게 그 거지를 바라보라고 했습니다. 우리는 정신 없이 돌아가는 인생의 슬픔이라는 짐을 짊어지고 있었습니다. 우리는 야망에 쫓기고 있었습니다. 나는 무겁다고 느끼면서도 그 불만이라는 짐을 질질 끌고 다니며 일하고 있었습니다. 우리는 단 한 번만이라도 우리 눈앞의 거지가 보여주고 있는 그런 기쁨에 도달할 수 있기를 바랐습니다. 거지는 우리가 단 한 번도 누려본 적 없는 행복을 느끼고 있었습니다. 그는 행인들에게서 구걸한 동전 몇 닢으로, 내가 그 수많은 밤을 뒤척이며 얻고자 했던 만족을 얻었던 것입니다.

그것은 잠시 얻은 안위의 기쁨이었습니다. 거지가 얻은 것은 진

정한 기쁨은 아니었으나 내가 야심찬 계획으로 얻고자 했던 것만
큼이나 현실적인 기쁨이었습니다. 분명 그는 기뻐했고, 나는 초조
했습니다. 그에게는 두려움이 없었지만, 나는 두려움의 늪에 빠져
있었습니다. 만약 거지가 내게 다가와, 그의 그 명랑한 상태와 나
의 두려운 상태 중 어느 편에 있고 싶냐고 물었다면, 나는 그의 명
랑한 상태를 원한다고 대답했을 것입니다. 그러나 자기처럼 거지
가 되기를 원하느냐고 묻는다면, 나는 근심과 두려움으로 쇠약해
지더라도 내가 되겠다고 대답했을 것입니다. 하지만 그 빈약한 판
단이 진실이었을까요? 내가 거지가 되면 안 될 이유라도 있었을까
요? 내가 거지보다 아는 것은 많았지만, 나의 추구에는 기쁨 한 조
각조차 없었습니다. 나는 인상적인 행위로 사람들의 환심을 사려
고 했기에 기쁨을 강탈당했습니다. 선생 역할을 한 것은 사람들을
기쁘게 하려는 것이었을 뿐 내 역할에 충실하고자 했던 것은 아니
었습니다.

이 새로운 깨달음은 죽비와도 같은 당신의 교정책이었습니다.

"저마다 다른 데서 즐거움을 발견한다.

거지는 술 취하는 데서 기쁨을 찾았고,

너는 영광스러운 기쁨을 바랐던 것이다."

이렇게 말하려는 자, 내게서 물러가게 하소서.

주님, 영광이 다 무엇입니까? 그것은 당신 안에 있는 영광이 아
니었습니다.

그때 내게는 진정한 기쁨도, 진정한 영광도 없었습니다.

이 일로 인해서 내 영혼은 완전히 뒤집어졌습니다. 그날 밤에 만난 거지는 술이 깨면서 다시 현실로 돌아왔을 것입니다. 그러나 앞으로 나아가고자 하는 열망에 취한 나는 무감각 속에서 잠들고 깨어날 뿐입니다. 하룻밤을 꼬박 새우고 다음날 밤에야 잠이 들었다가 다시 다음날 깨어나고, 현실 감각은 점점 더 없어졌습니다.

이런 밤이 얼마나 지속되었는지요? 하나님, 오직 당신만이 아셨습니다.

그렇습니다. 저마다 다른 데서 즐거움을 발견합니다.

그렇습니다. 신실한 소망을 품는 자의 기쁨은 학자의 자기중심주의에서 아주 멀리 떨어져 있습니다. 그 거지가 내가 넘지 못한 한계를 넘어선 것은 바로 그런 이유 때문이었습니다. 그는 술에 취해 있었기 때문에 나보다 행복했고, 그에 비해 나는 내면에서 근심에 절어 있었기에 행복하지 않았습니다. 그는 자신이 얻고자 하는 바를 술에서 얻었습니다. 나는 거짓말에 귀를 기울였으며 공허하고 교만 가득한 칭송을 쫓아다녔던 것입니다.

나는 이 점을 친구들에게 털어놓았습니다. 종종 친구들의 모습에서 내 모습을 보곤 했기 때문입니다. 내가 그들과 비슷하다면, 단언하건대 나도 그다지 나을 것 없는 사람인 것입니다. 생각이 여기에 이르니 더 우울해졌고, 아주 밑바닥까지 가라앉는 것 같았습니다.

좋은 일도 다가오고 있었지만, 거기에 취하기에는 마음이 너무 가라앉았습니다. 그리고 다가오는 좋은 일로 기뻐해보려고 다가갈 즈음에는 그것은 이미 사라져버리고 말았습니다.

서로를 너무 잘 아는 친구들인 우리는 한결같이 우리의 운명을 탄식했습니다. 나는 주로 알리피우스와 네브리디우스에게 이런 생각을 털어놓았습니다.

알리피우스는 동향 친구로서 귀족의 자제였습니다. 그는 나보다 어렸으며, 내가 처음에 타가스테에서, 그리고 나중에는 카르타고에서 가르칠 때 내게서 배웠습니다. 내가 친절하고 학식 있게 보였던지 그는 나를 무척 따랐습니다. 나는 그가 덕을 쌓으며 살아가려는 모습에 감명을 받았습니다. 어렸지만 그에게는 그런 성향이 강하게 보였습니다.

하지만 그가 처음부터 그랬던 것은 아닙니다. 처음에 그는 시간을 잡아먹는 경주와 시합을 보는 데 빠져 지냈습니다. 카르타고 사람들 대부분이 경주에 빠져 지냈습니다.[2] 그처럼 비루한 삶에 빠져 있는 동안에는 그는 내 수업에 들어오지 않았습니다. 그때 나는 카르타고에서 수사학을 가르치고 있었는데, 그의 부친과 내가 서로에게 악감정을 품고 있었던 것이 이유였습니다. 나는 알리피우스가 어떻게 경주에 빠지게 되었는지 잘 알고 있었습니다. 나는 그가 자신의 놀라운 재능을 그런 식으로 망치는 데 열을 내고 있다는 사실에 상심을 금하기 어려웠습니다.

나는 그의 관심을 제지하여 다시 공부에 전념하도록 충고를 하거나 영향을 끼칠 입장이 아니었습니다. 그와 친밀하지도 않았을 뿐더러 그에게 영향을 줄 만큼 교사로서 그에게 권위가 있었던 것도 아니었습니다. 나는 그저 내가 그의 부친을 싫어하니만큼 그도 나를 싫어하겠거니 하고 지레 짐작했습니다. 하지만 사실은 그렇지 않았습니다. 그는 마침내 부친의 바람을 저버리기 시작했습니다. 처음에는 거리에서 만나면 인사나 하는 정도였습니다. 그러다가 그는 내 수업에 가끔 들어오기 시작했고 얼마간 머물다가 슬그머니 사라지곤 했습니다.

하지만 그가 가치 없는 오락에 빠져 생각 없이 열광하며 지냄으로써 그의 훌륭한 지성을 소진하는 일을 나무라지는 않았습니다. 그러나 주님, 당신은 당신께서 지으신 모든 인간의 길을 인도하십니다. 당신은 그를 잊지 않으셨습니다. 언젠가 그가 당신의 자녀가 되고 당신의 성례를 집전할 사제가 될 것을 아셨습니다.

당신은 그의 회심이 분명하게 당신으로부터 말미암은 것이 되길 원하셨습니다. 그래서 나는 당신이 나를 사용하고 계시는 줄도 모른 채 그 일에 쓰임 받았습니다.

하루는 학생들 앞에 있는 교사석에 앉아 있었습니다. 그가 들어와 내게 목례하고는 자리에 앉았습니다. 그는 수업에 집중했습니다. 우연하게도 키르켄세스 경기에 관한 구절을 주해하고 있었습니다.[3] 수업을 좀 더 흥미롭게 이끌어가기 위해 나는 경기에 관해

서 빈정대는 말투로 여기에 열광하는 사람들의 광기에 관한 농담
을 했습니다. 하나님, 당신께서 아시는 것처럼, 내 농담이 알리피
우스에게 어떤 영향을 끼칠지 나는 진실로 몰랐습니다. 그는 내 말
을 마음으로 받아들였고, 내가 그를 위해 말을 꺼냈다고 믿었습니
다. 내가 자신을 겨냥해 말했다고 생각하며 기분이 상할 수도 있는
일이었습니다. 그러나 이 진지한 젊은이는 가책을 받아야 할 이유
를 자기 자신에게서 찾았습니다. 그리고 그는 내게 감사했습니다.

당신은 오래전 당신의 책에서 말씀하셨습니다. "지혜 있는 자를
책망하라. 그가 너를 사랑하리라"잠 9:8. 나는 그를 책망하지 않았습
니다. 그러나 당신은 우리가 알든 모르든 상관없이 뜻하시면 무엇
이든 사용하십니다. 내 마음과 혀가 타오르는 숯불이 되게 하신 목
적을 당신은 알고 계십니다. 희망을 가진 마음에 불을 붙이고 쇠약
해진 것을 회복시키려는 선한 뜻이 있으셨던 것입니다.

당신의 자비를 들여다보지 않으려는 자, 침묵하게 하소서.

그런 자는 당신을 찬양하지 못하게 하소서.

나는 당신을 보고 내 존재의 가장 깊은 데서 당신을 고백할 것입
니다.

알리피우스는 내 말을 듣고 그 자신이 뛰어들었던 깊은 구덩이
에서 뛰어나왔습니다. 그는 경멸스러운 오락의 맹목성을 떨쳐버리
고 통제력을 되찾았습니다. 원형경기장 시합의 모든 부패한 요소
들이 그에게서 모두 떨어져나갔고, 그는 카르타고에 있는 동안 다

시는 옛 습관으로 돌아가지 않았습니다. 이런 일이 있은 후, 그는 다시 아버지에게 가서 내 제자가 되었다고 알렸고 그의 아버지는 마지못해 허락했습니다.

알리피우스가 다시 내 강의에 들어오던 그때에도 나는 마니교의 미신들을 신봉하고 있었습니다. 알리피우스도 그런 미신을 따랐고, 그들이 자랑하는 심미적 생활을 따르기 원했습니다. 그는 그런 생활이 고매하고 고상하다고 여겼습니다. 사실 심미주의는 어떤 예민한 영혼들을 유혹할 따름이지 그 안에 참된 목적은 없습니다. 강하고 전인적인 도덕을 약속하며 유혹하지만 그것은 사람을 끌기 위한 겉모습일 뿐입니다. 실은 그 아래에는 허무를 숨기고 있는, 삶을 변화시키는 가치의 값싼 모조품일 뿐입니다.

알리피우스는 부모가 바라던 세속적인 성공의 가도에 여전히 서 있었습니다. 그는 나보다 앞서 로마로 떠났습니다. 거기서 그는 법을 공부했고 믿기지 않게도 다시 경기 관람에 빠져들었습니다. 로마에는 검투사들의 싸움이 경기에 포함되어 있었습니다. 그는 그런 시합을 몹시 역겨워했습니다.

어느 날 알리피우스는 저녁식사를 마치고 돌아오는 친구들과 동급생들을 만났습니다. 알리피우스는 싫다며 강하게 거절했지만 친구들은 거의 완력으로 그를 끌고 가서는 피비린내 나는 검투 경기가 벌어지고 있는 원형경기장으로 들어갔습니다. 그는 이렇게 외쳤습니다. "당신들은 내 몸을 경기장까지 끌고 와서 자리에 앉힐는

153

지 모르나, 내 심령과 내 눈이 경기를 보게 하지는 못할 거요. 경기가 벌어지는 동안 나는 존재하나 부재할 것이오. 그러니 당신들이 진 것이오." 아마도 그들은 이 말을 듣고도 그를 억지로 끌어다 자리에 앉히고는 한때 그가 탐닉했던 것을 보지 않고 견디나 보자는 심사였을 것입니다.

경기장에 들어가 자리를 잡았을 때, 경기장은 그 야만스러운 경기의 피 냄새를 맡으려는 사람들의 야수성으로 불붙은 듯했습니다. 그러나 그는 눈을 감고 있었고 그 악에서 자기 마음을 닫아버리려고 하였습니다. 할 수 있다면 귀도 막고 싶었습니다. 검투사 한 명이 바닥에 쓰러지자 사람들은 함성을 질러댔습니다. 감정이 최고조에 이르자 그도 더 이상 호기심을 참지 못했습니다. 눈앞에 어떤 악이 저질러지든 경멸하고 멀리할 준비를 하고 그는 눈을 떠서 보고 말았습니다. 검투사의 몸에 난 상처보다 더 깊은 상처가 그의 여린 영혼에 새겨지고 말았습니다. 그는 사람들의 함성 속에서 쓰러진 검투사보다 더 가련하게 쓰러졌습니다. 귀로 들은 함성과 눈으로 본 광경이 그의 영혼을 무참히 때렸습니다. 그는 의지를 좀 더 결연히 하기보다는 담대히 죄를 짓고 말았습니다. 그는 당신을 의지하기보다는 자신의 힘을 과신할 만큼 연약했던 것입니다.

피를 본 그는 거칠어졌습니다. 그는 더 이상 돌아서지 않았습니다. 그 장면을 다 보고 나서 그는 취하도록 마셨습니다. 자신이 검투 경기를 얼마나 좋아하는지도 잊을 때까지, 인사불성이 되도록 마셨습니다. 더 이상 원형경기장으로 떠밀려 들어올 때의 그가 아니라 광란의 군중 중 하나가 되어 있었습니다. 자기를 끌고 간 젊은이들과 동류가 되고 말았습니다.

그의 행동에 대해 더 언급할 필요가 없습니다. 그는 경기를 보았고, 함성을 질렀고, 열띤 관람객이 되었고, 마침내는 이성을 완전히 잃었습니다. 그는 친구들과 다시 검투 경기장을 찾을 수밖에 없었고, 다른 사람들에게도 검투 경기에 와보라고 열렬히 권했습니다. 얼마 후에 당신은 당신의 강하고 자비로운 손으로 그를 그러한 생활에서 끄집어내셔서 그에게 자기 자신이 아니라 당신을 신뢰하도록 가르치셨습니다.

당신은 그가 카르타고에서 나의 지도 아래 공부하는 동안 이 일을 행하셨습니다. 그는 한낮에 시장을 거닐고 있었는데, 학자들이 흔히 하듯 곰곰이 생각하며 수업 시간에 호명을 받으면 대답하기 위해서 무엇인가를 암송하고 있었습니다.

바로 그때 당신은 그가 큰 언쟁에 휘말리게 하시고 도둑으로 몰리게 하셨습니다. 언젠가 그는 다른 이들에게 형을 선고하는 사람이 될 것이기에 당신께서 그를 구속되게 하신 것이라고 나는 믿습니다. 사람이 생각 없이 마구잡이로 행동하는 폭도에 의해 불의한 자로 몰리기란 그다지 어려운 일이 아님을 처음부터 알게 하신 것은 좋은 일이었습니다.

이 젊은 법률가는 광장의 재판석 앞을 골똘한 생각에 잠겨 왔다

갔다 한 것뿐이었습니다.[4] 그의 손에는 책과 철필이 들려 있었습니다. 알리피우스는 곁에 있던 도둑이 대장간의 지붕을 잇는 함석을 부수기 위해 도끼질을 하고 있는 모습을 보지 못했습니다. 그러나 누군가가 도둑이 함석을 때리는 소리를 들었고, 대장장이들이 지붕에 누가 있든 가서 잡아달라고 경비원을 보냈습니다. 도둑은 경비원이 달려오는 소리를 듣곤 도끼를 내버려두고 달아났습니다. 알리피우스는 도둑이 지붕으로 숨어들어가는 모습을 보지 못했습니다. 그러니 그가 도망가는 모습, 달아날 때의 기척을 알 수 없었던 것입니다. 무슨 일이 벌어진 것일까 궁금하게 여긴 그가 도둑이 든 장소에서 도끼를 발견했습니다. 그때 경비원들은 도끼를 든 그를 발견했고 요란스러운 소리를 냈습니다. 그들은 그를 현장에서 체포했고 끌고 나왔습니다. 시장의 모든 상인들이 나쁜 도둑이 잡혔다는 소식을 듣고 달려 나왔고, 그는 사법관 앞으로 끌려갔습니다.

주님, 당신은 다른 모두 앞에서 그가 무죄함을 보이시기에 앞서서 일이 이런 지경이 되게 하심으로써 그에게 교훈을 주셨습니다. 그때는 당신만이 아셨습니다. 그가 감옥에 가든 아니면 형벌을 받게 되든 하는 상황이 벌어지자, 시의 공공건물 관리를 맡은 건축위원이 상인들을 만났습니다. 상인들은 그 관리를 보자 반색을 했습니다. 관리는 상인들이 시장에서 잃어버린 물건들을 슬쩍 뒤로 빼돌리고 있는 것은 아닌가 의심하고 있었기 때문입니다. 그들은 그간의 절도 사건의 용의자로서 알리피우스를 그 관리에게 넘겨주려고 했습니다.

다행히도 그 사람은 한 의원의 집에서 알리피우스를 자주 보았습니다. 그도 알리피우스도 그 집에 초대받아 갔던 것입니다. 그는 알리피우스를 풀어주고 곁에 세운 후, 왜 이런 소란이 벌어졌는지 물었습니다. 그는 설명을 듣고 군중에게 말했습니다. 군중들은 화가 덜 풀려 있었고, 그 관리를 따라와서는 위협을 가하는 자들도 있었습니다. 그들은 진범인 젊은이의 집에 이르렀습니다. 사환이 나와 문을 열어주었습니다. 사환은 왜 사람들이 자기 주인을 의심하는지 몰랐고, 자기 주인이 어떤 곤혹스러운 일을 당할 수도 있는지 가늠조차 못했습니다. 사환은 주인과 함께 광장으로 왔습니다. 그는 알리피우스가 하는 말을 사람들 앞에서 들었습니다. 그리고 그 관리가 사환을 알아보았습니다. 관리는 사환에게 도끼를 보여주었고, 그것이 누구 것인지 물었습니다.

"우리 것이 맞습니다." 사환이 대답했습니다. 질문이 계속되면서 전모가 밝혀졌습니다. 이렇게 해서 의혹은 그 집 사람들에게로 넘어갔습니다. 군중들은 억측을 하고 알리피우스를 모욕한 것 때문에 망신을 당했습니다.

알리피우스는 어느 날엔가는 당신 말씀을 전하는 자가 될 것입니다. 당신의 교회에서 많은 일들을 분별하는 역할을 할 것입니다. 그래서 그날 그는 이 직무를 위해서 단단히 배웠던 것입니다.

로마에서 그를 만난 후 그는 늘 나를 쫓아다녔습니다. 알리피우스는 나를 따라 밀라노에 갔습니다. 나를 따라다니고자 하는 마음과 법조계에 종사하려는 계획, 이 두 가지 모두 때문이었습니다. 그는 비록 부모를 즐겁게 하려고 하는 것이기는 하였으나 공부도 더 했습니다. 그는 밀라노에서 모두 세 번 배석 판사로서 법정에 섰고, 세상 사람들이 부패하였다고 여기는 법관들보다 훨씬 더 재판을 잘 이끌어 명성을 얻었습니다. 다른 사람들이 정직을 버리고 재물을 선호하는 모습이 그로서는 납득이 가지 않았습니다.

그가 유혹을 받은 것은 질투하는 성품 때문이 아니라 두려움에 질려서였습니다. 로마에서 그는 이탈리아 재무성 고관의 변호사였습니다.[5] 당시에 세도가 의원 한 사람이 있었습니다. 많은 사람들이 그에게 신세를 져서 사람들은 그를 무서워했습니다. 그는 원하면 언제든 탈법적인 청탁을 넣었습니다. 알리피우스는 이 의원의 청탁을 거절했고 촌지를 뇌물이라 돌려보냈습니다. 의원은 그를 겁박했지만 그는 조금도 흔들리지 않았습니다. 일은 여기서 끝나지 않았습니다. 그의 심지를 안 모든 사람들이 권력자를 보호자로 삼지 않는, 아니 위세가 대단한 인물을 적으로 만들기를 두려워 않는 이 보기 드문 인사가 누구인지 궁금해 했습니다. 사람들은 그의 용기를 가상해 했습니다. 왜냐하면 저 의원은 친구들에게는 호의를, 복수할 때는 참혹함을 보이는 사람이었기 때문입니다.

상황은 더 나빠졌습니다. 알리피우스 건을 맡은 판사가 그 의원의 심기를 불편하게 하지 않으려 했기 때문입니다. 그래서 알리피우스에게만 혐의를 돌렸습니다. 판사는 그 의원의 법정 대리인들에게 그들의 요청에 응하겠다고 말했습니다. 하지만 알리피우스는 판사가 그리하는 것을 용인하지 않았습니다. 이렇게 말하는 편이 옳을 것입니다. 판사가 그렇게 했다면, 알리피우스는 판사를 고발했을 것이기 때문입니다.

마침내 그 의원은 문제를 아주 복잡하게 만들어서, 알리피우스가 거의 손을 들 지경까지 몰고 갔습니다. 그는 공부하기 위해 엄청난 값의 책을 살 돈도 없었기 때문입니다. 그러나 한참 숙고한 끝에 그는 더 높은 길을 걸어가기로 결심했습니다. 그는 마음만 먹으면 얻을 수도 있었던 권력을 포기하고 더 고상한 공정함을 택한 것입니다.

작은 일들이 있습니다. 그러나 작은 일에 충성하는 자는 큰 일에도 충성하는 법입니다. 당신의 진리 안에 있는 약속들은 결코 무가치하지 않습니다. 재물의 유혹을 신실하게 물리치지 못한다면, 누가 그에게 진정한 부를 위탁한단 말입니까? 다른 사람의 목숨에 대해 신실치 않은 자는 그들의 소유에 대해 진정한 권세를 부릴 수 없을 것입니다. 이 일을 겪으면서 알리피우스는 나와 긴밀한 관계를 유지했습니다. 어떤 길을 선택해야 할지 흔들릴 때 그는 나를 찾아왔습니다.

네브리디우스라는 이름의 다른 학생은 카르타고 근처의 고향을 떠나서 나와 함께 연구하기 위해 밀라노로 왔습니다. 그는 저택과 많은 땅, 그리고 어머니를 남기고 떠나왔습니다. 그는 어머니에게 자기를 따라오지 말라고 단단히 일렀습니다. 그는 진리와 지혜를 근면하게 추구하기 위해 나의 문하로 들어오려고 했습니다. 그는 나처럼 한숨을 쉬었고 나처럼 흔들렸지만 진실한 생활을 열렬히 구했으며, 가장 심오한 질문들을 날카롭게 분석할 수 있는 인재였습니다.

이로써 우리는 세 가지 요소를 지닌 학파가 되었습니다. 첫째, 잘 먹고, 둘째, 서로의 갈망을 털어놓고, 셋째, 적당한 때에 일용할 양식을 주시는 당신을 기다리는 것입니다 시 104:27 참조. 당신의 자비가 이끄시는 인생의 모든 비애 가운데서, 우리는 고난을 주시는 당신의 뜻을 알고자 했으나 어둠만을 보았습니다. 우리는 눈을 돌려 한탄했습니다. "이 일들이 어느 때까지 지속돼야 합니까?" 우리는 자주 이런 불평을 터뜨렸고 답을 찾으려 몸부림쳤습니다. 아직 확실한 답이 우리에게 다가오지 않은 까닭이었습니다. 우리의 잊혀진 영혼이 품을 수 있는 그 무엇인가를 우리는 찾았습니다.

우리 가까운 친구들 중 일부 역시 인간사의 격동과 위험에 크게 실망했습니다. 우리는 모여 이야기하고 토론하며, 인간 만사와 번거로움으로부터 뚝 떨어져 살자는 결의를 다졌습니다. 우리는 어떻게 하면 그런 삶을 살 수 있을지 고민했습니다. 우리 각자는 모을 수 있는 모든 자원을 모아서 그것으로 가정 공동체를 세우려고 했습니다. 서로에 대한 우정에 충실하고자 우리 중 누구도 개인의 소유물을 갖지 않기로 했습니다. 그러나 우리가 공동으로 모은 모든 재산은 서로의 것이었고, 각 사람은 전체에 속했습니다.

우리는 약 열 명이 이런 공동체를 만들기에 좋은 숫자라고 생각했습니다. 우리 가운데 일부는 큰 부자였는데, 그중에서도 로마니아누스가 그랬습니다.[6] 그는 나와 동향으로서 어릴 때부터 알고 지내던 사이였습니다. 그는 나의 가까운 친구였습니다. 그는 크고 작은 집안 문제를 잘 처리했고 특히 재산과 관련된 법정 소송을 잘 처리하려고 애썼습니다. 아무튼 그는 우리가 추진하려는 일의 가장 열렬한 지원자였습니다. 그의 의견은 비중 있게 다뤄졌습니다. 그는 우리 중 그 누구보다도 꺼낼 이야기가 많은 사람이었기 때문입니다.

우리는 두 명의 재정 담당자가 모든 물품의 구매를 담당하기로 결정했습니다. 다른 사람들이 세속적인 현안들에 마음이 나뉘지 않도록 하려는 생각에서였습니다. 그러나 이 계획은 완전히 무산되고 말았습니다. 우리 중 일부는 기혼자요, 다른 일부는 결혼을 계획하고 있었기 때문입니다. 우리는 아내 입장에서 이 공동체의 모습을 생각해본 적이 없었기 때문입니다. 계획은 완전히 산산조각 났습니다. 우리에게는 많은 이상理想이 있었지만, 당신의 경륜만이 영원하십니다. 우리는 한숨과 슬픔 속에서 넓고, 다져진 세상의 길을 걸어갈 수밖에 없었습니다. 당신은 우리의 계획이 부끄럽도록 하셨습니다. 당신의 뜻이 우리에게 이루어졌습니다. 당신은 팔을 벌려 우리 영혼을 윤택하게 하셨습니다.

완전을 향해 걷는 길

"빛이 나를 지었으므로 나는 이 빛 아래 서 있습니다.
진리를 아는 자는 이 빛을 압니다. 진리를 아는 자는 영원을 압니다.
사랑을 아는 자는 진리를 압니다."

완전을 향해 걷는 길

마니교를 떠난 아우구스티누스는 이제 점차 마니교적 사고를 극복해간다. 과거에 하나님을 공간을 점유하는 물질적 존재로까지 보던 사고에서 벗어나, 비물질적 존재 및 진리에 대한 인식을 향해 나아간다. 이러한 지적 회심의 과정에서 길잡이 역할을 한 것이 바로 신플라톤주의 철학이었다. 플로티노스, 포르피리오스 등 신플라톤주의자의 저작의 라틴어 번역본을 통해 그는 자신의 영혼 속으로 깊숙이 들어가고, 거기서 신적인 빛을 보기도 한다. 아우구스티누스는 이제 하나님께 이르는 길은 바로 중보자 되신 예수 그리스도를 통해서라는 점을 고백한다. 하지만 아직은 성육신의 신비를 제대로 깨닫지 못한 상태다. 제7권 1장의 일부(1절 후반과 2절), 10장, 11장, 17장, 18장, 19장 일부(25절 대부분)에 해당한다.

나는 당신을 물리적인 공간에 계신 분으로 생각하기에 이르렀습니다. 나는 부패하고 무너지기 쉽고 또한 변화무쌍한 존재에 반대되는 분으로서 쇠퇴할 줄 모르고 무너질 수 없으며 변하지 않는 분으로 당신을 믿고자 하였습니다. 나는 당신의 존재가 이 세상으로 유출돼 들어온 것인지, 아니면 온 우주에 걸쳐서 무한히 산재해 있는 것인지 고민했습니다. 물질적 실체를 초월하는 존재가 실재한다고 상상할 수 없었기에 이런 고민이 빚어진 것이었습니다. 당신이 만물의 외부에 계시다면, 당신은 무無일 것이라고 추론했습니다. 무로부터 형태를 취할 수 있다면, 그래서 무가 흙과 물과 공기와 별 같은 질료가 정말로 없는 것이라면, 이러한 위치가 공간적인 무 그 이상은 아니지 않겠습니까?

이런 정신적인 방황은 아둔한 것이요 나 자신에게도 명쾌하게 다가오지 않았습니다. 측정 가능한 용적을 지니지도 않았고 전이될 수도 없고 어떤 차원으로 수축 혹은 확장되지도 않는다면, 이런 것이라면 전적인 무밖에는 없다고 생각했습니다. 나의 신앙은 눈으로 볼 수 있는 것보다 더 클 수 없었습니다. 그때까지 저런 면들에 관해 추론해오던 정신적인 과정은 참으로 생생해서 불가사의한 일들을 행하고, 놀라운 형상들을 형성하기에 충분했는지 정말 몰랐습니다. 나의 하나님은 이러셔야 한다고 요구한 그런 부류의 형태는 아니었기 때문입니다.

내 생명의 생명이신 당신, 광대하시며 무한한 우주를 차지하고 계신 당신을 이해하기 위해 애쓰기도 했습니다. 나는 온 우주와 그 너머까지 관통하는 전체로 당신을 상상했습니다. 어떻게 당신께서 측정할 수 없고 끝이 없는 공간을 뚫고 뻗어나가며, 그러면서도 땅에도 하늘에도 만물에도 당신이 계시고, 또 당신이 그 안에 계실 수 있으며 동시에 어디에도 묶여 계시지 않을 수 있는지 고민했습니다. 그래서 이 땅 위에 떠다니는 공기 같은 몸을 지니셨는가 추론했습니다. 공기는 햇빛이 비쳐도 개의치 않고 지나갑니다. 빛은 공기를 관통합니다. 공기를 부풀게 하거나 절단하지 않고 그것을 더 꽉 채움으로써 관통하는 것입니다. 그래서 나는 당신의 몸이, 마치 빛이 하늘을 채우듯 하늘과 공기와 바다 그리고 땅이 당신을 채우는 형태로 되어 있다고 상상했습니다. 이런 우주에서, 가장 크고 가장 작은 물체들은 비상한 영감에 의해서 당신의 존재를 담고 있어야 하며 당신이 창조하신 만물을 안팎에서 이끌어야 합니다.

나는 그렇게 상상했습니다. 달리 생각할 길이 없었기 때문입니다. 그러나 내 생각은 틀렸습니다. 내 생각이 옳았다면, 만물은 당신으로 가득 차 있어야 하고, 큰 용적의 사물이 작은 용적의 사물에 비해 당신을 더 많이 담고 있어야 했습니다. 참새보다는 코끼리가 당신을 더 보여줘야 하는 것입니다. 따라서 당신은 자신을 수없이 많은 조각들로 나눠서 세계의 수많은 조각들 안에 있게 하셔야 합니다. 당신은 크고 작은 조각이 되어야 합니다. 그러나 그때 당신은 나의 어둠에 빛을 비추지 않으셨습니다.

***

당신은 나의 인도자, 내가 다시 영혼의 눈으로 실체를 보도록 해 주셨습니다. 영혼의 눈 위에 지성을 두지 않게 하셨습니다. 그 영혼의 눈으로 나는 변치 않는 빛을 보다 잘 볼 수 있었습니다. 그 빛은 모든 사람이 볼 수 있는 그런 평범한 빛이 아니었습니다. 밝음으로 공간을 채우는 찬란하게 밝은 빛도 아니었습니다. 그 빛은 결코 자연의 빛이 아니었습니다. 인간이 자연에서 경험할 수 있는 빛과는 너무나 달랐습니다.

기름이 자연스럽게 위로 떠올라 물과 분리되는 것과는 달리, 이 빛은 내 지성과 별개가 아니었습니다. 하늘이 지상 위에 솟아 있는 것과는 달리, 이 빛은 나의 자의식과 다른 것이 아니었습니다.

그러나 이 빛은 내 영혼 위로 비쳤습니다. 이 빛이 나를 지었기 때문입니다.

빛이 나를 지었으므로 나는 이 빛 아래 서 있었습니다.

진리를 아는 자는 이 빛을 압니다.

진리를 아는 자는 영원을 압니다.

사랑을 아는 자는 진리를 압니다.

영원이신 진리여!

진리이신 사랑이여!

사랑이신 영원이여!

당신은 나의 하나님이십니다. 당신을 향해 내가 밤낮 탄식합니다.

당신을 처음 알게 되자, 당신은 내 시야를 높여 더 잘 보게 해주셨습니다. 그러나 아직 이 고지에서 바라보지는 못했습니다. 그러나 당신은 물길처럼 흐르는 강한 빛으로 내 약한 눈에서 어둠의 그림자들을 다 벗겨내셨습니다. 나는 빛 속에서 사랑과 경외심으로 인해 떨었고 내가 당신으로부터 얼마나 멀리 떨어져 있었는지를 알았습니다. 나는 당신에게는 낯선 곳에서 살고 있었으나 멀리 떨어진 고원에서 들려오는 당신의 음성을 들었습니다.

"나는 어른의 양식이다. 그러니 얼른 자라거라. 그리고 나를 먹어라. 음식은 몸에 들어가면 변하지만, 나는 네가 먹어도 변치 않는다. 내 살을 먹어라. 그러면 너는 변화될 것이며 마침내 나를 닮게 될 것이다."

죄 짓는 자를 당신이 어떻게 바로잡아주시는지 나는 압니다. 당신은 내 영혼이 거미처럼 소진되게 버려두셨습니다. "그렇다면 유한하든 무한하든 공간 속으로 퍼져나가지 않는다면 진리는 무無란 말입니까?" 하고 물었을 때, 당신은 저 멀리서 큰 소리로 대답해 주셨습니다. "그렇다. 진실로 나는 나다."

나는 들었고 내 마음도 들었고, 당신은 내게 의심의 여지를 남기지 않으셨습니다. 절대적 진리가 없다고 의심하느니 내가 살아 있음을 의심하는 편이 나았습니다. 만들어진 모든 것 속에서 이 점은 너무도 선명하게 보입니다롬 1:19-20 참조.

당신의 청명한 음성을 듣고서 나는 당신의 발아래 있는 다른 것들을 보았습니다. 어떤 것들은 당신으로부터 나왔기에 존재함을 알게 되었습니다. 그런가 하면 또 어떤 것들은 당신으로부터 흘러나오지 않았기에 존재하지 않았습니다. 그러나 오로지 한 분은 진실로 존재하시고 변함없이 존재하십니다. 그렇다면 하나님을 단단히 붙잡는 것이 내게는 유익이었습니다. 그분 안에 머물지 않는다면 나 스스로는 살 수 없기 때문입니다. 그분은 변함없이 계시기에, 만물을 새롭게 하실 수 있습니다.

당신은 나의 주 하나님, 당신이 존재하시기 위해 나의 선함을 조금도 필요로 하지 않으십니다.

***

이제 내가 당신에 관한 꾸며낸 신화가 아니라 당신을 사랑하니 참으로 놀랍습니다. 하지만 그때 나는 내 하나님을 뛸 듯이 즐거워하지는 않았습니다. 내 영혼은 당신의 아름다움에 이끌려서 당신을 향해 상승했으나 나 자신의 무게 때문에 당신으로부터 뒷걸음쳤습니다. 나는 신음하면서 열등한 것들로 가라앉았습니다. 육욕적인 습관이 그 무게였습니다. 그러나 가장 아래까지 떨어졌을 때, 당신에 관한 기억이 내 안에서 살아났습니다. 나는 내가 붙잡아야 할 분이 계심을 조금도 의심하지 않았습니다. 나는 그저 당신에게 매달릴 준비가 덜 되어 있었던 것뿐입니다.

더럽혀진 몸이 영혼을 끌어내립니다. 육신의 장막이 많은 것을 숙고하는 생각을 짓누릅니다. 나는 그런 형편에 처해 있었습니다. 세계를 창조하신 당신의 보이지 않는 역사, 당신의 영원한 능력과 신성이 만들어진 모든 것 속에 분명히 나타납니다롬 1:20 참조.

나는 생각을 살펴보았습니다. 왜 나는 하늘과 땅의 아름다운 자연을 보며 경탄하는가? 변화하는 창조세계 속에 있는 것들을 보면서 "이것은 합리적이고, 저것은 그렇지 않다"고 정확히 판단하도록 해주는 기준은 무엇인가? 분명한 판단을 내리는 나로 하여금 그러한 판단을 내리게 하는 것은 무엇인가? 나는 변화무쌍한 내 마음과 상관없이 존재하는 불변하는 영원한 진리를 발견했던 것입니다. 차츰차츰 나는 외부의 몸을 인지한 데서 몸의 감각을 거쳐서 영혼으로 나아갔습니다. 감각에서 내가 배운 것은 내면의 능력을 사용하여 분석하는 법입니다. 내면의 능력은 외부의 사실들을 내면으로 끌고 들어오게 해줍니다. 그것은 짐승들도 얼마든지 할 수 있습니다. 추론 능력은 감각을 통해 들어온 외부의 사실들을 받아 판단을 내립니다. 나는 이성 자체는 내 안에서 가변하는 것임을 발견했습니다.

그러나 나의 이해는 습관에 기인한 사고로부터 후퇴할 때 더 높은 이해로 솟아오를 수 있었습니다. 자가당착의 괴물 같은 사고에서 빠져나옴으로써, 내 마음은 더 선명한 빛을 찾고 의심에 빠지지 않고도 어둠을 깨고 나올 수 있습니다. 마음은 가변적인 것보다는 불변하는 것을 선망하며 아우성입니다. 불변하는 것이 있음을 마음은 압니다. 만일 몰랐다면, 가변적인 것에 그리도 불만을 품었을 리 없습니다.

그렇게 내 마음은 한 번의 섬광과 같은 떨림을 엿보고서 '그것'에 도달했습니다. 그 명료함의 순간에 나는 당신이 만드신 것을 보는 것과는 구별되는 당신의 보이지 않는 것들을 보았습니다. 하지만 당시에 나는 그것들에 시선을 붙잡아 둘 수 없었습니다. 나의 타락한 자아가 나를 뒤로 잡아끌었기 때문입니다. 나는 옛 사고방식에 빠졌으나, 진리의 환상으로부터 기억력과 조금 더 보려는 열망을 끌어낼 수 있었습니다. 진리를 한 번 맛보기는 하였으나 아직 진리로 배부를 수는 없었습니다.

당신을 즐거워할 힘을 얻고자 노력했으나 하나님과 인간 사이의 중재자이신 예수 그리스도를 끌어안기까지는 그 힘을 찾을 수 없었습니다. 예수, 그분은 만물 위에 계시며 영원히 하나님의 복을 받은 분입니다딤전 2:5 참조. "나는 길이요 진리요 생명이니"요 14:6라고 내게 말해주신 분이 그분입니다. 예수께서는 인간의 육체에 담을 수 없던 그 양식을 섞으셨습니다. 말씀이 육신이 되신 것은, 당신께서 만물을 지으실 때 사용하신 그 지혜가 어린아이 상태에 있는 우리에게 젖을 주시기 위함이었습니다.

여전히 나는 나의 주 예수 그리스도를 붙잡지 않았습니다. 낮아지기는 하였으나 겸손하신 분께 이르는 길을 찾지는 못했습니다. 이 낮아지신 선생이 주시려는 교훈이 무엇인지 아직 분별할 수도 없었습니다. 당신의 말씀, 당신이 지으신 세계 가장 높은 곳에 있는 영원한 진리가 겸손한 자들을 일으킵니다. 그분은 이 낮은 세계로 오셔서 흙으로 지어진 인간의 거처에 거하셨습니다. 내버려두었으면 밟혀 보이지도 않았을 자들을 찾으셔서 당신께로 이끌기 위해 친히 낮아지셨습니다. 그분은 그들의 상처를 고치시고 그들의 사랑을 북돋아 더 이상 자만하여 멀리 벗어나지 않게 하셨습니다. 그분은 오히려 약한 자들을 찾으시고, 인간의 몸을 입고 약해지신 신성을 그들의 눈앞에서 보십니다. 그분께서 고난을 당하신 것은 고난당하는 자들로 그분 앞에 엎드려 그분의 세워주시는 손길을 힘입어 다시 일어나게 하시려는 것입니다.

그러나 나는 달리 생각했습니다. 나는 나의 주 그리스도를 탁월한 지혜의 소유자요 다른 모든 사람보다 위대한 분 정도로 이해했습니다. 그분은 경이롭게도 동정녀에게서 나셨습니다. 큰 권세를 얻으시기까지 우리를 위해 자신을 신적 보살핌 아래 놓으신 것으로 보였습니다. 그분은 영원한 것을 얻기 위해 덧없이 지나가는 것을 버릴 줄 아는 삶의 본을 보이셨습니다.

그러나 나는 "말씀이 육신이 되셨다"는 말씀 배후에 놓인 신비를 짐작조차 할 수 없었습니다. 나는 성경에서 그분의 모습을 묘사한 기본적인 진술들을 탐구했습니다. 그분이 먹고, 마시고, 잠을 자고, 걷고, 기뻐하고, 슬퍼하셨다는 것을 알게 되었습니다. 육체와 당신의 말씀을 혼동해서는 안 된다고 가르치셨다는 것을 알았습니다. 육체는 영혼과 지성과 더불어 인간에게 속한 것입니다. 당신 말씀의 불변하는 본질을 이해하는 자는 이 사실을 압니다. 나는 많이 알았고 아는 바를 확신했습니다. 의지가 이끄는 대로 나는 몸의 사지를 움직이고 멈출 수 있습니다. 사랑에 의해 내 몸과 내적 자아는 감동을 받을 수도 있고 감정을 그칠 수도 있습니다. 다른 사람들과 소통하기 위해 기호를 통해 현명한 말을 전할 수 있는가 하면 침묵을 지킬 수도 있습니다. 육체는 영혼과 지성에 속했으며 변화하게 마련입니다.

말씀이 육신이 되었다고 한 성경 말씀이 오류라면, 모든 성경이 오류일 것입니다. 그러면 다른 어떤 권위로도 인간을 구원하는 믿음에 관해 말할 수 없습니다. 이제 나는 이 말씀이 진리임을 압니다. 그때 내가 참으로 알았던 것은 그리스도 안에 완벽한 한 사람이 있다는 것뿐이었습니다. 나는 그리스도가 단지 몸을 입은 한 인간 이상임을 알게 되었습니다. 그리스도의 몸에는 예민한 영혼과 추론하는 지성이 더불어 있습니다. 그분은 진리를 이상화한 형태가 아니라 진정 사람이셨습니다. 그분의 인간 본성에는 탁월함이 있었고, 내가 판단하기에 다른 모든 사람들에게서 발견할 수 있는 지혜의 총화 그 이상이셨습니다.

심플리키아누스

"자애로우신 아버지, 당신은 회개할 필요가 없는 아흔아홉 명의
의로운 사람보다 자기 죄를 뉘우치는 한 사람을 더 기뻐하십니다.
길 잃은 양 한 마리를 찾아 어깨에 걸치고 돌아오는 목자의 기쁨에 비교될 만큼,
당신의 기뻐하시는 음성이 들리는 것 같습니다."

심플리키아누스

아우구스티누스는 암브로시우스의 영적 아버지라 할 수 있는 심플리키아누스에게서 빅토리누스의 회심 이야기를 듣는다. 빅토리누스는 다름 아닌 아우구스티누스의 지적 회심에 영향을 준 신플라톤주의 저작들의 라틴어 번역자인데, 성경과 기독교 서적들을 면밀하게 읽고 난 뒤에 기독교인이 되었고 공적으로 교회에서 신앙을 고백했다. 아우구스티누스는 빅토리누스의 회심, 그리고 사막의 수도자 안토니우스에 관한 이야기를 듣고 자신도 그들처럼 온전히 하나님께 자신을 바치기를 원하나, 정욕의 쇠사슬과 세상 염려에 여전히 매여 번민한다. 정원의 무화과나무 아래서 울며 기도하던 중 이웃집 아이들의 노랫소리 같은 "들어서 읽어라, 들어서 읽어라"라는 말을 듣고 로마서 13장 13-14절을 펴 읽고서 극적으로 회심한 사건은 바로 이러한 계기들을 거쳐 일어났던 것이다. 제8권 2장, 3장, 4장의 초반에 해당한다.

그 후에 나는 암브로시우스 주교의 영적 아버지인 심플리키아누스에게로 갔습니다. 암브로시우스는 진심으로 그를 경애했습니다. 나는 그에게 나의 지적인 방황에 대해 소상히 털어놓았습니다. 한때 로마의 수사학 선생이던 빅토리누스가 라틴어로 번역한 플라톤주의자들의 책을 읽은 것에 대해 말했습니다. 이 사람이 그리스도인이 된 후 죽었다는 말을 들은 적이 있었습니다. 심플리키아누스는 내가 세계를 구성하는 원소에 대해 이야기하는 다른 철학자들의 오류와 기만 섞인 글들에 심취하지 않은 것을 알고는 반색을 했습니다. 하지만 플라톤주의자들에 관해 사유함으로써 결국 하나님과 그분의 말씀에 도달할 수도 있는 것입니다. 그들의 사고는 지혜로운 자들에게는 감춰져 있고 어린아이와 같은 이들에게는 계시된 그리스도의 겸손을 바라보게 해줍니다.

심플리키아누스는 로마에 살 때 빅토리누스와 친하게 지냈습니다. 그에게서 들은 이야기를 굳이 감추지 않으렵니다. 당신의 은혜를 크게 찬미하는 이야기이기에 당신 앞에 고백해야 마땅합니다. 그 노 교수는 학문 분야에서 가장 박식하고 훈련된 학자로서, 철학자들의 수많은 글을 읽고 분석해왔습니다. 지체 높은 의원들의 선생을 지내기도 했는데, 그들은 이 교수의 특출한 저술에 대단히 높은 영예를 표했습니다. 빅토리누스라면 이런 영예를 받을 자격이 있으니, 로마 광장에 그의 흉상이 세워져 있습니다. 그 무렵까지도 그는 우상을 숭배했으며 당시 로마의 상류층에서 유행하던 경건치 못한 의식에 참여하곤 했습니다. 그는 죽은 자들의 신인 아누비스뿐 아니라 넵투누스, 베누스, 그리고 미네르바와 싸운 모든 괴물신들을 숭모하도록 사람들을 부추겼습니다. 전에 로마는 이 신들의 땅을 정복했는데, 이제는 이 신들을 숭배하고 있습니다.

노회한 빅토리누스는 청산유수와 같은 말로 이 신들을 변호했습니다. 그러다가 갑자기 부끄러움도 잊고 당신의 아이, 성수대야에 담긴 갓 태어난 아기가 되었습니다. 그는 몸을 굽혀 겸손의 멍에를 멨고, 고개를 숙여 십자가의 수욕을 받았습니다.

오 주님, 누가 하늘을 찢고 내려왔습니까?사 64:1-2 참조 주님, 누가 산들을 흔들고 연기를 피웠습니까?시 104:31-32 참조 주님께서 친히 사람의 마음으로 오신다 함은 무슨 뜻입니까? 심플리키아누스가 전한 말에 따르면, 빅토리누스는 성경을 읽고 손에 닿는 대로 모든 기독교 저작들의 뜻을 살폈다고 합니다. 그는 친구로서 심플리키아누스에게 "내가 이미 그리스도인이 된 것을 양해하게나" 하고 말했답니다.

심플리키아누스는 이렇게 대답했습니다. "믿을 수도 없거니와 난 자네를 그리스도인으로 보지 않네. 자네가 교회에 앉아 있다면 모를까."

빅토리누스는 쾌활하게 웃으면서 이렇게 대꾸했습니다. "그러면 교회의 벽이 신자를 만든단 말인가?" 그는 자신이 이미 그리스도인이라는 말을 자주 했습니다. 그럴 때마다 심플리키아누스는 같은 대답으로 응수했습니다. 그때마다 빅토리누스는 '벽' 이야기를 하며 자신의 비밀스러운 고백을 옹호하곤 했습니다. 그는 거만하고 우상을 숭배하는 친구들의 비위를 상하게 할까 꺼렸던 것입니다. 그 친구들은 바벨론의 화려함 속에서, 레바논의 백향목으로 지은 고대광실에서 살고 있었는데, 주님께서 아직 그 집들을 무너뜨리지 않으셨습니다. 빅토리누스는 지위가 높았기에 신들을 거부했다가는 사람들이 자신을 적대시할 것이라 생각했습니다.

그러나 그는 끊임없이 책을 읽으며 진지하게 고민했고 마침내는 용기를 얻었습니다. 이제 사람들 앞에서 그리스도를 고백하지 않으면 장차 거룩한 천사들 앞에서 그리스도께서 자기를 부인하시지 않을까를 더 두려워하게 된 때문이었습니다. 그는 자신이 심각한 죄를 저질렀음을 알게 되었습니다. 당신의 말씀에 순종하여 성례에 참여하는 것을 부끄러워하면서도, 교만한 귀신들을 섬기는 신성모독적인 제례에 참여하는 것은 부끄러워하지 않고 있었던 것입니다. 그 또한 우상의 교만을 갖고 있었고 어느새 그런 제례에 익숙해지고 있었습니다. 그는 덧없이 허무한 자신의 모습을, 진리를 부끄러워하는 자신의 모습을 용기 있게 직면했습니다.

심플리키아누스는 빅토리누스가 갑자기 전혀 예기치 않게 이렇게 말했다고 내게 일러주었습니다. "교회에 가세. 나도 그리스도인이 되고 싶네." 심플리키아누스는 기쁨에 넘쳐 빅토리누스와 함께 교회로 향했습니다. 빅토리누스는 첫 번째 성례에 참석해 예비 세례자가 되었습니다.[1] 오래지 않아 그는 세례를 통해서 거듭나고자 자기 이름까지 포기했습니다.[2] 전 로마가 의아해했고, 교회는 기뻐했습니다. 거만한 자들은 보고 화를 감추지 못했습니다. 이를 갈면서 그와 절교를 선언했습니다. 그러나 이 순간부터 주 하나님께서 이 종의 유일한 소망이 되셨고, 허망한 삶과 광포한 거짓에 연연치 않도록 해주셨습니다.

로마에서 은혜의 성사를 받고자 준비하는 예비 세례자들은 온 교회 앞에 높이 세워진 강단에 올라가 고백의 말을 외워서 하게 되어 있었습니다.[3] 마침내 빅토리누스가 고백할 차례가 되었을 때, 교회의 장로들은 그에게 은밀히 고백할 수도 있다고 권고했습니다.[4] 공개적인 고백을 하기 어려운 사람들에게는 이런 예외가 허락되었습니다. 그러나 그는 거룩한 무리 앞에서 자신의 구원을 고백하는 편을 택했습니다. 그가 대중에게 수사학을 가르쳤기 때문인데, 그것은 자신의 구원 고백에 비하면 아무것도 아닌 일이었습니다. 열광하는 대중 앞에서 자신의 말을 두려움 없이 전했다면, 그는 온유한 양떼 앞에서 당신의 말씀을 전할 때도 어려워하지 않을 터였습니다.

이 유명인사가 신앙고백을 하러 올라갔을 때, 모두가 그를 알아보고 수군거렸습니다. 이 사람을 모르는 사람이 있었을까요? 모인 사람들은 기쁨에 겨워 낮은 목소리로 그의 이름을 되뇌었습니다.

빅토리누스! 빅토리누스! 그를 본 사람들이 갑자기 그의 이름을 연이어 외쳤습니다.

그러더니 장내가 일순 조용해졌고 그의 말을 들을 수 있게 되었습니다.

그는 놀랍도록 담대하게 참 믿음을 고백했고, 사람들은 그의 말한 마디 한 마디를 귀담아 들었습니다. 청중은 사랑과 기쁨에 넘쳐서 그의 말을 가슴에 새겼습니다. 사람들은 앞다투어 그와 교제를 갖고자 했습니다.

선하신 하나님, 나는 그의 고백을 들으면서 대체 우리 안에 무엇이 심겨 있기에, 돌아오지 않을 것 같던 사람, 불경스러움 가운데서 위험하게 살다가 돌아온 사람의 구원에 그토록 기뻐하는지 궁금해졌습니다. 언젠가는 그리스도께로 돌아오리라 기대했던 사람, 상대적으로 덜 위험하게 산 사람보다 기쁨이 더 큰 까닭은 무엇일까요?

아마도 이런 이유 때문일 것입니다. 자애로우신 아버지, 당신은 회개할 필요가 없는 아흔아홉 명의 의로운 사람보다 자기 죄를 뉘우치는 한 사람을 더 기뻐하십니다. 길 잃은 양 한 마리를 찾아 어깨에 걸치고 돌아오는 목자의 기쁨에 비교될 만큼, 당신의 기뻐하시는 음성이 들리는 것 같습니다눅 15:4-6 참조. 귀한 은 동전을 찾아 당신의 보고에 넣을 때 우리는 이웃들이 잃어버린 동전을 찾은 그 여인과 더불어 즐거워하는 소리를 듣습니다눅 15:8-9 참조. 이처럼 당신의 집에 일어난 경사스러운 일로 인해 모든 사람이 눈물을 흘립니다. 죽었다가 다시 살아난, 잃었다가 다시 찾은 막내아들의 이야기를 읽을 때도 우리는 기쁨에 눈물을 흘립니다.

당신께서 우리와 거룩한 천사들을, 거룩한 사랑 안에서 거룩한 무리를 즐거워하시기 때문입니다.

당신은 언제나 동일하십니다.

우리 삶의 모든 것이 영원하지 않고 언제나 동일하지 않습니다.

그러나 당신은 언제나 알고 계십니다.

그리고 나면 영혼 안에 무슨 일이 일어납니까? 아끼는 물건을 잃어버렸다가 다시 찾은 일보다 더 흥분되는 일이 있을까요? 있습니다. 영원한 진리를 증언하는 일입니다. 우리는 그런 증언을 수도 없이 경험합니다. 그 증언들은 이렇게 외칩니다. "여기 감추어진 사실이 있도다."

정복하는 장군이 승리를 거둡니다.

싸우지 않았다면 그는 이기지 못했을 것입니다.

전쟁의 위험이 클수록 승리는 더욱 달콤합니다.

풍파가 사공들을 흔들어 파선의 위험이 커져만 갑니다.

어둠 속에서 죽음이 나타나니 모두가 겁을 집어먹습니다.

그러다가 갑자기 하늘과 바다가 조용해집니다.

두려움에 떨고 있던 사공들이 큰 기쁨을 맛봅니다.

한 친구가 병에 걸려 맥박이 희미하게 뜁니다.

그의 회복을 간절히 바라는 사람들도 근심 가운데 그와 함께 아파합니다.

그때 그가 되살아납니다.

예전처럼 발걸음이 활기차지는 못합니다.

하지만 쿵쿵거리며 걷던 시절보다 기쁨은 더 큽니다.

그렇습니다. 인생에는 표현할 수 없는 즐거움, 난관을 통해서만 얻을 수 있는 즐거움이 있습니다. 우리의 의지와 상관없이 우리에게 닥친 난관이든, 쾌락을 좇다 곤경에 빠져서 만난 난관이든 상관이 없습니다. 먹고 마시는 것은, 배가 고프거나 목이 마르지 않다면 조금도 특별한 즐거움이 아닙니다. 하지만 짠 음식을 먹고 목이 마른 사람은 목마름을 가라앉히고 크게 만족스러워합니다. 약혼한 신부를 신랑에게 곧장 데리고 가지 않는 관습도 마찬가지입니다. 그러면 신랑은 신부를 더욱 그리워하게 되고, 나중에 결혼을 하고도 자신이 애타하던 신부를 가볍게 여기지 않게 됩니다.

깊은 고통이 보다 큰 즐거움으로 안내하기도 합니다. 추잡하고 더러운 오락이든 합당하고 적법한 즐거움이든 마찬가지입니다. 지고지순한 우정에서도 이런 점이 발견됩니다. 죽었다가 살아난 자, 잃었다가 다시 찾은 자도 마찬가지입니다.

주 나의 하나님, 이것이 무슨 뜻입니까? 당신은 당신 안에 영원한 기쁨을 갖고 계신 분이시나, 당신을 즐거워하는 자들에게 영원히 둘러싸여 계십니다. 파도가 밀려오고 밀려 나가며, 싸웠다가 화해하는 일의 궁극적인 목적은 무엇입니까? 그렇게 하도록 되어 있는 일입니까? 우리를 위해 세워두신 계획의 일부입니까? 높고 높은 하늘에서 낮고 낮은 땅까지, 세상의 시초부터 끝 날까지, 천사에서부터 벌레까지, 첫 움직임에서부터 마지막 움직임까지, 당신은 각각에 맞게 때와 장소를 정해놓으셨습니다. 선한 것들이 각 종류대로 나오게 하셨습니다.

화로다, 나여! 당신은 높고 높은 곳에 계십니다. 당신의 생각은 깊고 깊습니다. 당신은 결코 우리를 떠난 적이 없으시며, 우리는 당신에게로 돌아간 적이 없습니다.

그러니 주님, 우리를 흔들어주소서.

우리를 기억하소서. 우리의 심지를 돋우시고 이끌어주소서.

불을 붙이시고 우리를 선대해주소서.

그리고 사랑하게 해주소서. 달려가게 해주소서.

빅토리누스만큼 눈멂이라는 깊은 지옥에서 나와 당신 앞으로 온 자가 있겠습니까? 당신은 사람들을 부르셔서 그들의 어둠에 빛을 비추어주십니다. 당신께서 빛을 밝혀주시면 사람들이 그 빛을 받습니다. 이 빛을 받는 사람들은 당신의 자녀가 되는 권세를 얻습니다.

어머니의 죽음

"여종은 당신에게서 화평하게 하는 법을 배웠습니다.
마음의 학교에서 당신은 여종의 가장 깊은 곳의 교사이셨습니다."

어머니의 죽음

극적인 회심 후, 아우구스티누스는 수사학 교수직을 떠나 어머니 모니카와 아들 아데오다투스, 형 네비기우스, 알리피우스를 비롯한 친구 몇과 함께 카시키아쿰의 별장에서 한적한 시간을 보내며 세례받을 준비를 했고, 이제 밀라노에서 암브로시우스에게 세례를 받은 상태다. 그리고 아프리카로 돌아가는 길에 잠시 머문 오스티아에서 어머니 모니카가 세상을 떠난다. 아우구스티누스는 어머니의 일생을 회고하고, 어머니가 돌아가시는 장면을 그려 보인다. 그는 어머니를 추억하면서 하나님께 감사와 찬양을 드린다. 오스티아에서 어머니와 함께 이야기하던 중 함께 겪은 신비로운 체험도 언급된다. 제9권 8-12장에 해당한다.

나의 하나님, 내가 말하지 않은 수많은 일들에 대한 나의 고백과 감사를 받아주십시오.

그러나 당신의 여종에 관해 나의 영혼이 하고자 하는 말은 막지 않겠습니다. 여종은 나의 몸을 이 세상에 보내주어 유한한 시간의 빛으로 태어나게 해주었습니다. 또한 나로 영원한 빛을 향하여 살게 해주었습니다.[1] 여종의 은사에 대해서는 당신께서 여종의 마음에 심으신 것이지만 말을 아끼겠습니다. 여종으로 말하자면 자수성가한 사람도, 많이 배운 사람도 아니었습니다. 당신께서 여종을 빚어내셨습니다. 여종의 부모조차 그녀가 어떤 인물이 될지 몰랐습니다. 당신은 그리스도의 지팡이로 그녀에게 경외함을 가르치사 경건한 가정에서는 독생자의 교훈을, 교회에서는 지체 된 도리를 배우게 하셨습니다.

여종은 잘 훈육받았지만, 자기 어머니를 모범으로 내세우지는 않았습니다. 여종은 오히려 자기 집에서 일하던 늙은 하녀를 기억했습니다. 하녀는 누나들이 어린 동생을 업고 다니듯 내 어미의 아버지가 어릴 적에 그를 업고 다녔습니다. 이런 연유로, 또한 연로함과 지혜로 그녀는 이 믿음의 가정의 주인들로부터 존경을 받았습니다. 그녀에게 주인의 딸들을 돌보는 책임이 부여됐습니다. 그녀는 근면하게 자녀들을 길렀고, 엄한 거룩함이 필요하다 싶을 때는 엄하게 제지하기도 했습니다. 그녀는 아이들에게 신중한 분별력을 가르쳤습니다. 부모와 함께 식사를 할 때와 같이 정해진 시간이 아니고서는, 아무리 목이 타도 음료를 마시지 못하게 했습니다. 그녀가 그렇게 한 것은 나쁜 관습을 막기 위해서였습니다. "지금은 물을 마시세요. 포도주는 아기씨들에게 허락된 음료가 아니에요. 결혼하여 포도주 저장고와 창고의 주인이 될 텐데, 지금 목마르다고 음료를 벌컥벌컥 들이켰다간 나중에 다른 음료 때문에 물 따위는 쳐다보지도 않게 될 겁니다." 그녀는 이런 식의 교훈과 권위로 아이들이 탐심에 물들지 않게 잡아주었고 심지어 목마름조차 절제로 승화시킬 수 있게 해주었습니다. 이렇게 해서 지녀야 할 것과 지녀서는 안 될 것에 관하여 스스로 분별할 수 있도록 했던 것입니다.

이런 훈련에도 불구하고 당신의 여종은 포도주를 좋아하게 되었다고 나중에 내게 고백했습니다. 가족의 식사 습관에 따라 부모는 여종을 식사 때마다 포도주 저장고로 보내 포도주를 가져오게 했습니다. 여종이 술을 입에 대지 않는 하녀에게 교육을 받았어도 헛일이 되었습니다. 여종은 포도주를 주전자 같은 큰 그릇에 따르기 전에, 몇 모금을 마셨습니다. 양심상 더 마실 수는 없었습니다. 마시고 싶은 욕심 때문이 아니라 젊은 시절의 호기심 때문에 몇 모금 마셔본 것이었습니다. 나이 든 이들이 그 심령을 잡아주지 않는 한 젊음이란 언제나 끓어넘칠 수 있는 것입니다. 그런데 그 몇 모금이 매일 조금씩 커졌습니다. 작은 일에 실패하면 이렇게 조금씩이 사람을 잡을 수 있는 것입니다. 여종은 작은 잔에 포도주를 가득 부어 마시는 탐욕스런 습관에 빠지고 말았습니다.

신중한 하녀와 그녀의 성심을 다한 훈육은 어찌된 것입니까? 당신의 치유의 손길이 우리를 돌보지 않으신다면, 저 은밀한 질병을 고칠 약이 어디 있겠습니까? 아버지도 어머니도 총독도 그 자리에 있지 않았지만, 지으시고 부르시는 당신은 거기 계셨습니다. 우리 영혼의 구원을 이루시기 위해 당신은 우리의 감독자들을 사용하십니다.

오 나의 하나님, 그때에 당신은 무엇을 하신 것입니까? 어떻게 여종을 고치셨습니까? 다른 이의 날카로운 말을 비밀스런 수술 도구로 사용하셨습니다. 한 번의 손길로 당신은 종기를 째고 더러운 것을 모조리 끄집어내셨습니다. 가끔 포도주 저장고로 내려왔던 한 하녀가 당신의 여종인 나의 어미에게 화를 쏟았습니다. 그 자리에 두 사람밖에 없었지만, 하녀는 당신의 여종을 호되게 나무랐습니다. 가장 큰 모욕은 당신 여종을 술꾼이라 부른 것이었습니다. 이 빈정대는 말이 여종에게 날아와 박혔고, 여종은 자신이 저지른 비행의 악함을 보았고 즉시 그 버릇을 버렸습니다.

아첨하는 친구가 판단을 그르치게 하고, 꾸짖는 적이 우리를 바로잡습니다. 당신은 악한 의도를 벌하시지만, 이미 저질러진 일도 선하게 사용하십니다. 화를 낸 하녀는 그 어린 아가씨를 나무라려고 했지 고쳐주려고 한 것은 아니었습니다. 하녀는 아픔을 주는 말을 둘이서만 있는 자리에서 했습니다. 말다툼이라도 나면 어쩌나 생각한 탓도 있고 그럼 왜 아씨의 술을 홀짝거리는 버릇을 진작에 얘기하지 않았냐고 야단맞을 것이 두렵기도 했기 때문입니다. 그러나 하늘과 땅의 모든 일들을 감찰하시는 주 하나님, 당신은 뜻하신 바를 위해 깊은 물줄기도 바꾸십니다. 변덕스러운 시간의 흐름도 다스리셔서 사람들의 고질병을 고쳐주십니다. 당신은 분명 이렇게 일하시기에, 사람이 내가 노력하여 고쳤다고 말해서는 안 될 것입니다. 지켜보는 사람이라면 치유는 당신에게서 오는 것임을 알게 마련입니다. 당신이 누구를 도구로 쓰셔도 마찬가지입니다. 사람은 인간의 말 몇 마디로 그 영혼이 변하지 않는다는 사실을 알아야 할 것입니다.

온화하면서도 엄격한 교육을 받고 자란 여종은 당신으로 말미암아 부모에게 순종하였습니다. 여종의 부모가 자기 부모에게 한 것보다도 더 순종하였습니다. 혼인할 나이가 되자 한 남편을 만나 그를 주인으로 섬겼습니다. 여종은 남편을 당신께로 인도하기 위해 최선을 다했습니다. 말과 사랑스런 존경, 그리고 남편이 감탄할 만한 다른 놀라운 일들로 그에게 당신에 대해 말했습니다. 여종은 남편의 외도를 참았고, 그 일로 일절 목청을 높이지 않았습니다.

여종은 남편에게 당신의 자비가 임하기를, 그가 당신을 믿는 믿음을 통하여 정결하게 되기를 바랐습니다. 그는 비록 아내에게 불성실했으나 열정이 있는 사람이었습니다. 다혈질이었으나 애정도 많았습니다. 여종은 말과 행동으로 남편에게 순종하는 법을 배웠습니다. 그가 화를 내는 순간에도 여종은 복종하였습니다. 그의 화가 조금 풀리고 들을 수 있을 때가 되어서야, 여종은 남편이 불같이 화를 낸 까닭을 설명하고 변명도 하였습니다.

성격이 온화한 남편을 둔 부인들은 남편 면전에서 화를 내고 가족들 앞에서 남편의 행실을 흉보기도 했습니다. 여종은 이런 불평을 들을 때마다 그들에게 말을 삼가야 한다고 웃음을 띠며 말하면서도 진지한 충고를 해주었습니다. 때로는 혼인의 맹세를 할 때 아내는 결혼을 일종의 종의 계약으로 여겨야 한다는 말도 했습니다. 아내는 종이며, 종은 주인에게 맞서서는 안 된다는 점을 상기했습니다.

까다로운 남편을 인내한 여종의 이야기를 들은 사람들은, 심지어 파트리키우스가 폭력을 행사하거나 집안 일을 처리할 때 불공평하게 행해도 여종이 한 번도 그에 대해 험담하는 것을 본 적이 없다는 사실에 놀랐습니다. 사람들이 왜 그런 부당한 처우를 참았냐고 물으면, 여종은 종의 계약을 확신 있게 짚어주었습니다. 여종의 조언을 좋게 받아들인 부인들은 감사를 표했으나, 이해하지 못하거나 충고를 받아들이지 않은 부인들은 이 일로 어려움을 겪었습니다.

처음에 여종의 시어머니는 나쁜 종들의 고자질만을 듣고, 며느리가 잘못 들어왔다며 화를 내고 원망을 퍼부었습니다. 그러나 시어머니도 결국 자기 눈으로 모니카의 인내와 온유함을 보고서 화를 거두었습니다. 시어머니는 누가 며느리에 대한 말을 만들어내고 있는지 알게 되었고, 아들에게 말하여 부부 사이를 이간질하는 자들을 벌하라고 하였습니다. 어머니 말에 순종하여 그는 집안에 질서와 평화를 지키기 위해 거짓말을 퍼뜨린 자들에게 매질을 가했습니다. 그의 어머니는 자기에게 아첨하기 위해 며느리를 고자질하는 자는 누구든 이와 똑같은 일을 당하게 될 것이라고 엄히 경고했습니다. 그러자 이제 어느 누구도 감히 그런 짓을 하려 하지 않았고, 두 여인은 부러울 정도로 화목한 관계를 맺고 함께 지냈습니다.

당신은 여종을 선대하셨고, 나는 여종의 배 속에서 지어졌습니다. 자비로우신 하나님, 당신은 서로 오해 속에서 지낼 수밖에 없는 사람들을 화해하게 하는 선물을 주셨습니다. 사람들 사이에서 다툼이 심하게 일어날 때 여종은 양쪽의 말과 자초지종, 악감정의 뿌리에 대해 양쪽 모두에 귀를 기울였습니다. 여종은 한 친구가 그 자리에 없는 친구를 신랄한 말로 공격할 때, 나중에 그 이야기를 다른 친구에게 결코 누설하지 않았습니다. 화해에 도움이 될 경우에 한해서 상대의 말을 전했습니다.

이런 분별력이 내게는 굉장한 선으로 다가왔습니다. 하지만 슬프게도, 순식간에 퍼져 나가는 무시무시한 죄의 전염력에 잡히는 사람들도 나는 많이 보아 알고 있습니다. 그런 사람들은 화를 내며 말함으로써 다른 사람들에게 상처를 주는가 하면, 남이 하지 않은 말까지 덧붙입니다. 사람을 격동시키는 말로 악의를 더 자극하거나 넘치게 하는 것을 피하려는 것이 인간적이며 이성적으로 보입니다만, 그러려면 선량한 말이 어떻게 불을 끄는지를 세심하게 살펴야 합니다. 여종은 당신에게서 화평하게 하는 법을 배웠습니다. 마음의 학교에서 당신은 여종의 가장 깊은 곳의 교사이셨습니다.

결국 생의 마지막으로 향하면서 이 고결한 부인은 자기 남편을 얻었습니다. 신자가 되기 전에 아내의 속을 썩였던 남편은 다시는 아내를 힘들게 하지 않았습니다. 여종은 당신의 종들을 섬기는 종이기도 하였습니다. 여종을 알았던 당신의 종들은 그 여종 때문에 당신께 찬양과 존귀와 사랑을 올려드렸습니다. 그들은 여종이 당신과 동행한 열매에 대하여 증언하였고, 그녀의 마음에서 당신의 임재를 감지하였습니다. 여종은 한 남편의 아내였고, 부모를 공경했으며, 가정을 경건하게 다스렸습니다. 뿐만 아니라 선행을 많이 베푼 것으로도 알려졌습니다. 산고를 치르며 자녀를 낳은 후에는 자녀들을 양육했고, 자녀들이 당신을 떠나자 또 산고를 치렀습니다. 마침내 여종은 이제는 당신의 종이 된 우리 모두를 돌보았습니다. (이렇게 말하는 것이 허락된다면) 오 주님, 그녀는 우리 모두의 어머니였습니다. 살아 있는 동안 여종은 당신이 주시는 세례의 은혜 안에서 하나 된 우리 모두를 섬겼습니다. 이런 면에서 여종은 또한 우리 모두의 딸이기도 했습니다.

여종이 이 땅을 떠나야 할 날, 우리는 모르나 당신은 아시는 그 날이 다가왔을 때, 여종과 나 이렇게 둘이만 있었습니다. 여종은 오스티아에 있는 집의 정원이 내다보이는 창문에 기대어 있었습니다. 이제 나는 당신이 이 순간을 은밀한 방법으로 지시하셨다고 믿고 있습니다. 우리가 머문 곳은 떠들썩한 사람들의 소음으로부터 벗어난 곳이었습니다. 긴 여행 후에 우리는 안식을 취하고 있었습니다.

어머니와 나는 지나간 일은 모두 잊고 앞으로 다가올 일들을 바라보며 정답게 이야기를 나눴습니다빌 3:13 참조. 우리는 진리이신 당신의 임재 안에서, 성도들이 어떤 영생을 누리게 될 것인지를 서로 묻고 답했습니다. 영생은 눈으로도 보지 못하고, 귀로도 듣지 못하며, 마음으로도 온전한 답을 얻지 못했습니다고전 2:9; 사 64:4 참조. 그러나 우리는 바로 당신 자신이신 하늘의 샘, 생명의 샘을 우리 마음의 입으로 받아 마셨습니다. 할 수 있는 한 최대한으로 깨닫길 원했습니다. 그것은 그 높은 신비를 더 잘 묵상하고자 함이었습니다.

우리가 그런 대화를 나누고 있을 때, 지고한 기쁨, 정말 가장 순수한 빛을 느낄 수 있었습니다. 이 빛은 이생의 달콤함에 비길 것이 아니었습니다. 이생의 삶은 거론할 가치조차 없을 정도였습니다. 우리는 창조된 세계를 향하여 열정을 태웠습니다. 모든 물질적인 것을 지나 우리는 해와 달 그리고 별들이 이 땅을 비추는 하늘에 닿았습니다. 우리는 내면의 묵상을 통해서 더 높이 치솟아 올라 당신이 지으신 모든 것들을 헤아리며 감탄하였습니다.

경이감이 감돌았습니다. 아니 그 이상이었습니다. 그 순간 우리는 결코 다함이 없는 풍부의 영역에 도달하였습니다.

당신은 진리의 양식으로 이스라엘을 영원히 먹이십니다.

생명은 "전에도 있었고" "내일도 있을" 모든 것을 지으신 지혜이십니다.

창조된 적 없는 이 지혜는 그냥 계시며 전에도 계셨고 영원히 계실 것입니다.

사실, "전에도 계셨고" "앞으로도 계실" 것이란 상태는 이 지혜의 속성이 아닙니다.

이 지혜는 영원하시기에 그저 "계신" 것뿐입니다.

"전에도 있었고" "앞으로도 있을" 것은 영원하지 않습니다.

영원한 지혜와 그 지혜를 갈망하는 일에 관하여 논하고 있을 때, 우리 마음의 간절한 원함으로 지혜를 살며시 만져보았습니다. 경이의 한숨이 터져 나오는 가운데, 성령의 첫 열매들을 그곳에 남겨 두고서 우리는 시작과 끝이 있는 인간의 말로 되돌아왔습니다고전 13:9-12 참조.

스스로 늙지 않으시며 오히려 만물을 새롭게 하시는 우리 주 당신의 말씀은 대체 무엇과도 같은 것입니까?계 21:5 참조

그때 우리는 이런 말을 하고 있었습니다.

육체가 내는 잡음들이 그치고

땅과 바다, 그리고 공기의 형상이 잠잠해지고

하늘의 기둥들이 침묵하고

영혼이 침묵하고

모든 꿈과 상상의 계시가 조용해지고

모든 입술과 표지들이 입을 다물고, 잠시 존재하는 모든 것이 침묵한다면, 그때 들을 귀 있는 자가 듣게 될 이 모든 이들이 하는 말은 이것일 것입니다. "우리가 우리를 지은 것이 아니라, 그가 우리를 영원하도록 지으셨습니다."

이렇게 말하였으므로 그들도 침묵해야 합니다. 그들을 지으신 그분을 향해 우리의 귀를 활짝 열어야 합니다. 그러면 그들이 아니라 오직 그분이 말씀하실 것이며 우리가 그의 말씀을 듣게 될 것입니다. 그분의 목소리는 육체의 언어나, 천사의 음성이나, 천둥소리나, 수수께끼 같은 말씀을 통해 들려오는 것이 아닙니다. 오직 우리는 우리가 아끼는 것들을 지으신 분의 음성을 듣게 될 것입니다. 우리가 아끼는 것들이 아닌 바로 그분 자신의 음성을 듣게 될 것입니다(마치 우리 두 사람이 서로 집중하는 그 찰나에 모든 것을 초월하여 계시는 저 영원한 지혜가 우리를 만지신 것처럼 말입니다).

이 시야가 한 번 열리면, 사소하고 삿된 다른 모든 환상은 그칩니다. 그리고 내면의 즐거움 속에서 그것을 바라보는 이를 부요하고 풍성하게 하며 고이 감싸줍니다. 우리가 소원하던 깨달음의 순간에 삶은 그렇게 영원할 것입니다.

"와서 너의 주인의 즐거움에 참여하라"는 말씀은 이런 의미가 아니겠습니까?마 25:21

이런 일이 언제 일어나겠습니까?

우리 모두가 다시 일어날 날이 언제입니까? 우리 모두가 변화되지 않는다 할지라도 말입니다고전 15:51 참조.

정확히 이런 표현과 어조는 아니었지만 나는 이와 같은 말을 했습니다. 주님, 당신은 우리가 이런 이야기를 나눈 날, 세상의 기쁨이 하찮아진 그날을 알고 계십니다. 나의 모친이 말했습니다. "아들아, 내겐 이 세상 어떤 것도 더 이상 즐겁지 않구나. 내가 여기서 더 이상 무슨 일을 해야 하며 왜 여기 있어야 하는지 모르겠구나. 이 세상에서 나의 소망은 다 이뤄졌다. 내가 사는 동안 보고자 하는 일이 한 가지 있었는데, 그건 네가 그리스도인이 되는 것이었단다. 그런데 내 하나님께서는 자비롭게도 이런 영광을 내게 주셨구나. 네가 이 땅의 행복을 멀리하고 그분의 종이 된 것을 내가 보았으니 말이다. 그러니 내가 여기서 더 무엇을 하랴?"

내가 어떻게 대답했는지 기억이 나지 않습니다. 모친이 고열에 시달리기 시작한 것은 그 후 닷새가 채 안 되어서였습니다. 하루를 심하게 앓은 뒤에 모친은 의식을 잃었고 아무것도 알아보지 못했습니다. 우리가 주위를 지키고 있을 때 모친의 의식이 돌아왔습니다. 서 있는 나와 동생2을 보고 이렇게 물었습니다. "내가 어디 있는 것이냐?" 그리고 슬픔에 잠긴 우리를 응시하며 이렇게 말을 이었습니다. "너희가 어미를 묻겠구나."

나는 마음의 평온을 지키고 울지 않으려고 했습니다. 그때 동생이 낯선 곳 말고 고향집에서 돌아가시게 하면 어떻겠냐고 말했습니다. 그러나 모친은 나무라는 듯한 눈빛을 동생에게 보냈습니다. 동생에게는 중요한 일이었는지 모르나 모친에게는 번거로운 일일 뿐이었기 때문입니다. "동생이 저렇게 말하는구나." 모친이 내게 말했습니다. 그러다가 곧 우리 둘에게 이렇게 말했습니다. "아무 곳인들 어떠냐. 너무 신경 쓰지 말거라. 다만 너희가 어디 있건 주님의 제단 앞에서 나를 기억해다오. 이게 전부다." 이 말을 마지막으로 모친은 입을 열지 않았고 상태가 더 악화했습니다.

눈에 보이지 않으시는 하나님, 당신이 신실한 자들의 마음에 넣어주시는 선물을 생각했습니다. 그 선물로 말미암아 놀라운 열매가 열리니 기뻐하며 감사를 드렸습니다. 모친이 자신의 장지를 근심하며 묻던 일이 기억납니다. 모친은 부친 곁에 묻힐 준비를 해두었습니다. 두 사람이 금실 좋게 산 이후, 모친은 부친 곁에 묻히면 얼마나 좋겠냐고 말했습니다. 이렇듯 인간은 영원한 것들을 끌어안기가 힘듭니다. 모친은 순례의 항해를 다 마친 후에도 사람들에게 기억되기를 원했습니다. 서로 화합한 부부가 같은 땅 아래 묻힌다는 것은 얼마나 지상적인 일인지요.

모친의 마음이 당신의 선하심을 경험하면서 이 허무함을 놓아버리기 시작했음을 나는 알지 못했습니다. 나는 모친이 내게 보여준 모습으로 인해 즐거워했습니다. 우리가 창가에서 이야기를 나누었을 때 모친은 "내가 여태 여기서 무엇을 하고 있는 거지?" 하고 말하며 고향에 묻히고 싶다는 특별한 바람을 말하지 않았습니다. 그후에 오스티아에 있을 때에 모친은 내 친구들에게 이 세상의 덧없음과 이제 죽는 게 낫겠다는 말을 하였습니다. 친구들은 당신께서 한 여인에게 주신 용기에 놀랐습니다. 그리고 육신을 벗고 멀리 떠나는 것이 두렵지 않은지 모친에게 물었습니다.

모친은 이렇게 답했습니다. "하나님께는 아무것도 멀리 있지 않다오. 이 세상 끝 날에 내가 어디서 다시 일어나든, 그분이 나를 못 알아보실까 염려할 필요가 있을까요?"

모친의 나이 쉰여섯, 그리고 나의 나이 서른셋이던 해, 병상에 누운 지 9일째 되던 날, 그 의롭고 거룩한 영혼은 육신의 짐을 벗었습니다. 그 모든 일에도 불구하고, 모친의 눈을 감길 때 감당 못 할 슬픔이 내게 엄습했습니다. 감정에 복받쳐서 하염없이 눈물을 흘렸습니다. 갈등이 생겨 괴로웠습니다. 모친이 마지막 숨을 내쉴 때, 소년 아데오다투스가 큰 소리로 울며 애곡했습니다. 소년은 제지를 받고 곧 잠잠해졌습니다. 그러나 사실은 내 마음에서도 아이와 같은 감정이 복받쳐 올라왔습니다. 나도 소리 내서 통곡하고 싶었으나 억지로 참았습니다. 우리는 장례식에서 곡성을 내는 것이 합당치 않다고 여겼습니다. 당시에는 장례식에서 망자의 죽음을 슬퍼하는 것이 관행이었으나, 이 여종은 죽어서 슬프지 않았고, 완전히 죽은 것도 아니었습니다. 이렇게 확신하는 데는 그럴 만한 이유가 있었습니다. 여종 자신의 말과 그녀의 순전한 믿음 때문이었습니다.

이토록 괴로운 고통의 원인은 무엇입니까? 우리 모자가 함께 보낸 즐거운 시간을 되돌아보니 갑자기 새 상처가 난 듯 괴로웠습니다. 나는 모친의 증언을 듣고 기뻤습니다. 중병에 걸린 중에도 모친은 내 행동을 격려해주면서 내게 "충성되다"고 했습니다. 모친은 내가 자신을 향해 엄정하거나 나무라는 듯한 말을 한 적이 없다며 좋아했습니다. 그러나 우리를 지으신 하나님, 내가 모친에게 보인 공경과 모친이 나를 위해 한 종노릇, 이 둘을 어찌 비교하겠습니까? 모친이 내게 베푼 저 큰 위안을 잃고 나는 영혼에 상처를 입었습니다. 인생은 조각이 났습니다. 모친의 생명과 나의 생명이 하나로 묶여 있었기 때문입니다.

아데오다투스의 울음이 잦아들자, 에보디우스가 시가집을 가져와서 시편을 노래하기 시작했습니다. "오 주님, 내가 당신께 자비와 정직한 판단을 노래하리이다"시 101편 참조. 집 안에 있던 모든 사람들이 이 찬송을 따라 불렀습니다. 우리가 찬송을 부르자 많은 형제와 경건한 여인들이 함께 불렀습니다. 그동안 사람들은 장례식 준비를 하였습니다.

집 안 한쪽에 나를 혼자 두고 가지 않으려는 사람들이 있어서 내게 위로의 말들을 건넸습니다. 진실이라는 치료약은 오직 당신만이 아시는 아픔을 한결 낫게 해줍니다. 그들은 내가 아무렇지도 않다고 생각하는 모양이었습니다. 그러나 아무도 듣지 못하였으나 당신은 들으셨습니다. 나는 터져 나오려는 유약한 감정이 싫었습니다. 슬픔의 파도가 처음에는 작게, 그러나 다시 집채만 한 크기로 나를 덮쳐왔습니다. 눈물을 쏟는다든지 슬픈 표정을 짓는다든지 하는 일은 그다지 제어하기 힘든 감정은 아니었습니다. 내 마음 깊은 곳에 감추고 있는 것이 있음을 오직 나만 알고 있었습니다. 이러한 인간적인 감정이 나를 짓누르는 것을 보면서 나는 참으로 실망했습니다. 죽음은 정한 때에 오는 것이고 우리의 자연적인 조건에 이미 정해진 일입니다.

내가 슬퍼한다는 사실로 인해 새롭게 슬펐습니다. 내 슬픔은 두 배가 되었습니다.

장지로 시신을 운구했습니다. 우리는 밖으로 나갔고 돌아올 때는 울지 않았습니다. 그때까지 나는 울지 않았습니다. 모친을 위해 희생의 속전을 드리는 순간 당신께 기도할 때도 울지 않았습니다. 지방의 관습대로 토장土葬을 하기 전 묘지 옆에 시신을 뉘어놓았을 때에도 울지 않았습니다. 하지만 내색은 안 했으나 나는 하루 종일 슬펐습니다. 마음이 심란해질 때마다 내 슬픔을 달래달라고 기도했습니다. 그러나 당신은 들어주지 않으셨습니다. 습관의 줄은 질기며, 기만적인 생각을 믿는 영혼에게도 그러함을 당신께서 내 기억에 새겨 넣어주시려는가 보다 싶었습니다.

가서 씻는 게 좋을 것 같았습니다. 누군가 목욕은 라틴어 그대로 '발네움balneum', 즉 마음에서 슬픔을 쫓아버리는 무엇이라고 말했던 기억 때문이었습니다.[3] 자비로우신 당신, 고아들의 아버지이신 당신께 고합니다. 목욕을 해보았으나 여전하였습니다. 슬픔의 쓴맛이 내 마음에서 쫓겨나가지 않았습니다. 잠을 자고 일어나니 슬픔이 많이 가셨습니다. 혼자 많은 생각을 하며 누웠을 때, 암브로시우스의 시가 떠올랐습니다.

당신은 만물의 창조자
높이 계신 주님, 통치자
대낮의 빛 가운데 옷을 드리우시고
밤에 부드러운 빛을 흩뿌리십니다.
힘든 노동의 고단함이 씻기고
가라앉은 마음이 힘을 얻고
두려워 웅크린 마음이 다시 일어나고
슬픔이 가라앉나이다.

당신의 여종이 당신께 드린 찬미, 우리에게 보여주었던 거룩하고 부드러운 인내를 생각하며 나는 조금씩 회복되었습니다. 그러다가 갑자기 평정심을 잃고 모친과 나를 생각하면서 당신 앞에서 울었습니다. 그것은 그녀를 위한 것이기도 했으나 또한 나를 위한 울음이기도 했습니다. 참았던 눈물이 흐르도록 내버려두었습니다. 울고 나니 한결 마음이 가벼워졌습니다. 나의 울음을 점잖지 못한 행실로 치부할 사람들 앞에서가 아니라 당신 앞에서 나는 울었습니다. 이제 주님, 글로 써서 고백하겠습니다. 누가 당신처럼 이 글을 읽고 헤아려주겠습니까? 한 시간 남짓 어미를 위해 흘린 나의 눈물에서 누가 나의 죄를 찾아내더라도, 그로 하여금 나를 비난하지 못하게 해주소서. 죽은 이 어머니는 오랜 세월 나를 위해 울던 바로 그 어머니입니다. 이 어머니 때문에 내가 당신 앞에서 살게 되었습니다. 그리스도의 모든 형제들의 아버지, 누구든 나를 사랑하는 마음을 가진 이가 있다면, 그로 하여금 당신 앞에 지은 나의 죄를 위해 울게 해주소서.

이제 지상적인 감정에 불과하다고 돌려야 할 그 상처가 치유된 마음으로 나는 당신의 여종을 위해 사뭇 다른 눈물을 쏟았습니다. 아담 안에서 죽은 모든 영혼이 처한 위험을 생각하니 눈물이 터졌습니다. 물론 여종은 육신을 떠나기 전에 그리스도 안에서 안전을 얻었습니다. 여종은 자신의 믿음과 고백으로 당신의 이름을 찬미하며 살았습니다. 세례로 그녀를 중생케 하신 순간부터, 여종은 당신의 계명을 거슬러 말한 적이 없었습니다. 진리이신 당신의 아들이 이렇게 말씀하셨습니다. "미련한 놈이라 하는 자는 지옥 불에 들어가게 되리라"마 5:22 참조. 자비를 베풀지 않으면서도 칭찬받는 삶을 사는 자에게 화가 있기를 원합니다! 당신은 우리의 삶을 살펴보십니다. 그러나 죄를 물으시면서도 당신은 자비로우십니다. 그래서 우리는 당신 안에서 거할 곳을 찾으리라는 담대한 소망을 품습니다. 그러나 당신 앞에서 자신의 공로를 내세우는 자는 당신이 그에게 선물로 주신 것을 하나도 얻지 못할 것입니다.

사람이 자신이 무엇인지 알게 되기를, 그리하여 주 안에서 영광으로 영예를 얻게 되기를 원합니다.

여종의 선행으로 인해 기쁨으로 감사드리오나, 이제 내 모친의 죄를 고하나이다. 나의 생명이며 찬양 받으실 하나님, 내 마음을 감찰하시는 하나님. 당신께 구하오니 귀를 기울여주소서. 그 나무에 우리의 상처를 매다신 분의 치료약을 주소서. 그분은 이제 당신의 오른편에 앉아 우리를 위해 당신께 중보하고 계십니다. 여종이 자애를 행하고, 빚진 자들을 진심으로 용서해준 것을 내가 압니다. 구원의 물로 거듭난 후 오랜 세월에 걸쳐 여종이 쌓은 빚을 당신께서도 용서해주시렵니까? 오 주님, 구하오니 여종을 용서해주소서. 간구하오니 여종을 심판하지 마소서. 당신의 공의 위에 당신의 자비를 세워주소서. 당신의 말씀은 진리이며, 당신은 자비를 베푸는 자에게 자비를 베푸시겠다고 약속하셨습니다. 우리에게 자비를 베풀라고 은혜를 베푸셨습니다. 당신은 자비를 베풀 자에게 자비를 베푸실 것입니다. 당신이 불쌍히 여길 자를 불쌍히 여기실 것입니다.

당신이 내가 구한 것을 이미 들어주셨음을 믿습니다. 하지만 주님, 자원하여 드리는 내 입술의 제사를 받아주소서. 자신의 몸이 소멸할 날이 다가왔지만, 여종은 몸에 두를 비싼 직물이나 향신료 따위를 조금도 생각하지 않았습니다. 여종은 그런 호사를 원하지 않았습니다. 고향에 매장되지 않는다 해도 전혀 개의치 않았습니다. 다만 한 가지, 당신의 제단에서 자신의 이름이 기억되기를 원했습니다. 여종은 하루도 거르지 않고 주님의 제단을 섬겼습니다. 그 제단 위에서 우리 빚이 적혀 있는 빚 문서가 모두 도말된 것을 그녀는 알고 있었습니다.

여종은 우리를 공격하고 우리를 고소하는 적과 싸워 승리했습니다. 이 승리는 오로지 그분 안에서 거둔 것입니다. 그분이 흘린 고결한 피를 그 누가 되돌릴 수 있겠습니까? 우리를 사실 때 그분이 치른 값을 그 누가 다시 치르고 우리를 그분에게서 빼올 수 있겠습니까?

성례를 통하여 여종은 자신의 영혼을 믿음의 닻줄에 단단히 묶었습니다. 당신의 보호하심에서 아무도 그녀를 끊어낼 수가 없었습니다. 사자도 용도, 그 힘으로든 계략으로든 어찌할 수 없었습니다. 그러니 여종은 자신이 진 빚이 있다고 말하지 않을 것이며, 궤계를 꾸미는 고발자에게 잡히지 않을 것입니다. 여종은 그분으로 인해 자신의 죄가 사해졌다고 대답할 것이며, 아무에게 아무 빚도 없으신 그분이 우리를 위해 갚으신 것을 다시 내놓으라고 어느 누구도 주장할 수 없을 것입니다.

그러니 여종은 이제 그의 생애 단 한 사람의 남자였던 남편 곁에서 편안히 쉴 것입니다. 여종은 남편에게 인내로 순종하였고, 당신을 향하여 열매를 맺었습니다. 그리고 그를 당신 앞으로 데려왔습니다.

오 주님, 당신의 종들, 나의 형제들에게 영감을 불어넣어주소서. 그들은 당신의 아들이요 나의 스승이며, 내가 말과 글과 마음으로 섬기는 이들입니다. 많은 사람들이 나를 이 세상에 낳아준 당신의 여종 모니카와 그녀의 남편 파트리키우스를 기억하면서 당신의 제단에서 이 고백을 읽기 원하나이다. 그들이 경건한 애정으로 잠시나마 내게 빛을 비춰준 나의 부모와 한 분 어머니의 자식이자 당신의 슬하에 있는 내 형제들을 기억하게 해주소서. 그들은 영원한 예루살렘에서 나와 함께 거할 동포들입니다. 출애굽 이후 순례자가 된 당신의 백성들은 약속의 땅으로 들어가고자 한숨짓고 있습니다. 나의 고백을 통해 내게 부탁한 모친의 마지막 소원이 이루어지기를 원하나이다. 또한 많은 이들이 드리는 기도를 통해 그 소원이 보다 풍성하게 이루어지기를 간절히 소원하나이다.

기억의 책

"내가 당신을 발견하기 위해 필요한 것은 당신을 기억해내는 것뿐입니다."

기 억 의 책

어머니의 죽음까지 이야기하는 것을 마침으로써 과거를 돌아본 아우구스티누스는 이제 자신의 현재 상태에 대해 고백한다. 《고백록》을 쓰던 당시 아우구스티누스는 북아프리카 교회의 주교로 재직하고 있었지만, 그가 진심으로 회심한 것인지 미심쩍어하는 이들이 교회에 있었기 때문이다. 아우구스티누스는 자신이 모호한 느낌이 아닌 확실한 인식을 가지고 하나님을 사랑하고 있다면서, 하나님에 대한 인식이 어디에서 오는지를 밝히고자 감각과 기억 등 인간의 정신 능력을 분석해나간다. 아울러 자신이 여전히 싸움을 벌이고 있는 육신의 정욕과 안목의 정욕과 이생의 자랑이라는 세 가지 유혹에 대해 논하면서, 참된 중보자 되시는 그리스도를 통해서 하나님께서 인간을 당신과 화해시키심을 찬양한다. 제10권 1장, 3장의 일부(4절), 4-15장, 17-29장, 32장의 일부, 33장, 34장의 일부(51절), 35-37장, 38장의 일부, 41-43장에 해당한다.

나를 아시는 주님, 내가 당신을 알아야 하겠나이다.[1] 당신이 나를 아셨듯이 나도 당신을 알아야 합니다. 내 영혼에 들어오셔서 당신에게 알맞게 해주소서. 흠도 주름도 없도록 소유하고 붙들어주소서. 이것이 나의 소원이기에 당신께 아룁니다. 이 소망으로 인해 내가 기뻐하며 악의 없이 기뻐합니다. 잃어버렸다 해도 슬퍼할 가치가 없는 것들로 인해 더욱 슬퍼하고, 잃어버렸다면 통곡해야 할 것들에 대해서는 무덤덤한 것이 인간입니다. 보소서. 당신은 진리를 사랑하시기에, 진리를 행하는 자는 빛으로 나아옵니다.

내 마음에 품은 이 진리를 당신 앞에 고백합니다. 이 글을 쓰는 것으로 많은 증인들 앞에서 진리를 행하겠습니다.

내 속사람을 고치시는 의사이신 당신께서 내가 진리를 섬길 때 어떤 열매를 거두게 되는지 밝히 알게 해주십시오. 당신이 오래전에 용서하고 덮어주신 내 지난날의 죄를 끄집어내 고백합니다. 당신 안에 있는 내게 복을 주시고 믿음과 성례로 내 영혼을 변화시켜주소서. 이것이 읽히고 들릴 때면 마음이 흔들리고, 그리하여 영혼이 "난 할 수 없습니다" 하는 절망 가운데 잠드는 일도 없습니다. 오히려 당신의 사랑스러운 자비와 달콤한 은혜 안에서 영혼이 깨어납니다.

자신의 약함을 아는 약한 자는 은혜로 말미암아 강해집니다.

선한 자들은 이제는 놓여난 과거의 악행들에 관해 들어도 은혜로 말미암아 마음이 흔들리지 않습니다. 그들이 과거의 악행에 대해 듣고 싶어 하는 것은, 그들이 지금 악해서가 아니라 전에는 악했으나 이제는 더 이상 악하지 않기 때문입니다.

그러니 주님, 자신의 무죄함보다 당신의 자비를 더 의뢰하려면 어떤 은혜의 열매가 필요한 것입니까? 나의 양심은 매일 당신을 향해 고백해야 마땅합니다.

그리고 구하옵나니, 당신의 임재 안에서 내가 이전의 그 사람이 아니라 지금의 나인 것을 당신의 임재 가운데 사람들 앞에 고백하려면 어떤 열매가 필요한 것입니까?

저 옛적, 과거의 열매들에 대해서는 내가 보았고 이미 기술한 바와 같습니다.

그러나 이 고백을 하는 지금 이 순간, 내가 어떤 사람인지 알고 싶어 하는 사람들이 있을지도 모릅니다. 어쩌면 그들은 나를 지켜보아온 자들인지도 모르고, 아니면 내게서 들었거나 또는 나에 대해서 누군가로부터 들은 이들인지도 모를 일입니다.

내가 어떤 사람이든 간에, 사람들은 내 마음의 소리를 듣지는 않을 것입니다. 나의 내면이 어떤 사람인지 듣고 싶어 하는 사람도 있을지 모르겠습니다. 하지만 내면은 눈도 귀도 이해도 가닿을 수 없는 곳입니다. 누가 들여다보려 한들 나의 마음을 알 수 있는 사람이 있겠습니까? 내가 이 고백을 하면서 거짓을 섞지 않고 있음을 내면의 선함만이 말해줄 것입니다. 내면의 선함만은 나를 믿기 때문입니다. 하지만 말로야 어떻게 이를 수 있겠습니까? 나를 당신께로 이끈 것이 당신의 선물이었음을 듣게 되었을 때 내가 기뻐하였듯 사람들 역시 기뻐하겠습니까? 내 인간성의 무게가 내 영혼을 끌어당기고 있음을 들을 때, 그들이 나를 위해 기도해주겠습니까?

차라리 내가 대답하고 말겠습니다. 주 나의 하나님, 우리에게 행하신 일들로 인해 당신께 수없이 감사드림이 마땅합니다. 당신은 인자하셔서 우리의 호소에 응답하셨습니다. 내 안을 살펴본 형제가 내 안에서 당신께서 사랑하라 하신 것들을 찾거든 그것들을 사랑하게 해주십시오. 어느 형제가 당신께서 애통하라 하신 것들을 내 안에서 찾거든 애통하게 해주십시오. 나의 글을 읽는 자들의 눈이 허망한 이야기를 찾는 뜨내기나 유치한 아이들의 눈이 아니라 이 형제와 같은 눈이 되게 해주소서. 저들은 죄와 가까운 이들입니다. 하지만 이 형제의 마음은 허락받은 일에 대해서는 나와 함께 기뻐하고 질책해야 할 일에 대해서는 애석해 합니다. 인정하든 나무라든, 이 형제는 사랑으로 행합니다. 이러한 사랑 앞에서라면 나는 내 내면을 기꺼이 드러내 보이렵니다. 나를 사랑하는 사람들은 당신이 내 삶에 심어놓으신 선량함을 즐거워할 것이고, 아직도 남아 있는 악의 모습에 안타까움을 금치 못할 것입니다. 선이 무엇이냐 물으면, 당신의 계획과 당신의 선물이라 하겠습니다. 남아 있는 허물들을 당신은 판단하실 것입니다. 선을 고양하고 허물을 한탄하게 해주소서. 내 형제들의 마음으로부터 당신의 존전으로 찬송과 한탄이 다 같이 올라가게 해주소서. 그 두 가지가 당신 앞에 향기로운 연기가 되게 해주소서.

오 주님, 당신의 거룩한 성소에서 사르는 향을 받아주소서. 당신의 이름을 생각하셔서 당신의 자비를 따라 내게 긍휼을 베푸소서. 내 안에서 시작하신 일을 멈추지 마시고, 미완의 상태로 있는 모든 것을 온전하게 해주소서.

이 모든 것은 과거의 나보다 큰 현재의 나의 고백일 수밖에 없습니다. 나는 혼자만이 알 수 있는 기쁨에 겨워 고백하지는 않겠습니다. 만약 그렇게 한다면 그것은 나의 흔들림과 은밀한 슬픔과 희망을 당신만이 들으실 수 있게 말하는 것에 불과할 것입니다. 나는 모든 믿음의 형제들을 위해 고백할 것입니다. 그래야 내가 죽어 사라져도 형제들이 내 기쁨에 참여할 수 있을 것이기 때문입니다. 나보다 앞서 당신을 찾은 자들과 나보다 뒤에 올 자들을 포함하여 나의 이웃들과 순례자들을 위해 나는 이것을 말합니다. 이들 모두가 나의 길동무입니다. 내 형제들은 모두 당신의 종이요, 당신이 자녀 삼기 원하는 이들입니다. 이들은 나의 상전이기도 합니다. 내가 당신 안에서 살고자 한다면 이들을 섬기라고 당신이 명령하셨기 때문입니다.

그분이 당신의 가르침을 말로만 전했다면, 그 말씀은 내게 큰 의미를 지니지 않았을 것입니다.

그러나 그분은 나보다 앞서 말씀대로 사셨습니다.

그래서 내가 그분을 따르는 것입니다.

말씀과 행함으로 나는 당신의 날개 밑 피난처로 향합니다.

길은 너무 험하여 걸을 수 없을 정도였습니다.

그러나 당신의 날개 아래서 당신은 내 영혼 잠잠케 하셨습니다.

당신은 내가 얼마나 약한지 아십니다.

어린아이보다 약한 나입니다.

그러나 내 아버지는 영원히 계십니다.

내 보호자는 넉넉하십니다.

나를 이 땅에 태어나게 하신 분이 나를 지키십니다.

당신은 내게 전적으로 선하셨습니다. 내가 당신과 함께하기 전부터도 당신은 나와 함께 계셨습니다. 이제 당신께서 섬기라 명령하신 이들을 찾아 나서도록 당신은 나를 인도하실 것입니다.

이런 연고로 나의 고백은 과거의 나의 고백이 아니라 지금 나의 고백입니다. 비록 내가 여전히 죄 많은 사람이지만 말입니다. 그럴지라도 나는 나를 판단하지 않습니다.

당신께서 들으셨으면 하는 고백은 이런 것입니다.

주님, 당신께서 나를 판단하십시오. 사람에게는 그 영 외에는 알 수 없는 면이 있는 것이 당연하나고전 2:11 참조, 그 영조차도 알지 못하는 면도 있는 법입니다. 주님, 오직 당신만이 사람의 모든 것을 아십니다. 당신이 사람을 지으셨기 때문입니다.

당신 앞에서는 나를 한없이 낮추고 나를 먼지요 재라고 말씀드리지만, 나에 대해서는 알지 못하면서도 당신에 대하여는 조금 압니다.[2] 정녕 우리는 모든 것을 희미한 거울을 통해서 봅니다. 우리는 아직 얼굴과 얼굴을 맞대고 보는 것은 아닙니다. 내가 당신으로부터 부재하는 이 시간에, 나는 당신의 임재보다는 나의 실재와 함께 있습니다. 그러나 나는 당신이 만물 가운데 항상 계시다는 것을 압니다. 하지만 내가 어떤 유혹을 떨쳐낼지, 어디서 넘어질지 나는 모릅니다. 바라기는, 당신은 신실하시니 내가 견딜 수 있는 이상으로 시험받게 하지 않으실 것입니다. 시험을 허락하시되 피할 길도 내시니, 우리가 시험을 감당할 수 있습니다 고전 10:13 참조.

이제 나에 대해 아는 바를 털어놓고자 합니다. 알지 못하는 것도 고하겠습니다. 당신께서 빛을 비추어주시기에 그 빛 가운데 드러난 것을 나는 알 수 있습니다. 하지만 내가 알지 못하는 것은, 당신의 얼굴빛을 받아 내 어둠이 정오처럼 밝아지기 전까지는 여전히 모른 채로 남을 것입니다.

주님, 의심 없는 분명한 확신을 가지고 당신을 사랑합니다. 당신의 말씀이 내 심중을 치셨기에 당신을 사랑합니다. 하늘과 땅, 그리고 그 안에 있는 만물이 당신을 사랑하라고 매 순간 내게 외칩니다. 당신을 사랑하라고 창조세계가 우리에게 끊임없이 손짓합니다. 그러니 저들이 핑계치 못할 것입니다 롬 1:20 참조. 당신은 자비를 베풀 자에게 더 큰 자비를 베푸시며, 긍휼히 여길 자들을 긍휼히 여기실 것입니다. 그렇습니다. 들리지 않지만 하늘과 땅이 당신을 찬양합니다.

당신을 사랑할 때 나는 무엇을 사랑하는 것일까요?
육체의 아름다움이나 태평성세도 아니고
우리 눈을 자극하는 빛의 밝음도 아니고
여러 노래들의 감미로운 가락도 아니고
꽃과 향품의 향기도 아니고
만나나 꿀, 쾌락의 포옹도 아닙니다.
내가 하나님을 사랑한다고 할 때 나는 이런 것들을 사랑하는 것
이 아닙니다. 이런 사랑은 빛과 가락과 향기와 포만감과 육신의 쾌
락을 바라는 사랑입니다. 내가 하나님을 사랑한다고 할 때 빛과 가
락, 향기, 포만감, 쾌락은 내 속사람에 의해 걸러집니다. 사랑이 내
영혼 안에 비추입니다. 영혼이 아니고서는 사랑을 품을 공간이 없
습니다. 사랑이 말합니다. 사랑이 하는 말은 시간이 흐르면서 침묵
속으로 사위지 않습니다. 사랑의 향기는 호흡과 함께 사라지지 않
으며 그 맛은 변하지 않습니다.

사랑과 사랑의 만족은 오감을 통해 경험할 수 있습니다. 하나님
을 사랑할 때 내가 사랑하는 것은 바로 이 경험입니다.

내 사랑의 대상은 무엇입니까?

땅을 향해 묻자 이런 대답이 돌아왔습니다. "나는 그가 아니다."

땅의 만물도 같은 대답을 했습니다.

나는 바다와 심해, 거기 사는 생물들에게 물었습니다.

대답이 돌아왔습니다. "우리는 네가 찾는 신이 아니다. 위에서 찾아라."

바람에게 물었습니다. 그러자 하늘의 거주자들이 대답했습니다. "아낙시메네스도 속았다오. 우린 신이 아니오."

하늘과 태양, 달, 별들에게도 물었습니다.

"아니오. 우린 당신이 찾는 신이 아니란 말이오."

그래서 나를 둘러싼 만물을 향해 말하지 않을 수 없었습니다. "내게 하나님을 말하라고 하면서 다들 하나님이 아니라고 하니, 그럼 그분에 대해 내게 말해주시오."

만물이 한목소리로 외쳤습니다. "그분은 우리는 만드신 분이오."

피조세계를 살펴보고 나니 질문이 정해졌습니다. 피조물에 깃든 아름다움에 답이 있었습니다.

나는 돌아서서 나 자신을 향해 물었습니다. "너는 누구인가?"

나는 답했습니다. "사람이다. 잘 보면, 영혼과 몸이 보일 텐데, 영혼은 안에, 몸은 바깥에 있는 존재다."

그렇다면 둘 중 무엇으로 하나님을 찾아야 합니까? 내 몸은 그분을 찾아 땅에서부터 하늘까지 보낼 수 있는 곳에는 죄다 응시하는 눈이라는 심부름꾼을 보내 찾아보았습니다.

그러나 내 안에는 육체의 심부름꾼보다 탁월한 수색자가 있습니다. 육체의 심부름꾼은 탁월한 수색자인 이 재판관에게 하늘과 땅과 그 안의 만물로부터 들은 "우리는 신이 아니다"라고 한 말을 전달해주니 말입니다.

내 속사람은 외부의 인식 활동으로부터 이런 것을 알아냈습니다. 내면의 나는 이미 알고 있었습니다. 나의 마음은 육체라는 자아를 통해서 알게 된 것입니다.

나는 세계의 기초에게 나의 하나님에 대해 물었습니다. 답이 돌아왔습니다. "나는 그분이 아니오. 그분이 나를 만드셨소."

이와 같은 물리적 설명이 감각을 지닌 모든 이에게 적용되는 것은 아닐까요? 그렇다면 같은 메시지가 모두에게 들어오는 것일까요? 크든 작든 동물들도 주변 세계를 식별합니다. 그러나 물을 수는 없습니다. 감각 기관이 전하는 바를 판단할 만큼 지배하는 이성이 없기 때문입니다. 그러나 인간은 물을 수 있을뿐더러 하나님이 지으신 보이는 것들을 명확하게 알 수 있습니다. 인간은 하나님이 만드신 것들을 통해서 하나님을 이해할 수 있습니다.

그러나 우리로 하여금 세상에 집착하게 만드는 것은 창조주가 아니라 피조물에 대한 사랑입니다. 우리는 세상에 종속되었고, 종속된 자는 판단을 내릴 입장에 있지 못합니다. 피조물은 오직 분별력 있는 자에게 묻고 답할 뿐입니다. 피조물은 목소리나 외양을 바꿀 수 없습니다. 보기만 하는 사람이 있고, 같은 것을 보지만 묻기도 하는 사람이 있습니다. 같은 외양에서 같은 소리가 납니다. 그러나 보는 사람에 따라 이렇게도 보이고 저렇게도 보입니다. 누구는 아무 말도 듣지 못하나 누구는 사물이 내는 소리를 듣습니다. 하지만 참으로 피조세계는 모두에게 말을 건넵니다. 피조세계는 밖에서 들려오는 소리와 내면의 진리를 견주는 자가 누구인지 알고 있을 뿐입니다.

진리가 내게 말합니다. "하늘도 땅도, 몸을 가진 어떤 것도 너의 하나님이 아니다." 만물의 본성이 하나님을 반영하며 이렇게 말합니다. "우리는 존재의 일부일 뿐. 우리의 존재는 전체가 아니라 한 부분일 뿐."

내 영혼아, 이제 내가 네게 말하련다. 너는 나의 더 나은 일부이다. 몸 전체가 살아가도록 생명을 주는 것이 너인 듯하기 때문이다. 어떤 피조물도 몸에 생명을 줄 수는 없다. 네 생명의 생명이신 하나님이 네 너머에 계신다.

그러니 나의 하나님을 사랑한다고 할 때 나는 무엇을 사랑하는 것인가?

내 영혼의 머리 위에 서 계신 분은 누구이신가?

영혼에 힘입어 나 그분에게로 솟구쳐 올라가리라.

나를 몸에 얽어 맨 끈을 넘어서리라.

그러면 만물에 생명이 가득하리라.

하지만 그 힘으로는 내 하나님을 발견할 수 없습니다. 나귀와 노새가 자신의 이해력으로 그분을 발견할 수 없는 것과 같습니다. 내 몸도 나귀와 노새와 같은 힘으로 살아갈 뿐입니다.

하지만 다른 차원의 힘이 있습니다. 주께서 나를 위해 마련해주신 몸에 감각을 주고 육체에 활력을 불어넣어주는 힘, 그 힘을 넘어서는 힘이 있습니다. 그 힘은 눈에게 듣지 말라, 귀에게 보지 말라고 명령할 수 있는 힘입니다. 이제 나는 눈에 안력을 주어 볼 수 있게 하고, 귀에 청력을 주어 들을 수 있게 하고, 다른 감각 기관에도 활기를 불어넣는 힘을 지니게 되었습니다. 감각기관에는 저마다 독특한 기능과 목적이 있습니다. 이것들이 합하여 다양한 정보를 전하고, 지각하는 나는 이 감각을 받아들이고 그 정보에 기초하여 움직입니다.

나는 이처럼 몸을 통해 들어오는 감각을 인지하는 힘, 나귀와 노새도 가지고 있는 힘을 넘어 나아갈 것입니다.

나는 본성의 힘을 넘어서 나를 만드신 그분에게까지 서서히 올라갈 것입니다.

나는 기억이라는 활짝 열린 궁전으로 향합니다. 온갖 인상들과 감각을 통해 끌어모은 셀 수 없이 소중한 기억의 조각들이 그곳 여기저기에 놓여 있습니다.

우리의 기억 속에는 사고는 물론이고 감각적 인상의 결과물도 저장되어 있습니다. 어떤 인상들은 시간이 흐르면서 더욱 선명해지지만 어떤 인상들은 사그라집니다. 감각에 의해 파악된 인상은 우리가 중요하게 여기는 것 옆에 나란히 놓이면서 변화하기도 합니다. 그런 인상들은 망각 속에 묻히거나 사라지지 않습니다.

거기서 끄집어 내와야 할 것이 있지 않을까 싶어 기억들 속으로 들어가봅니다. 그러자 어떤 기억이 뛰쳐나옵니다. 어떤 기억은 한참을 찾아야 합니다. 깊숙한 내면의 서랍을 열어야만 찾을 수 있는 기억입니다. 어떤 기억은 군대의 행렬처럼 무리 지어 쏟아져 나옵니다. 단 한 가지 기억의 편린을 찾을 뿐인데 숱한 기억들이 줄지어 나와 말합니다. "혹시 날 찾고 있소?" 이런 원치 않는 기억들은 치워버려야 합니다. 마음의 손으로 거칠게 서랍을 닫아버려야 합니다. 마침내 내가 원하던 그 기억이 은밀한 곳에서 모습을 드러냅니다.

어떤 기억은 더듬는 대로 뒤죽박죽 뒤섞여 나타납니다. 맨 앞에 열 지어 있는 기억의 어깨 너머로 다른 기억들이 즐비하게 늘어서 있습니다. 기억들이 지나갈 때, 시야에서는 멀어지지만 언제든 다시 돌아올 채비를 한 채 머물러 있습니다. 이 정연한 기억들은 내가 반복하거나 암기한 것들입니다. 이런 기억들은 범주별로 묶여 조심스럽게 간직되어 있습니다. 각 범주들은 고유한 번지를 가지고 있습니다. 어떤 기억은 시각적인 것이기에 빛, 색깔, 형태와 관련이 있습니다. 어떤 기억은 갖가지 소리입니다. 이런 기억은 청각이 모은 것입니다. 후각이 모은 기억의 장소에는 냄새가 들어 있습니다. 미각도 따로 자리가 있습니다. 몸 전체가 느낀 촉각을 저장해둔 장소도 있습니다. 단단하고 부드럽다, 뜨겁고 차다, 연하고 뻣뻣하다, 무겁고 가볍다 같은 감촉이 저장되어 있습니다. 감각은 이런 감촉이 몸 안에서 일어난 것인지 몸 밖에서 일어난 것인지 분류하여 저장합니다.

이것이 기억이라는 거대한 항구의 풍경입니다. 거기에는 수많은 비밀과 표현하기 힘든 사건이 간직되어 있습니다. 저장해두었던 기억들이 필요할 때면 이 항구에서 실려 밖으로 나갑니다. 기억 하나하나가 배정된 문을 통해 들어와 차곡차곡 쌓입니다. 그러나 들어와 쌓이는 것은 기억 자체가 아니라 생각을 불러일으키기 위해 인식된 인상일 뿐입니다. 이 인상에 대해, 그리고 이 인상들이 만들어지는 방법에 대해 아는 사람은 없습니다. 이렇게 매일의 기억이 감각을 통해 쌓여갑니다.

내가 어둠과 침묵 속에서 거할 때에도, 나는 원하기만 하면 기억 속에서 색깔을 만들어낼 수 있고, 원하기만 하면 검정색과 흰색과 다른 색조를 구별할 수 있습니다. 소리가 눈앞에 펼쳐진 이미지를 감상하지 못하게 방해하지는 않습니다. 그렇다고 기억에 소리가 없는 것은 아닙니다. 소리는 시각적인 이미지 옆에 잠자코 있습니다. 소리를 불러내면 소리가 곧 나옵니다. 혀가 멈춰 있고 목청이 울리지 않아도 원하기만 하면 나는 노래할 수 있습니다.

내 귓전에 흐르는 소리로 채워진 방이 있지만, 색깔에 관한 인상에 의해 소리가 방해받거나 뒤섞여버리는 것은 아닙니다. 다른 감각기관에 의해 분류되어 쌓여 있는 다른 기억과 마찬가지로, 색깔에 관한 인상도 원할 때면 언제든 불러낼 수 있습니다. 이런 식으로 나는 실제로 냄새를 맡지 않고도 제비꽃과 백합의 향기를 구분할 수 있습니다. 나는 단맛 도는 포도주보다 꿀의 맛을 좋아합니다. 뻣뻣한 것과 부드러운 것의 차이를 알고, 부드러운 것을 원합니다. 실제로 맛보거나 만지지 않았는데도 알 수 있습니다. 기억 때문입니다.

사고는 내 안에 있는 기억이라는 아주 넓은 창고에서 일어납니다. 내 지각 안에는 하늘과 땅과 바다 그리고 그것들과 관련된 나의 이런저런 생각들이 담겨 있습니다. 잊어버렸다고 생각했던 것들도 그 안에 감춰져 있습니다. 자아를 만나기 위해서, 내가 어떤 사람인지 기억해내기 위해서, 그리고 내가 무엇을 했는지, 언제 어디서 어떤 감정이 일어나는지 기억해내려면 그 방으로 들어가야 합니다. 거기서 내가 기억하는 모든 것을 발견할 수 있습니다. 내가 경험한 것이든 다른 사람들이 행한 것이든 상관없습니다.

같은 창고에서 나는 과거의 사고와 새로운 생각, 막 떠오른 기지와 유사한 생각을 조합합니다. 옛 경험에 새 경험을 덧붙이고, 새로운 깨달음을 옛날에 믿었던 바에 덧댑니다. 이 방에서 나는 희망을 바탕으로 미래에 행할 일과 미래의 사건을 추론해냅니다. 사유하는 현재의 순간에 나는 "이것이나 저것을 하리라"고 결정을 내립니다. 내 지각의 거대한 저장고에서 이 모든 일이 일어납니다. 이 저장고에 수많은 기억과 인상들이 저장되어 있습니다. 나는 "이후에 일이 이러저러하게 되겠군" 하고 추측합니다. "이러저러한 일이 일어나면 좋겠다" 하면서 내 바람을 말하기도 합니다. 아니면 "하나님, 이러저러한 일이 일어나지 않게 해주십시오" 하고 기도 합니다. 그렇게 나는 나 자신에게 말을 합니다. 이때 내가 언급하는 모든 인상들은 동일한 기억 창고에서 꺼내온 것들입니다. 기억의 인상들이 거기 없다면, 나는 이런 말들을 할 수 없을 것입니다.

기억의 힘은 참으로 큽니다. 나의 하나님, 기억의 영향력은 너른 들판과도 같이 큽니다. 그 바닥을 잴 자가 있겠습니까? 하지만 기억하는 힘이 나의 것입니까? 기억은 내 본성의 일부이지만, 내가 나의 존재를 다 헤아릴 수 있는 것은 아닙니다.

지성mind은 그 기억 자체를 담고 있기에도 너무 제한돼 있습니다. 지성이 그 기억을 전부 담고 있을 수 없다면 그 일부야 오죽하겠습니까. 기억은 지성 안에 있는 것입니까, 아니면 밖에 있는 것입니까? 지성 안에 있는 것이라면, 왜 나는 그것을 이해하지 못하는 것일까요?

놀라운 일을 고하겠습니다. 사람들은 멀리까지 나가서 높은 산, 넓디넓은 대양, 포효하는 듯 쏟아지는 강물, 원양의 항해와 별들의 운행을 보고 찬탄합니다. 그러나 사람들은 자신들 안에 있는 경이로움은 그냥 지나칩니다. 그들은 내가 말하려는 것들이 경이롭다 생각하지 않기에 내 말을 들으려 하지 않습니다. 나도 산들과 큰 바다, 강, 별들을 보았기에 그들의 경험에 대해 할 말이 있습니다. 분명히 존재하리라 믿고 있는 대양에 대해서도 말할 수 있습니다.

이 모든 것들은 내 안에 있는 기억으로부터 나옵니다. 마치 내가 눈으로 본 것처럼 광대한 창공에 대해서도 그려볼 수 있습니다. 그 것들을 보았을 때 나는 그 모습을 내 안에 담았습니다. 내가 그것 들을 실제로 내 안에 담아둘 이유가 없는 것은, 내 지각 속에 그것 들의 인상이 박혀 있기 때문입니다. 내 몸의 감각들이 그것들 하나 하나를 인식하여 내 속에 각인시켰습니다.

그러나 내 기억은 이러한 것들보다 많은 것들을 간직하는 헤아 릴 수 없는 능력을 가지고 있습니다. 내가 잊어버리지 않은 교양 지식 또한 내 머리에 기록되어 있습니다. 그 지식들이 물리적 장소 가 아니라 내 내면의 장소로 옮겨졌습니다. 이러한 지식들은 몇 가 지 인상으로 환원되지 않지만 나는 마치 물체인 양 지식의 조각들 을 간직하고 있습니다.

예를 들어, 문학 혹은 변론의 기술이란 무엇입니까? 얼마나 많 은 관련 질문들이 있습니까? 이 주제에 관해 내가 알고 있는 모든 지식은 내 기억 속에 저장되어 있습니다. 이런 것들은 본질을 배제 한 채 사실을 하나의 인상으로 축소해 기억 속에 간직하는 것이 아 닙니다. 귀에 들리는 목소리처럼 한 번 와 닿은 후에는 사라져버리 는 소리 같은 것도 아닙니다. 한 번 듣고 나면 사라지는 소리나 한 번 맡고 나면 더 이상 후각을 자극하지 않는 냄새를 기억하는 것과 도 같지 않습니다. 이런 것들은 기억의 인상들로 옮겨져 저장됩니 다. 우리는 그 인상을 기억해냄으로써 그 인상과 관련된 경험을 되

찾을 수 있습니다. 고기는 일단 삼키고 나면 더 이상 그 맛을 느낄 수 없으나 기억은 그 맛을 간직하여 고기 먹는 즐거움을 내내 안겨 줍니다. 이것은 몸이 촉각을 통해 외부를 감지하는 것과 비슷합니다. 외부의 대상이 사라져도 촉각의 기억은 여전히 살아 움직입니다. 이런 경험 중 그 어떤 것도 그 자체로는 기억 속으로 들어오지 않습니다. 오로지 그 인상만이 남는 것입니다. 이처럼 인상은 감탄할 만한 속도로 감지되어서 놀라운 창고에 쌓입니다. 기억의 기술이란 이 일을 경이로울 정도로 행하는 것을 말합니다.

하지만 기억이 모두 인상의 형태로 남아 있는 것은 아닙니다. 세 가지 질문이 들리는 듯합니다. (1)사물은 정말로 존재하는가? (2)그렇다면 그것은 무엇인가? (3)그리고 그것은 어떤 부류인가? 이 말들이 모여 만들어낸 소리에 관한 인상을 나는 가지고 있습니다. 그 소리들은 소음과 함께 허공으로 흩어져 사라져버린 것을 기억합니다.

그러면 저 소리들은 어떤 생각을 실어 날랐던 것입니까? 생각은 몸의 감각기관을 통해서 경험하는 것이 아닙니다. 나는 생각을 '본 적'이 없습니다. 내 기억 속에는 생각에 관한 어떤 인상도 남아 있지 않습니다. 오히려 생각은 그 자체로 내 안에 남아 있습니다. 그렇다면 생각은 어떻게 내 안으로 들어왔을까요? 생각이 말할 수 있다면 말하게 하고 싶습니다. 내 몸의 구석구석을 살펴보았지만, 생각이 들어온 통로를 발견할 수 없었습니다. 눈은 "저 인상들에

색이 있다면, 보고하겠어요" 하고 말합니다. 귀는 "생각이 소리를 내낸다면, 내가 전달해드리겠어요" 하고 말합니다. 코는 "생각이 냄새를 피운다면, 알려드리겠어요" 하고 말합니다. 혀는 "생각에 맛이 있다면, 걱정 마세요" 하고 말합니다. 촉각은 "생각이 물체가 아니라면 내가 건드릴 수야 없지요. 그것에 대해 전해 들은 바 없습니다" 하고 말합니다.

생각이라는 것은 어떻게, 그리고 어디로부터 내게 들어온 것입니까? 알 길이 전혀 없습니다. 생각이라는 것이 있음을 알게 되었을 때, 다른 사람의 지성과는 아무 관계도 없이 오로지 나의 지성과만 상관되는 일임을 알게 되었습니다. 생각은 실제 존재하고 내게 속한 것이라 믿었기에, 나는 그 생각이 원하면 언제든 내 지성으로 불러내올 수 있는 곳에 존재한다고 보았습니다. 이렇게 보면 생각은 내가 알기도 전에 이미 내 마음에 있었던 것이며. 단지 기억에 저장되어 있지 않았던 것뿐입니다. 생각이 기억에 이미 자리 잡고 있었다면, 그것을 말로 표현할 때에 나는 그것을 알아보고는 "바로 이것이군. 맞아, 이것이야" 하고 알아차렸을까요? 만일 그랬다면, 그 사실들은 더 깊은 데로 숨어버렸을 것이기에 다른 누군가가 그것들을 제시하거나 끌어내오지 않는 한 나는 사고 자체를 의식할 수 없었을 것입니다.

따라서 감각적인 인상을 가지고 있지 않은 어떤 것들은 우리 안에 이미 있는 것을 인식함으로써 알게 됩니다. 우리는 그것을 받아들이되 그것에서 연유한 어떠한 인상도 없이 그 개념만을 받아들여야 합니다.

기억이 아무렇지도 않게 모아들이고 분류한 여러 생각들을 모두 모으는 것으로 우리는 이 일을 합니다. 무슨 계획이나 고려 없이 수집된 여러 생각이었지만, 이제 우리의 지성은 하나의 기억 안에서 미지의 상태로 흩어진 채 또 무시된 채 놓여 있었던 양 이런 조각들을 모으는 것입니다. 이제 지성은 이 편린들을 응시하고 그것들과 친숙해지기 시작합니다.

어떻게 그토록 많은 생각들이 기억 안으로 들어오는지 살펴보겠습니다. 이 생각들은 우리와 친숙해지고 정리가 되어서, 손에 잡힐 듯 우리 가까이에 다가와 있습니다. 어쩌면 잠시 후에는 이것들에 관해 생각하는 일조차 그칠지도 모르나 이제 우리는 이것들을 잘 알게 되었습니다. 이것들은 묻혀 있습니다. 그리고 더 깊숙이 감춰져버렸습니다. 그러다가 전혀 낯설게 마치 아주 새로운 것처럼 다시 꺼낼 수 있습니다.

이러한 생각은 지성 외부에는 달리 머물지 않습니다. 우리가 이 생각을 알기 위해서는 그 생각들이 조각 맞추듯 다시 맞춰져야 합니다. 말하자면 흩어졌다가 다시 조합되어야 하는 것입니다.

'사유cogitation'라는 말은 이렇게 나온 말입니다. '코고cogo'("나는 모아들인다collect")와 '코기토cogito'("나는 생각한다 혹은 나는 다시 모아들인다/기억하다re-collect")의 관계는 '아고ago'("나는 한다")와 '아기토agito'

("나는 계속해서 한다"), '파키오*facio*'("나는 만든다")와 '팍티토*factito*'("나는 계속해서 만든다")와 비슷한 관계를 가지고 있습니다. 그런데 지성은 이 사유라는 말을 전유함으로써, "모아들인" 것과 그 후에 "다시 모아들인/기억하는" 것을 합쳐 "사유했다" 또는 생각했다고 말하게 되는 것입니다.

또한 기억은 셀 수 없을 정도로 많은 원리와 법칙을 갖고 있습니다. 이 원리와 법칙은 숫자와 차원을 관장하고 있습니다. 그러나 이 중 어떤 것도 감각적인 의미에서 지성에 영향을 주지는 않습니다. 숫자는 색깔, 소리, 맛, 냄새, 촉감이 아닙니다. 이런 규칙을 설명해주는 말을 들은 적이 있으나, 그 말의 소리와 그 말이 뜻하는 것은 전혀 다릅니다. 이를테면, 그리스어와 라틴어는 그 소리가 전혀 다릅니다. 그러나 그 함의하는 바가 그 언어 자체인 것은 아닙니다. 나는 뛰어난 건축가가 그린 선, 마치 거미줄처럼 정교하고 얇은 붓질을 본 적이 있습니다. 그러나 건축가의 도면은 여전히 그 정교한 선들이 그려낸 인상도 아니고 물리 법칙도 아닙니다. 내 신체의 눈이 이것을 내게 보여주었을 뿐입니다. 눈은 차이를 읽어냅니다. 기하학 법칙을 아는 사람은 스스로 그 그림을 알아볼 것입니다.

나는 수를 알게 되었고, 수로 숫자를 세고 수학을 합니다. 수를 통해 표현된 것들이 몸의 감각에 저장되지만, 그 사물들을 설명하는 것은 숫자가 아닙니다. 수 자체는 수로 헤아린 것과는 다릅니다. 수는 수로 헤아린 것의 인상을 간직하지 않고, 이 둘 다 자기만의 존재 양식을 가지고 있습니다. 정말 그렇습니다. 이런 것이 어디 있냐며 나를 비웃는 사람이 있는데, 그냥 비웃으라고 하겠습니다.

나를 비웃는 그 사람을 나는 불쌍히 여기겠습니다.

나는 이 모든 것들을 기억하고, 그것들을 알게 된 과정을 기억합니다. 이런 생각에 반대하는 거짓된 반박들 역시 기억합니다. 다른 이론들이 거짓으로 판명난다 해도, 내가 그것들을 기억한다는 것은 거짓이 아닙니다. 진리와 거짓된 반박들을 분별한 일 또한 기억하고 있습니다. 그리고 나는 지금 이 순간 이런 것들을 분별하는 일과 내가 과거에 여러 가지 논증을 생각하고 어떤 것이 옳은지를 결정한 과거의 기억이 다르다는 것 또한 알고 있습니다. 나는 과거의 이해와 오늘의 분별과 이해 모두를 기억합니다. 오늘의 생각을 내 기억 속에 넣어둡니다. 그것은 지금 내가 이해한 것을 나중에 기억하기 위함입니다. 나는 내가 기억했었다는 사실 또한 기억하고 있기에, 훗날 이 기억들을 기억으로 불러낼 수 있을 것입니다. 나는 기억의 힘에 의해 이제 기억할 수 있게 된 것을 기억할 것입니다.

또한 삶의 매 순간 내 지각에 저장된 감정들도 같은 기억이 불러낼 수 있습니다. 기억은 지각이 경험하는 것과는 다른 감각으로 이런 감정들을 담아둡니다. 기억은 감정에 대한 통제력도 가지고 있습니다. 그러나 내 지성은 그렇지 않습니다. 이처럼 기억한다는 행위는 경험한다는 것과는 많이 다릅니다. 나는 기뻐하지 않고도 한

때 기뻤던 기억을 되살릴 수 있습니다. 새삼 슬퍼하지 않으면서도 과거의 슬픔을 추억할 수 있습니다. 겁먹지 않고도 겁에 질렸던 일을 기억할 수 있고, 다시 욕망하지 않으면서도 한때 갈망했던 것을 기억해낼 수 있습니다. 어떤 기억들을 곱씹다 보면, 당시 느꼈던 감정과 정반대의 감정을 느낍니다. 옛날의 쓰고 아팠던 기억을 회상하면서 뿌듯해 할 수도 있고, 한때 뛸 듯이 기뻤던 일들을 구슬프게 추억할 수도 있습니다. 머리와 몸은 별개이기에, 이런 현상이 몸의 정열과도 관련이 있다는 점은 그리 놀랍지 않습니다. 과거의 신체적인 고통을 지금 웃으며 떠올릴 수 있다는 것은 하나도 이상하지 않습니다. 몸과 관련된 기억은 이제 이성과 관련해서도 사실입니다. 무엇인가를 간직하기 위해 우리의 기억에 특별한 임무를 부여할 때, 우리는 이렇게 말합니다. "머릿속에 잘 간직해두어야지." 잊어버린 무언가를 기억해내려고 할 때는 이렇게 말합니다. "머릿속에 떠오르지 않아." 그리고 이렇게도 말합니다. "머릿속에서 사라져버렸어." 이런 것을 보면 우리는 자연스럽게 기억과 지성(머리)을 동일시합니다.

그렇다면 슬픈 과거를 흥겹게 기억하고 있는 경우, 기억은 그 슬픔을 잊어버리지 않고 간직하고 있지만 머리로만 기뻐한다는 뜻입니까? 머리는 머릿속에 있는 기쁜 상태에 의해 영향을 받아 기뻐합니다. 기억은 그 안에 저장된 슬픔을 수정함으로써 슬퍼하지 않습니다.

기억과 머리(지성)는 별개일까요? 누가 그렇다고 주장하겠습니까?

아닙니다. 기억은 이를테면 마음의 위장입니다. 기쁨과 슬픔은 마치 달콤하고 쓴 음식과도 같습니다. 기억에 저장되었다는 것은 이 감정들이 위장을 통과했다는 것과 같습니다. 위장에 닿으면 더 이상 맛을 지니고 있지 않습니다. 기쁨과 슬픔의 기억이 동일시된 다는 것이 우습게 느껴지기는 하지만, 사실 이 둘은 그렇게 다르지 않습니다.

한 가지 예를 들어보겠습니다. 나는 욕망, 기쁨, 두려움, 슬픔 등 마음을 자극할 수 있는 네 가지 감정이 있다는 과거의 생각을 기억에서 꺼내어 머릿속에 떠올립니다. 그렇지 않다는 반론들을 기억에서 가져올 수도 있습니다. 이 네 감정들 하나하나를 쪼개서 하위 범주에 배치하고 다시 규정할 수도 있지만, 나는 이론의 여지를 허락하지 않는 이전의 추론을 기억하고 있습니다.

그러기에 이러한 마음 상태를 일깨워서 그 영향력에 관해 곰곰이 생각해볼 수 있지만, 마음 상태에 영향을 받지 않고도 마음 상태가 마음에 미치는 영향을 유추해볼 수 있습니다. 나는 그것들을 머릿속에 떠올릴 수 있고, 그것들에 관해 아는 바를 기억할 수도 있으며, 그것들을 느꼈을 때를 기억해낼 수도 있습니다. 기억과 과거에 대한 생각으로부터 마음의 상태를 불러낼 때 나는 과거의 시간을 기억할 수 있습니다. 당시의 마음 상태는 회상으로 불러올 수 있는데, 이는 마치 어떤 동물들이 되새김질을 하는 것과 유사한 방식인 것입니다.

이와 같은 마음의 상태는 기억에서 끄집어낼 수 있습니다. 하지만 이 상태는 다 다릅니다. 그렇지 않다면 그러한 상태에 들어가 본 적 없는 논쟁자가 어떻게 그러한 마음 상태를 기억해내고 거의 똑같이 복원해낼 수 있겠습니까? 단지 곰곰이 생각하는 것만으로 마음이 달콤한 기쁨이나 쓰디쓴 슬픔을 느낀다는 말입니까? 동물의 되새김질 비유는 현실과 부합하지 않는다는 말입니까? 생각하는 것만으로 슬퍼지거나 겁에 질린다면, 슬픔이든 두려움이든 심란한 생각을 대놓고 말할 사람이 어디 있겠습니까? 그런 경험들을 우리의 기억 속에서 찾아내지 못한다면, 실제로 그런 경험을 했는지 안 했는지조차 말하기 어려울 것입니다.

기억은 몸의 감각들이 받아들인 인상들에 따른 마음 상태에 붙여진 이름의 소리를 기억하는 것만이 아닙니다. 우리 신체의 어느 경로로도 받아들인 적 없는 것들에 관한 실제 개념도 기억 속에 들어 있습니다. 이 개념들은 마음이 열정을 가지고 이러한 상태들을 경험할 때 축적되는 조작된 사고입니다. 이 경험을 관찰하는 일은 기억이 맡은 일인데, 그렇지 않다면 그 순간을 기억하는 일 자체가 어려울 수 있습니다. 그러나 기억은 감정에 예속되지 않습니다.

이것들은 인상인가요, 아닌가요? 누가 단정할 수 있을까요? 내가 돌이라 부르고, 태양이라 이름을 부른다고 해서, 그 물체 자체가 내 감각으로 들어오지는 않습니다. 단지 그것들에 관한 인상이 기억에 남을 뿐입니다. 지금은 느낄 수 없는 신체의 아픔을 나는 말할 수 있습니다. 아파서 아프다고 하는 것이 아닙니다. 만일 아픔의 인상이 내 기억 속에 없다면, 나는 무슨 말을 해야 할지 알 수 없을 것입니다. 그것이 아픔인지 쾌감인지조차 말하기 어려울 것입니다. 몸이 건강하니까 몸의 건강에 대해 논하는 것입니다. 이렇듯 내가 말하고 있는 것은 지금 이 순간 내게 있는 것입니다.

하지만 내가 경험한 육체의 건강에 대한 인상이 기억 속에 있지 않다면, 현재의 경험만으로는 건강의 개념이 무엇인지 정확하게 기억해내기 어려울 것입니다. 몸이 건강하지 않을 때 기억에 저장된 '건강'이라는 상태의 인상을 떠올릴 수 없다면, 아픈 사람들은 건강의 의미에 대해서 말할 수 없을 것입니다. 수를 셀 때에 나는 수를 말하지만, 수에 얽힌 인상을 말하는 것은 아닙니다. 오직 숫자의 이름이 내 기억 속에 의미로서 자리 잡고 있을 뿐입니다. 태양에 관한 인상을 말할 수 있고, 태양에 관한 인상이 내 기억 속에 남아 있습니다. 나는 인상에 관한 인상을 기억하는 것이 아니라, 내게 남아 있는 인상 자체를 기억하는 것입니다. 그 인상을 마음으로 불러오는 것입니다. 나는 "기억"이라고 말할 수 있고, 그 말의 뜻을 압니다. 기억에 대한 기억 그 자체가 아니라면 내가 어떻게 기억을 인식할까요?

기억은 기억에 관한 인상으로 존재하는 것일까요, 아니면 그 자체로 존재하는 것일까요?

***

기억의 힘은 대단합니다. 그 힘은 무시무시하며 깊고 끝없이 펼쳐집니다. 마음이라는 것이 있어서 나 자신의 모습을 보게 합니다.

하나님, 나는 무엇입니까? 나의 본성은 무엇입니까? 삶의 국면들은 변화무쌍하고 셀 수 없으며 광대합니다. 기억의 평원과 협곡, 그리고 동굴을 살펴봐야 합니다. 기억은 셀 수 없이 많고 셀 수 없는 것들로 측량할 수 없으리만치 채워져 있습니다. 기억은 인상과 실재들로 채워져 있습니다. 물체는 그 운동 궤적에 대한 기억 혹은 축소된 일련의 사고와 인상으로, 또한 감정의 경우에는 마음이 지각한 형태로 남아 있습니다. 마음이 더 이상 지각하지 못하는 순간에도, 기억은 유지됩니다. 기억 속에 남아 있는 것은 그 무엇이든 마음에도 남아 있는 것입니다. 마음은 생각을 불러내고 관련 기억들 사이를 오갑니다. 마음은 기억 사이를 날아다니거나 여러 기억들을 맞추기 위해 이리저리 흘러들어갑니다. 이 일의 끝은 없습니다. 이렇듯 기억력은 대단합니다. 인간의 삶이 유한하더라도, 삶의 힘은 이처럼 대단합니다.

당신은 나의 참 생명, 그러니 내가 무엇을 해야 합니까? 기억이라 하는 나의 이 능력을 넘어서겠습니다. 이것을 뒤로하고 넘어서

야만 달콤한 빛이신 당신에게로 가까이 다가갈 수 있습니다. 제게
무슨 말씀을 하시렵니까? 저 높이 내 위에 계신 당신을 향하여 나
는 마음을 지나 당신에게로 올라갑니다. 나는 이제는 기억의 힘을
넘어 나아가렵니다. 그래야 당신에게 닿을 수 있기 때문입니다. 어
디서 당신을 발견하든 어디서 당신을 붙들게 되든, 나는 거기서 당
신께 매달릴 작정입니다. 당신께서는 동물과 새들에게도 기억력을
주셨습니다. 그렇지 않고서야 어찌 그것들이 둥지와 우리를 찾아
돌아오겠습니까? 어찌 그 숱한 동작들을 해낼 수 있겠습니까? 기
억에 의존하지 않고서는 어떤 동작도 익힐 수 없을 것입니다.

그런 다음에 나는 기억 또한 넘어 나아가렵니다. 그래서 나를 네
발짐승들과는 달리 지으신 분, 나를 공중에 나는 새들보다 더 똑똑
하게 지으신 분에게 도달할 것입니다. 나는 또한 기억을 넘어서 진
실로 선하시며 참으로 아름다우신 당신을 발견할 것입니다. 내가
당신을 어디서 찾겠습니까? 나는 기억에 의존하지 않고 당신을 찾
고 있으나, 내 기억 속에는 당신이 계십니다. 당신을 기억하지 못
한다면 내가 어찌 당신을 찾을 수 있겠습니까?

소중히 간직해온 동전을 잃어버린 여인은 등불을 켜 들고 동전
을 찾았습니다. 동전을 기억하고 있지 못했다면, 결코 찾지 않았을
것입니다눅 15:8-9 참조. 기억력에 의존하지 않고서야, 동전을 찾았다
한들 그것이 잃어버린 것과 같은 동전인지 어찌 알 수 있겠습니
까? 잃었던 것을 다시 찾아낸 기억이 내게도 많이 있습니다. 그래

서 무엇인가를 찾았을 때 나는 "이게 그것인가?" 하고 스스로 되묻곤 합니다. "내가 찾고 있는 게 이것이 맞는가?" 찾고자 하는 바로 그것을 발견하기까지는, 이것도 저것도 내가 찾고자 한 것이 아님을 내 지각이 계속해서 알려줍니다. 찾으려 하는 것을 기억하고 있지 못하다면, 누가 내게 그것을 줘도 나는 찾지 못할 것입니다. 그것을 알아볼 리 없으니 말입니다.

무엇이든 잃어버린 것을 찾을 때는 그렇습니다. 어쩌다 시야에서 사라진 물건은 기억에서 사라진 것이 아닙니다. 그 인상이 아직 남아 있습니다. 어떤 눈에 보이는 형체로 남아 있다는 것입니다. 인상이 남아 있으면 그것이 시야에 들어올 때까지 계속 찾게 됩니다. 찾으면, 뇌리에 있던 인상과 비교를 통해 식별이 가능합니다. 식별하지 못한다면 잃어버렸던 것을 찾았다고 말하지도 못할 것입니다. 기억하지 못하는 한 식별할 수도 없습니다. 시야에서 사라진 것이 기억 속에 저장되어 있지 않는 한, 우리는 무엇을 잃어버렸는지조차 기억할 수 없습니다.

그런데 기억 자체가 인상을 놓친 경우에는 어떻게 됩니까? 그러면 우리는 물건 자체를 찾아야 하고 그래야 우리의 지각이 다시 한번 물건의 인상을 만들 수 있습니다. 기억 그 자체가 아니라면 어디서 무엇을 찾겠습니까? 우리가 원하는 것이 아닌 다른 것을 보여주면, 기억에 충분한 인상을 가지고 있는 우리로서는 우리가 찾고 있는 바로 그 하나를 다시 찾을 때까지는 다른 모든 것을 거부할 수 있는 것입니다. 찾고 나면, "바로 이거야" 하고 말합니다. 알아보기 전까지는 그렇게 말할 수 없습니다. 그리고 약간이라도 기억하고 있지 않는 한 알아볼 수 없습니다.

기억을 잃어버린 경우도 있을 것입니다. 그러나 전모를 파악하지 못할 수는 없습니다. 우리는 아직 기억하고 있는 것에 기대서 잃어버린 부분을 찾는 것이 아닐까요? 기억에 필요한 전체 인상을 간직하고 있지 못할 수 있습니다. 잃어버린 기억의 부분을 되살려내기까지는 과거의 기억을 불러오는 행위를 완수할 수 없을 만큼 기억은 손상을 입은 것입니다. 예를 들어보겠습니다. 우리가 알고 있는 누군가가 생각이 났는데 이름이 떠오르지 않을 때, 우리는 기를 써서 이름을 기억해내려고 합니다. 이름을 떠올려보려고 애를 쓰지만 아무것도 생각나지 않습니다. 그러나 이 순간에도 지각이 작동하여 정확하지 않은 이름은 밀어냅니다. 알고 있는 그 사람의 이름이 아니면 거절합니다. 그러다가 정확하게 그 사람에게 맞는 이름이 떠오릅니다. 이렇게 이름과 사람을 연결시키는 행위는 모두 기억에서 나옵니다. 설령 누군가가 귀띔해줘서 알게 된다 하더라도, 그것이 그 사람의 이름이 맞는지 아닌지를 아는 것은 기억에 의지한 행위입니다. 이름을 듣고는 이미 알고 있는 양 여깁니다. 일단 한 번 인식을 하게 되면 그것이 옳은 이름임을 아는 것입니다. 지각에서 완전히 사라져버린 경우라면, 아무리 귀띔을 해줘도 기억할 수 없습니다. 무엇을 잊어버렸다는 것을 기억한다면 아직 완전히 잊어버리지는 않은 것입니다. 완전히 잊은 경우라면, 잃어버린 것을 새삼 찾을 수도 없습니다.

오 주님, 그러니 내가 어떻게 당신을 찾겠습니까?

나의 하나님, 내가 당신을 찾을 때 나는 행복으로 가득 찬 삶을 찾는 것입니다.

내 영혼이 살고자 당신을 찾습니다.

내 몸은 내 영혼으로 인해 살아갑니다.

내 영혼은 당신으로 인해 살아갑니다.

그러니 내가 어떻게 행복한 삶을 찾을 수 있습니까? 돌아보니 내게는 행복이 없는데, 언제야 "충분합니다" 하고 말할 수 있겠습니까?

어떻게 행복한 삶을 찾을 수 있습니까?

잃어버린 것을 찾듯 기억하면 될까요?

잃어버렸다는 사실을 기억하면 되는 것일까요?

지금 이 순간까지도 모르고 있던 그 어떤 것을 이제부터 찾아 나설까요?

내가 참으로 안 적이 없었기에 모르는 것일까요?

아니면 까맣게 잊어버렸기 때문에 모르는 것일까요?

잊어버렸다는 사실조차 기억 못하고 있는 것일까요?

사람들은 모두 행복한 삶을 원하지 않습니까?

행복한 삶을 원하지 않는 사람이 있기나 할까요?

어떻게든 행복한 삶이라는 개념에 관한 인상을 가지고 있지 않다면 어떻게 행복한 삶을 추구할 수 있습니까? 그들은 어떻게 그 삶을 알고 갈망하는 것입니까? 갈망해도 좋을 만한 것임을 알기 전에 그것을 본 것은 아닙니까? 맞습니다. 우리에게는 기억이 있습니다. 어떻게 이 기억을 갖게 되었는지는, 사실 모릅니다.

우리의 마음 상태와 무관하게, 행복에 이르는 길이 있습니다. 사람들은 행복하기를 바람으로써 복을 누리기도 합니다. 이 사람들은 참 행복을 경험하는 사람들보다 낮은 행복을 경험하고 있는 것입니다. 그러나 희망하는 이 사람들은 경험도 희망도 못하는 사람들보다 훨씬 낫습니다. 적게 희망하는 사람이라도 행복이라는 것이 있다는 인상은 가지고 있습니다. 그렇지 않고서야 갈망하지 않을 것입니다. 모든 사람이 행복하기를 바라는 것만은 확실합니다.

알지 못하면 원할 수도 없습니다. 어찌 그리되었는지는 모르지만 모든 사람에게는 선이 무엇인지를 아는 지식이 있습니다. 이런 지식이 기억 속에 심겨 있지 않나 경이롭게 지켜봅니다. 최초로 죄를 짓기 전에 참으로 행복했던 그 사람으로부터 인류의 기억을 얻은 것은 아닐까요? 최초의 인간이 지은 죄 안에서 우리는 모두 죽었습니다. 그 사람 때문에 우리는 나면서부터 참혹에 던져졌습니다. 바로 이 사람으로부터 행복한 삶의 기억을 물려받을 수 있는 것인지 궁금합니다. 행복한 삶이 무엇인지 인식하지 못한다면 행

복하다는 개념을 선호할 수조차 없기 때문에 묻는 것입니다. 우리
는 행복이라는 말을 듣습니다. 그리고 그것을 갈망한다고 고백합
니다.

'행복'이라는 말 자체가 달콤한 것은 아닙니다. 그리스 사람이
라틴어로 행복이라는 말을 듣는다면 아무런 감흥이 없습니다. 라
틴어를 이해하지 못한다면 자신이 행복이란 말을 들었는지조차도
알 수 없을 것입니다. 그러나 라틴어를 아는 사람은 같은 말을 듣
고 감흥을 느낍니다. 앞서 말한 사람도 그리스어로 행복이라고 말
하면 같은 감흥을 느낄 것입니다. 이렇게 볼 때 그리스어든 라틴어
든 개념 자체는 표현에 제한을 받지 않음을 알 수 있습니다.

말은 사물 자체가 아닙니다. 그렇지 않다면 이런저런 언어를 말
하는 사람들은 행복을 갈망하지 않을 것입니다. 행복이라는 개념
은 보편적입니다. 모든 사람에게 "행복을 원합니까?" 하고 물을 수
있고, 의심할 여지없이 사람들은 "그렇고말고요" 하고 대답할 것
입니다. 행복이라는 이름의 그 무엇이 우리의 기억 속에 저장되어
있지 않다면 이런 일은 가능하지 않습니다.

이것은 카르타고를 본 적 있는 사람이 갖고 있는 기억과 같은 것
일까요?

아닙니다. 행복한 삶이란 눈으로 보는 것이 아닙니다. 행복한 삶
은 우리가 기억하는 사물이 아닙니다.

그렇다면 우리는 숫자를 기억하는 식으로 행복한 삶을 기억하는

것일까요?

아닙니다. 사람은 지식으로 기억되어 있는 것과는 직접 접촉하기 어렵습니다. 숫자 개념을 갖고 있는 사람이 그 개념을 직접 경험하려고 하는 경우는 없습니다. 그러나 행복한 삶은 다릅니다. 사람은 지식 속에 개념적으로 존재하는 행복한 삶을 원하는 것이 아닙니다. 우리는 행복을 갈망하며 얻기를 원합니다. 그래야 행복해질 수 있기 때문입니다.

그러면 웅변도 마찬가지일까요?

아닙니다. 사람들이 웅변이라는 말을 듣고 그 개념을 일부 이해한다고 해서 그 사람이 웅변가가 되는 것은 아닙니다. 웅변가가 되고자 하는 많은 사람들은 기억 속에 일정한 정도의 지식을 갖고 있는 듯 보입니다. 그러나 자세히 들여다보면 웅변가들은 육감을 통해서 웅변과 직접적인 접촉을 하고 있음을 알 수 있습니다. 이 사람들은 말솜씨가 화려한 다른 사람들을 보고 듣습니다. 그러고는 즐거워합니다. 그들은 감각적인 경험을 통해서 자신에게 기쁨을 준 그 일을 하기 원합니다. 감각적 경험이 없었다면, 즐거워하지도 않았을 것입니다. 수사학에 관한 내면의 지식이 없었다면, 자기들이 들은 대로 말해보고 싶다는 희망을 품지도 않았을 것입니다.

하지만 이 또한 행복한 삶을 향한 우리의 열망과 같지 않습니다. 우리는 행복한 삶을 육감을 통해 맛보지 않기 때문입니다.

기쁨의 추억을 지니듯 행복의 추억도 갖고 있는 것일까요?

어쩌면 그럴지도 모릅니다. 나는 슬픈 순간에도 즐거움이 어떤 것인지를 기억합니다. 행복하지 않은 순간에도 행복한 삶에 대한 개념을 갖고 있을 수 있습니다. 나는 몸의 감각들을 동원해서 즐거움을 보고, 듣고, 냄새 맡고, 맛보고, 만지지 않습니다. 즐거워하는 그 순간에 마음으로 즐거움을 경험하는 것입니다. 그리고 즐거움에 관한 지식은 기억 속에 단단히 연결돼 있습니다. 즐거움을 느끼던 순간을 떠올릴 수 있겠지만, 지금은 한때 즐거워했던 순간을 후회하는 심정으로 추억할 수도 있는 것입니다. 어떤 바람을 느끼게 하는 기억도 있습니다. 지금 즐겁다고 느끼는 것과 한때 즐겁다고 느꼈던 것이 상반되면 이런 바람이 일어납니다. 전에 비속한 일들로 즐거웠던 적이 있습니다. 그러나 지금 돌이켜보니, 그런 것들에 혐오감이 들고 욕지기가 올라옵니다. 내가 지금 열망하고 기억하는 즐거움은 선하고 정직한 것들뿐입니다. 이런 것들은 다시 체험할 수 없을지 모르기에 이전에 느꼈던 즐거움을 기억하면 어떤 슬픔을 느끼게 되는 것입니다.

하지만 언제 어디서 행복했는지 알면, 행복한 삶이 기억나고 또 그러한 삶을 사랑하며 갈망하게 됩니까? 행복한 삶은 한낱 내 경험 혹은 몇 가지 경험 가운데 하나가 아닙니다. 우리는 너나없이 행복해지기를 원합니다. 행복의 의미를 아는 지식을 가지고 있지 않는 한, 이토록 강렬하게 행복한 삶을 원할 수는 없을 것입니다.

두 사람에게 전쟁에 나가는 병사가 되기를 원하는지 물었습니다. 한 사람은 병사가 되고 싶다고 할 수 있고, 다른 사람은 원치 않는다고 할 수도 있습니다. 그러나 행복하기를 원하는지 묻는다면, 망설임 없이 그리고 의문의 여지 없이 둘 다 그렇다고 대답할 것입니다. 사실 이 두 사람이 생각하기에 행복을 가져다줄 수 있으리라 보이는 것을 추구하는 동기 말고는, 이 사람이든 저 사람이든 전쟁에 나가도록 할 동기는 없습니다. 한 사람은 이 일에서 즐거움을 찾고, 다른 사람은 저 일에서 즐거움을 찾을지 모르지만, 즐거움을 갈망하고 그것을 찾는 이유가 행복해지기 위함이라는 데에는 모두가 동의합니다. 만일 질문을 받는다면 사람들은 누구나 즐거워지고 싶다는 바람을 말하면서 즐거움이 곧 행복 아니냐고 하지 않겠습니까? 이 즐거움을 어떤 사람은 이런 수단을 통해서 찾고, 다른 사람은 저런 수단을 통해서 찾습니다. 그러나 우리 모두는 즐거움이라는 같은 목적에 도달하기 위해 애를 씁니다.

모두가 찾고 있기에 모두가 경험했다고 말할 수밖에 없는 기쁨, 따라서 이 기쁨은 기억 속에서 발견되며 행복한 삶이라는 개념을 이야기할 때마다 인식되게 마련입니다.

그러나 주님, 내가 한 가지 실수를 하지 않도록 도와주소서. 당신의 종인 내가 지상의 즐거움을 잠시 맛보고 나서 참된 행복에 이르렀노라고 느끼지 않도록, 지금 당신께 고백하고 있는 당신의 종의 마음을 지켜주소서. 참된 행복을 가져다주는 즐거움이 있으나, 경건하지 않은 자는 이런 행복을 알 수 없습니다. 당신 때문에 당신을 사랑하게 된 자들에게만 이런 행복이 주어집니다.

이 즐거움은 당신을 당신으로 아는 것입니다. 행복한 삶, 이것은 당신을 즐거워하는 것이고, 당신으로 즐거워하는 것이며, 당신으로 인해 즐거워하는 것입니다. 이것이 행복한 삶이며, 다른 행복은 없습니다. 그런데 다른 행복이 있다고 생각하는 자들은 다른 행복을 찾아다닙니다. 그들은 진정한 즐거움을 찾을 수 있는 곳에 가지 않습니다. 그럼에도 불구하고 그들 역시 자기 안에 진정한 기쁨과 아주 비슷한 그 무엇을 따라다닐 수 있게 만드는 인상을 가지고 있습니다.

모두가 참 기쁨인 이 행복을 원하는지 확실하지 않습니다. 참 기쁨이란 당신, 행복한 삶의 유일한 희망이신 당신 안에서 기쁨을 발견하는 것이기 때문입니다. 아닙니다, 모두가 이런 행복한 삶을 원하지는 않습니다. 아니, 모두가 행복을 원하지만, 육신의 정욕은 영에 맞서고 영은 육신에 맞서기에, 사람들은 속마음 깊은 곳에서 진심으로 원하는 바를 행할 수 없습니다. 그래서 사람들은 적당히 만족할 수 있는 행복, 아니, 행복처럼 보이는 것에 죽자 살자 매달립니다. 그들은 진정한 즐거움을 감히 원하지 못합니다. 인간의 의지란 진정한 행복을 원할 만큼 그렇게 강하지 않기 때문입니다.

이제 사람들에게 묻겠습니다. 진리 안에서 누리는 기쁨을 원합니까, 아니면 거짓 안에서 누리는 기쁨을 원합니까? 전에는 "행복해지기 원합니다" 하고 대답하며 머뭇거렸지만, 이제는 "진리 안에 있는 기쁨"이라고 대답하며 더 이상 망설이지 않을 것입니다. 그러나 행복한 삶이란 진리 안에서 누리는 기쁨이며, 진리 안에서 누리는 기쁨이란 참 진리이신 당신 안에서 누리는 기쁨일 뿐입니다. 나의 빛이 되신 하나님, 오직 당신만이 내 삶에 활력이십니다. 이것만이 모두가 갈망하는 행복한 삶입니다. 이것만이 행복한 삶이며, 모든 사람들이 진정으로 원하는 삶입니다. 모든 사람이 진정한 즐거움을 발견하기를 원하고 있습니다. 다른 사람들을 속이려는 사람들을 여럿 보았으나, 대놓고 속임에 넘어가고 싶어 하는 사람들은 보지 못했습니다.

그렇다면 이 점도 살펴봐야 합니다. 사람들은 행복한 삶이 무엇이라는 개념과 그 인상을 가지고 있고, 같은 곳에서 진리의 개념이라는 지식 또한 가져온 것이 분명합니다. 사람들은 진리를 사랑하는 것이 틀림없는 것은 그들이 속고 싶어 하지 않기 때문입니다. 진리를 즐거워하는 것이 아니고서는 다른 어디에서도 발견할 수 없는 행복한 삶이라는 개념을 그들은 좋아합니다. 사람들은 자신의 기억에서 흔적이라도 발견하지 못한다면 좋아할 리 없는 진리를 좋아합니다.

그런데 진리와 함께 오는 기쁨을 어떤 도움을 받지 않고서는 찾을 수 없는 이유가 무엇일까요? 왜 사람들은 행복하지 않을까요? 그것은 사람들을 비참하게 만들어버릴 수 있는 더 강한 힘을 지닌 것에 사람들이 사로잡혀 있기 때문이며 그래서 행복의 원천을 겨우 희미하게만 기억하고 있기 때문입니다. 하지만 사람 안에는 가녀린 불빛이 아직 있으니, 그들로 걸어가게 해주소서. 어둠이 그들을 덮치지 못하도록 걷게 해주소서.

그런데 어찌하여 진리는 행복을 향해 나아가게 하기보다는 도리어 미움을 끌어올리는 것입니까? 당신의 종이 진리를 가르치자, 행복한 삶을 원한다고 하는 자들이 원수로 돌아섰습니다. 하지만 그들이 갈망하는 행복한 삶은 진리 안에서 누리는 기쁨을 발견할 때에만 옵니다. 이 역설은 여전히 유효합니다. 왜냐하면 사람들은 진리를 추구하는 데 있어서 단단히 꼬여 있기에 자기들이 진리라고 정해놓은 것만을 좋아하기 때문입니다. 이러다가 사람들은 자기들이 선호하기로 마음먹은 것을 진리로 환영하며 받아들일 것입니다. 사람들은 속임에 넘어가기를 바라지 않기에 자기들이 사실이라 믿는 것 외에 다른 어떤 것도 확실한 것으로 받아들이려 하지 않습니다.

사람들은 진실을 대신하여 자신들이 애호하는 것 때문에 결국에는 진리를 미워하게 됩니다. 빛을 비추어주는 진리는 좋아하지만, 나무라는 진리는 싫어합니다. 속기는 싫지만 속이기는 좋아하며, 이득이 되는 진리를 좋아하기 때문입니다. 그러나 진실이 그들을 드러낼 때는 진실을 거부합니다. 진리는 결국 정의를 베풀기 마련입니다. 자신들의 진실이 드러나기를 원치 않는 사람들은 그들의 의지에 맞서는 사람들 때문에 본래 모습이 밝혀질 것입니다. 그러나 그들은 자신의 본래 모습이 드러나더라도 진리의 본질에 대해서는 조금도 분별하지 못할 것입니다.

인간의 지각을 보고 알지어다.

인간의 지각은 눈멀었고 병약하며, 추접하고 비열하구나.

어찌 그 의도를 언제까지 숨길 수 있으리.

어찌 자기만 빼고 모든 것이 드러나리라 바랄 수 있으리.

이제 정의의 말을 들을지어다.

진리 앞에서 지각도 숨지 못하리라.

그러나 진리는 지각 앞에서 숨겨질 수 있으리라.

상황이 좋지는 않지만 그래도 희망은 있습니다. 아직 우리의 마음이 거짓이 아니라 진리 안에서 누리는 기쁨을 갈망하기 때문입니다. 눈을 현혹하는 것들이 사라질 때, 모든 것들을 진실하게 만드는 그 유일한 진리 안에서 누리는 기쁨을 허락받은 사람은 행복합니다.

주님, 기억에 관해 묵상하고 당신을 찾고자 머나먼 길을 왔습니다. 이런 한계들을 뒤로하고 지나왔지만 당신을 찾지는 못했습니다. 당신에 관한 어떤 것도 찾지 못했습니다. 다만 당신에 관해 알게 된 이후로 내 기억 속에 간직되어 있던 것을 발견했을 뿐입니다. 당신을 알게 된 이후로 당신을 잊어본 적이 없습니다. 진리를 발견한 그 자리에서 진리 자체이신 나의 하나님을 발견했습니다.

이 사실을 분명히 알고서 결코 잊지 않았습니다. 당신을 알게 되었으니, 이제 당신은 나의 기억 안에 살고 계십니다. 당신을 기억할 때마다 당신을 발견하며 당신을 기뻐합니다.

이것이 나의 거룩한 기쁨, 당신께서 나의 궁핍함을 불쌍히 여기셔서 내게 자비로 베푸신 기쁨입니다.

오 주님, 당신은 내 기억 어디쯤 계십니까?

그곳 어디쯤 계십니까?

어떤 모습으로 거기 묵고 계십니까?

어떤 성소를 지으셨습니까?

내 기억 속에 당신이 거하고 계시니 당신은 내 기억에 영예를 허락하신 것입니다. 그러나 아무리 골똘히 생각해도 당신이 어디 계시는지 그곳을 가리켜 말할 수가 없습니다. 당신을 묵상함으로 나는 동물들에게도 있는 이런 정신적인 능력을 넘어서게 되었습니다. 내가 살아온 물질적인 삶과 관련된 인상들 속에서는 당신을 찾지 못했습니다. 내 지각 속에 있는 갈망의 기억들을 모아놓은 데서도 당신을 발견할 수 없었습니다. 기억이 회상과 추론의 기능을 발휘하는 정신 능력 속에 들어가봐도 당신을 발견할 수 없었습니다.

당신은 내가 환호하거나 안도하거나 갈망하거나 두려워하거나 기억하거나 잊어버릴 때 느끼는 정신적인 인상, 혹은 어떤 살아 있는 존재의 정념도 아니기 때문입니다. 그러나 당신은 지각이나 지성 자체도 아니십니다. 당신은 지각의 주인이신 하나님이십니다.

나의 생각과 감정은 변합니다. 그러나 당신은 이 모든 것들에서 초월해 계실 뿐 아니라 변치 않으십니다. 그런데도 당신은 나의 기억 안에 머무시기 위해 당신을 낮추셨습니다. 내가 당신을 깨달았기 때문입니다. 그런데 왜 나는 마치 당신이 내 안 어딘가에 머물러 계시기라도 한 양 당신 머무시는 곳을 찾는 것입니까? 나는 당신이 거기 계시다고 확신하고 있습니다. 당신을 알게 된 이후로 항상 당신을 기억했기 때문입니다. 내가 당신을 발견하기 위해 필요한 것은 당신을 기억해내는 것뿐입니다.

그렇다면 당신을 알기 위해서 나는 당신을 어디에서 찾았습니까? 내가 당신을 알기 전에는 당신은 내 기억 속에 계시지 않았습니다. 당신은 나보다 훨씬 위에 계신데, 당신을 앎으로써 어떻게 당신을 발견할 수 있었겠습니까? 내 지각을 앞뒤로 살펴보지만, 당신 계실 곳은 없습니다. 아, 답을 찾았습니다. 당신은 '어디에서나' 당신에게서 지혜를 구하는 모든 자들에게 말씀을 주십니다. 당신의 지혜를 구하기 위해 어떤 모양으로 오든, 당신은 모두와 선뜻 대화를 하십니다. 당신은 머뭇거림 없이 대답해주십니다. 문제는 모든 사람이 또렷이 듣지는 못한다는 것입니다. 모두가 자신이 묻고자 하는 대로 당신에게로 와서 지혜를 구합니다. 하지만 모두가 자신이 듣고자 하는 것 이상을 듣지는 못합니다.

당신의 진실한 종들은 자신이 원하는 것과 그들이 듣고 싶어 하는 당신의 말씀을 듣습니다.

나 당신을 너무 늦게 사랑하였습니다.[3]

옛적부터 계신 아름다운 이여, 당신은 항상 새로우십니다!

나 당신을 너무 늦게 사랑하였습니다.

당신은 안에 계셨는데, 나는 밖에서 떠돌며 당신을 찾았습니다.

나는 당신의 아름다운 작품을 짓밟고 다닌 괴물이었습니다.

당신은 나와 함께하셨지만, 나는 당신과 함께하지 않았습니다.

물질의 세계에 가려 당신을 발견하지 못했습니다.

당신 안에 있지 않고서는 물질조차 존재하지 않는데 말입니다.

당신은 귀먹은 나를 소리쳐 부르셨습니다.

눈먼 내게 빛을 비춰 내 어둠을 내쫓으셨습니다.

취할 것 같은 향기를 내게 불어넣으셨습니다.

마침내 나는 당신의 향내를 맡고 갈망하게 되었습니다.

맛을 보고서야 나의 주림과 목마름을 알게 되었습니다.

당신은 나를 만지셨고, 나는 당신의 평화를 염원했습니다.

언젠가 나의 전 존재로 당신께 매달릴 수 있을 것입니다. 그때 슬픔과 수고를 내려놓고, 내 삶은 온전히 살아날 것입니다. 당신이 나를 온전히 채우실 것이기 때문입니다. 지금도 당신은 당신이 일으켜 세우는 자를 채우십니다. 내가 당신으로 충만하지 않음을 알기에, 나는 내가 무거울 따름입니다. 슬픔이 깃든 기쁨과 기쁨이 밴 슬픔이 교차합니다. 어느 쪽이 우세하게 될까요? 내가 어찌 알겠습니까?

화로다, 나여!

주님, 나를 불쌍히 여겨주소서.

악한 슬픔이 선한 기쁨과 전투를 벌입니다.

어느 쪽이 이길지 모르겠습니다.

화로다, 나여. 나는 병들었습니다.

의사이신 당신께 내 상처를 숨기지 않겠습니다.

당신은 자비로우시나 나는 참혹합니다.

지상에서 인생이란 시련의 연속 아니겠습니까? 누구인들 역경과 환난을 원하겠습니까? 당신께서 역경과 환난을 주신 것은 인내하라고 주신 것이지 사랑하라고 주신 것은 아닙니다. 인내를 사랑할지라도 환난을 좋아하는 사람은 없습니다. 인내를 즐거워할지라도, 환난이 없고 인내도 없으면 더 좋은 일일 것입니다. 어려움을 만나면 형통하기를 바라지만, 형통하게 되면 어려움을 두려워합니다. 이 둘 사이, 삶이 그저 시련뿐이지는 않은 중간 지점은 어디입니까?

세상의 부에는 거듭해서 화가 있을 것입니다. 부는 역경을 두려워하게 만들고 기쁨을 질식시킵니다! 세상의 역경에도 화가 있을 것입니다. 형통을 바라는 마음과 역경의 준엄함으로 인해 우리는 수없이 세상의 역경에 빠져듭니다. 이러한 인생의 풍랑 때문에 견딜 수 있는 힘이 빠집니다. 지상의 인생은 잠깐의 위안도 없는 시련 아니겠습니까?

이러한 현실 속에서 인간은 당신의 압도하는 위대한 자비를 희망하지 않을 수 없습니다. 당신이 우리에게 가지라고 명하신 것을 주십시오. 당신은 원하시면 어떤 명령도 하실 수 있습니다. 당신은 경건하라고 명하십니다. 생각건대, 당신으로부터 경건이라는 선물을 받지 않고서 경건할 수 있는 사람은 아무도 없습니다. 이것은 살아가기 위해 필요한 지혜의 일부이며, 나는 이 선물의 근원을 알고 있습니다. 우리는 경건을 통해서 우리가 방탕함으로 조각낸 삶을 진정으로 다시 짜 맞추게 됩니다. 인간은 당신을 너무 적게 사랑합니다. 인간은 다른 모든 것과 더불어 당신을 사랑하는 것인지도 모릅니다.[4]

오 주님, 소멸되지 않는 불꽃이여.

오 나의 하나님, 나를 새로운 열정으로 불붙여주소서.

내게 정결함을 명하셨으니, 당신이 명하신 것 내게 주시고, 당신이 행하실 것을 명령하소서.

***

통탄할 만한 어둠입니다. 이 어둠 때문에 내 안에 있는 능력이 숨어버립니다. 지각을 동원해서 찾아보았지만, 내 안에 악에 맞설 수 있는 힘이 있다고 믿을 만한 것이 없습니다. 경험을 통해 드러나지 않고서야 그 힘은 거의 감추어진 채 거기 그대로 있을 것입니

다. 인생은 시련일 뿐이지만 훈련을 통해서 좋은 방향으로 나아질
수 있다고 어느 누구도 쉽게 확신해서는 안 됩니다. 인생은 점점
안 좋은 쪽으로 떨어지는 것처럼 보입니다.

나는 한때 귀의 즐거움에 빠져 있었으나, 당신께서 나를 풀어주
시고 자유롭게 해주셨습니다. 당신의 말씀에 혼을 불어넣은 선율에
감미롭고 조화로운 목소리가 더해질 때, 나는 평온을 느낍니다. 그
러나 그 선율에 발이 묶일 정도는 아닙니다. 원할 때면 언제나 그
자리를 떠날 수 있습니다. 선율의 생명인 말씀이 내 마음으로 찾아
옵니다. 그래서 나는 거기에 합당한 가치를 부여할 수 있습니다.

한때는 마땅히 부여해야 할 가치보다 더 높은 가치를 거기에 부
여했습니다. 나는 우리의 지각이 훨씬 거룩해졌을 뿐 아니라 거룩
한 말씀이 노래로 들려올 때 지각은 더욱 맹렬한 경건의 불꽃에 싸
이게 된다고 생각했습니다. 영혼이 느끼는 다양한 감정은 노래로
표현될 때 가장 아름답고 좋게 받아들였습니다. 마치 그 다양한 감
정 안에서 감추어졌던 어떤 특별한 일이 일어나는 듯했습니다.

그러나 이러한 육신의 만족은 심령에 유익이 되지 못하며 따라
서 거기에 빠져서는 안 됩니다. 사고하지 못하게 하는 속이는 감각
이라는 것이 있기 때문이며, 결국은 그 감각을 따라가게 마련입니
다. 추론을 뒷받침하기 위해 감정적 반응이 따라오는 것이지만, 감
정적 반응은 늘 사고를 주도하려고 합니다. 이런 연유로 죄가 알지
못하는 사이에 끼어들어올 수 있으며, 나는 나중에야 이 사실을 알

아차리게 됩니다.

이런 적도 있습니다. 실책을 저지르는 것에 지친 나머지 스스로 엄격해짐으로써 이런 기만을 피해보려고 했습니다. 음악을 멀리하는 것도 일종의 실책이었습니다. 심지어는 다윗 시편 찬송의 아름다운 선율에도 귀를 닫았습니다. 그렇게 하는 것이 안전해 보여서 교회의 음악도 부인하곤 했습니다. 이 점과 관련하여 알렉산드리아의 주교인 아타나시우스가 여러 번 걱정 어린 말을 하는 것을 들은 기억이 납니다.[5] 그는 시편 낭독자들이 거의 무조_{無調}로 시편을 읽게 하여, 노래라기보다는 거의 말에 가깝게 만들었습니다.

내가 처음으로 믿음을 회복했을 때 시편 찬송을 부르며 흘렸던 눈물도 기억하고 있습니다. 마음이 감동한 이유는 노래 가락 때문이 아니라 노랫말 때문이었습니다. 깨끗한 목소리 그리고 적절한 변조로 부르는 시편 찬송을 들으면서 나는 교회의 가치를 인정하게 되었습니다.

노래와 관련해서 나는 즐거움이라는 위험을 용인하거나 아니면 좀 더 공인된 온전한 방식을 선택하는 것 사이에서 생각이 왔다 갔다 합니다. 교회에서 노래를 불러서는 안 된다는 완고한 판단을 가지고 있는 것은 아니니, 실은 공인된 온전함 쪽으로 기우는 편입니다. 귀에 들리는 즐거움으로 인해 약한 심령은 경건으로 향할 수 있습니다. 하지만 가사보다 목소리에 더 감동을 받을 때, 나는 죄를 지었음을 고백합니다. 그렇다면 음악을 듣지 않는 편이 더 나을 것입니다. 이 문제를 잘 보아야 합니다. 자신의 감정을 잘 통제할 수 있는 이여, 오직 선한 결과만이 나오도록 나를 위해 울어주시오. 음악에 심취하지 않는 이들에게는 이런 이야기가 마음에 닿지 않을 것입니다.

그러나 주 나의 하나님, 귀 기울여주소서. 나를 보시고 자비를 베풀어 치유해주소서. 당신의 임재 안에서 때로 내가 나 자신의 걸림돌이 됩니다. 이것이 나의 병입니다.

그런가 하면 보는 즐거움도 있습니다. 당신의 성전에 모인 경건하고 헌신적인 형제들 앞에 고백합니다. 여전히 나를 공격하고 있는 육신의 정욕, 그 유혹을 내 눈으로 봅니다. 나는 진심으로 신음하며 차라리 천국의 집에 갇혀버리기를 간절히 바랍니다.

눈은 화려하고 덧없이 변화하는 형상, 반짝이고 세련된 색깔을 찾습니다. 이런 것들이 내 심령을 사로잡지 않기를 바랍니다. 차라리 그것들을 선하게 지으신 하나님께서 내 심령을 가득 채우시면 좋겠습니다. 형상과 색깔이 아니라 하나님이 내가 구하는 선입니다. 이 눈에 보이는 것들이 눈을 뜰 때부터 하루 종일 내 마음을 흔듭니다. 모든 목소리에 귀를 막음으로써 음악의 유혹에서 탈출할 수 있지만, 아름다움에서 빠져나갈 길은 없습니다. 색채의 여왕인 빛이 하루 종일 어디서든 우리가 보는 모든 것을 물들입니다. 빛은 여러 모양으로 나를 향해 미끄러져 다가오고, 내가 의식하지 못하는 순간에도 고단한 일에 얽매인 나를 위로합니다. 빛과 색깔은 너무도 강력하게 서로 얽혀 있어서 내가 갈망하던 빛이 갑자기 거둬지기라도 하면, 마치 시간이 사라지기라도 한 듯이 내 마음은 울적해집니다.

여기에 더해서, 좀 더 직접적으로 위험을 안길 수 있는 또 다른 형태의 유혹이 도사리고 있습니다. 모든 감각과 쾌락에 자리한 육체의 욕망입니다. 정욕의 노예들은 당신으로부터 멀리 떠나서 허랑방탕하다가 멸망을 당합니다. 그러나 심령 역시 똑같은 몸의 감각들을 통해 육체의 일을 알아보고 시험해보려는 헛되고도 호기심 어린 열망을 가지고 있습니다. 이 유혹을 앎과 배움의 범주 아래 둘 수 있을 것입니다. 앎과 배움은 육체의 즐거움과는 그다지 상관이 없습니다. 사람에게는 지식의 욕구가 있는데, 시각은 지식을 얻는 데 가장 유용한 감각입니다. 성경은 이것을 가리켜 안목의 정욕이라 합니다.

'본다'는 것은 눈이 담당하는 일이나, 지식을 추구하는 과정에서 눈을 사용한다고 할 때 이 말은 다른 감각들과도 연결됩니다. 우리는 "어떻게 번쩍이는지 들어보라"라든지, "어떻게 불꽃이 이는지 냄새 맡아보라"라든지, "빛이 얼마나 강한지 맛보라"라든지, "빛이 어떻게 넘실거리는지 느껴보라"라고 말하지 않습니다. 이 모든 것은 보는 일과 관련 있습니다. 하지만 우리는 눈만이 감지할 수 있는 양 "어떻게 비추는지 보라"고만 말하지 않습니다. 우리는 이렇게도, 이를테면 "어떤 소리가 나는지 보라"라든지, "어떤 냄새가 나는지 보라"라든지, "맛이 어떤지 보라"라든지, "얼마나 단단한지 보라"라고 말할 수도 있습니다. 따라서 감각들이 하는 일반적인 경험은 안목의 정욕으로 모아집니다. 눈은 보는 일과 관련하여 으뜸의 자리를 지키지만, 다른 감각들 또한 주변에 관한 지식을 추구할 때 비슷한 인지 작용을 합니다.

호기심이 감각의 대상이요 여러 쾌락 중 하나임을 알 때 이 정욕이 무엇인지 보다 분명해집니다. 쾌락은 아름답고, 향기롭고, 기분 좋고, 부드러운 대상을 찾으려 합니다. 사물을 요모조모 파악하는 역할을 하는 호기심은 유쾌하지 않은 대상은 솎아냅니다. 감각들이 동원되기는 하지만, 성가심을 무릅쓰고 경험해보려는 의도는 아니고 그저 우리 주변에 있는 대상의 본질을 알아보고자 하는 욕심이 동한 까닭입니다.

갈가리 찢겨 죽은 동물의 시체 앞에서 어떤 쾌락을 느낄 수 있겠습니까? 하지만 시체가 근처에 있으면 사람들이 모여듭니다. 사람들은 슬픈 표정을 짓다가 이내 근심에 싸입니다. 그 기억으로 인해 악몽을 꿉니다. 잠에서 깨어나서는 마치 죽음의 문턱에 다녀온 것처럼, 아니면 아름다운 광경이 있다는 소식을 전해 듣고 직접 보지 않고서는 견딜 수 없어 보러 갔다가 소스라치게 놀라는 것처럼 말입니다. 다른 감각도 마찬가지입니다. 차차 그 여러 사례를 살펴보겠습니다.

극장에서 온갖 종류의 기이한 광경들이 펼쳐지는 것도 바로 이

호기심이라는 질병에 자극을 받기 때문입니다. 그래서 사람들은 자연의 숨은 능력을 탐구하기 위해 나섭니다(이것은 다루지 않아도 될 부수적인 주제이지요). 사람들이 어떤 유익이 있어서 이런 장관을 겪어보려고 하는 것은 아닙니다. 단지 그 경험이 어떤 것인지 알고 싶어 하는 갈망만을 키울 뿐입니다. 사람들이 이단적인 지식에 탐닉하는 이유도 바로 이 괴상한 지식욕 때문입니다. 사람들은 종교에서도 같은 경험을 하기 원합니다. 자신들이 요구하는 표적과 이적을 내놓으라고 하나님을 시험하는 이유도 여기 있습니다. 마법적 힘의 경험이 선하고 좋아서 구하는 것이 아닙니다. 단지 한 번 써보고 싶은 욕망 때문입니다.

광야처럼 넓은 세상에는 갖가지 함정과 위험이 도사리고 있습니다. 나는 그중 많은 것을 내 마음에서 쫓아내고 끊어버렸습니다. 내 구원의 하나님, 당신께서 내게 그렇게 할 수 있는 힘을 주셨습니다. 그러나 우리의 일상에는 여기저기에 우리의 눈길을 끌어당기는 것들이 아직도 있음을 인정하지 않을 수 없습니다. 그중 내 주의력을 빼앗거나 내게 관심을 불러일으키는 것이 없다고 말할 수 있겠습니까? 참으로 극장은 더 이상 내 마음을 빼앗아가지 못합니다. 별들의 운행에도 이제는 관심이 없습니다. 죽은 혼령에게 예지를 구하는 일에도 마음을 두지 않게 되었습니다. 그러한 신성모독적인 신비를 나는 경멸합니다. 내가 겸손하고 한결같은 마음으로 섬길 나의 주 하나님에게서 표적을 구하도록 원수가 나를 꾈

때에 쓰는 속임수와 주장은 무엇입니까? 순전하고 거룩한 예루살렘의 왕께 복종하기 위해 청할 것이 있습니다. 이런 것에 내가 마음을 주지 않도록 지켜주소서. 이런 사상이 내게서 더 멀어지게 해주소서. 어떤 이를 구원해주십사 당신께 구할 때에도, 표적을 보려는 것이 나의 목표나 의도가 아닙니다. 전혀 그렇지 않습니다. 당신은 내가 기꺼이 당신을 따를 수 있도록 은혜를 주시며 앞으로도 주실 것입니다. 당신께서 내게 바라시는 일을 할 수 있도록 당신은 나를 도와주실 것입니다.

우리의 호기심은 승리는 고사하고 수많은 사소한 일에서 매일같이 유혹에 빠지고 맙니다. 얼마나 많이 유혹에 지고 마는지 셀 수 없을 정도입니다. 사람들이 쓸데없는 이야기를 떠들어대는데도 그들의 기분을 상하게 하지 않으려고 그냥 놔두는 경우가 얼마나 많습니까? 그러면서도 한편으로는 이 우스꽝스러운 이야기에 귀가 솔깃해져 있는 우리 자신을 발견합니다. 나는 토끼를 쫓는 개를 보기 위해 더 이상 원형경기장에 가지 않습니다. 그러나 들판을 지나다가 이런 추격전이 벌어지는 것을 본다면, 내 생각은 온통 그리로 쏠릴 것입니다. 뛰는 동물을 일부러 보려고 하지는 않겠지만, 내 지각이 자연스레 그쪽으로 쏠릴 것입니다. 당신께서 나로 하여금 나의 이런 약함을 보게 하셔서 속히 내게 경계하지 않으신다면, 나는 마지못한 척 서서 그 모습을 지켜볼 것입니다.

집에 앉아 있는데 도마뱀이 파리를 잡아먹는 광경, 아니면 거미가 집을 짓는 광경을 넋 나간 듯 지켜보고 있다면 이것은 또 어떻습니까? 이것들은 작은 곤충이니 괜찮습니까? 나는 이런 곤충들을 보면서도 놀라운 창조주요 만물에 질서를 부여하시는 분인 당신을 찬양하겠지만, 그것이 맨 먼저 나의 관심을 끌지는 못합니다. 빨리 일어서는 것과 넘어지지 않는 것은 전혀 다른 것입니다.

내 삶은 사소함으로 가득 채워져 있습니다. 내게 한 가지 소망이 있다면 당신의 놀랍고 큰 자비입니다.[6] 우리 마음이 이런 것들의 하치장이 되어 이런 무용지물로 가득할 때, 우리의 기도는 수시로 방해받고 산만해집니다. 당신 앞에 나아갈 때, 우리는 우리 마음의 음성을 당신의 귀로 향하게 하는 것입니다. 부질없는 생각에 빠져서 중대한 일들을 얼마나 그르치는지요. 우리는 이것이 우려할 만한 문제라고 고민은 하는 것일까요? 아니면 당신의 놀라운 자비, 계속해서 우리를 변화시키는 자비 외에 다른 어떤 것이 우리에게 진정한 자각을 주는 것일까요?

당신은 이미 나를 바꾸어놓으셨습니다. 먼저 당신은 나의 정욕을 다스리셔서 나의 명예를 지킬 수 있게 해주셨습니다. 나의 자기의를 부수신 후에 당신은 내가 나의 남은 죄를 직면케 하셨습니다. 그때 비로소 나의 허약함이 치유되고, 부패에서 회복되며, 자비와 긍휼을 덧입을 수 있었습니다. 그때 비로소 당신께서 내 갈망을 선한 것들로 채워주셨습니다. 당신은 먼저 내 자만심을 당신 경외하는 마음으로 제어하시고, 내 어깨를 훈련시켜 당신의 멍에를 지게 하셨습니다. 멍에 메는 법을 배우니 이제 짐이 가볍게 느껴집니다. 당신은 약속하셨고, 그 약속을 지키셨습니다. 처음부터 약속하셨지만, 당신 뜻에 순복하기를 두려워할 때에는 이해할 수 없었습니다.

주님, 당신만이 교만이 없으신 분입니다. 당신은 진정 유일한 주님, 다른 이에게 복종할 필요가 없으신 분입니다. 이 유혹 또한 내안에서 잦아든 것입니까, 아니면 평생에 걸쳐 멈추는 것입니까? 나의 즐거움만을 목적으로 삼는 염원이 있습니다. 사람을 두려워하고 사람을 사랑하는 것입니다. 이러한 즐거움은 즐거움이라 할수 없습니다. 그것은 허망한 자랑으로 가득 찬 비참한 인생입니다. 그런데도 순결한 마음으로 당신을 사랑하거나 경외하지 못하도록 발목을 잡는 함정이 되곤 합니다. 당신은 거만한 자들을 물리치고 겸손한 자들에게 은총을 베푸십니다. 야망으로 뒤범벅된 세상을 향해 호통을 치시고, 산의 기초를 뒤흔드십니다 잠 3:4; 사 64장 참조.

칭찬과 사랑, 존경을 적극 권하는 인간 사회의 특성으로 인해, 우리가 참된 복으로 가는 길이 방해받기도 합니다. 우리의 대적은 "잘됐어! 잘했어!"라는 덫을 어디에나 퍼뜨립니다. 우리의 욕심이 극에 달하도록 부추깁니다. 중요한 것이 무엇인지 찾는 가운데 우리도 모르는 사이에 낚일 수도 있고, 나 자신을 탐닉하다가 당신의 진리에서 멀어져버리기도 합니다. 우리는 누군가의 사랑과 존경을 간절히 원하기에, 조작자들의 속임수에 넘어가고 맙니다. 우리는 당신을 위하여 찬송을 드리기보다는 도리어 당신에게 돌아갈 칭송

을 가로챕니다. 우리 인간은 이런 함정에 빠짐으로써 스스로 주인
이 되어 자기 스스로 함정을 놓기도 합니다. 이것은 필시 사랑의
끈이 아니라 형벌의 족쇄입니다. 스스로 주인이 된 인간은 먼저 자
신의 보좌를 북쪽에 차려놓고, 어둠과 냉기가 사무치는 그곳에 앉
아 감히 왜곡된 방식으로 당신을 흉내 내어 섬김을 받으려 합니다.

오 주님, 우리는 당신이 기르시는 양떼입니다. 우리를 당신의 소
유 삼으소서.

당신의 날개로 우리를 덮으시고, 당신의 보호 아래서 우리로 날
게 하소서.

우리의 영예가 되어주소서.

우리가 당신에게 사랑받을 수 있습니까?

우리가 당신의 말씀을 경청할 수 있습니까?

사람의 칭찬을 받는 자 누구이며, 당신의 고소를 받고도 견딜 자
있습니까? 당신이 판단하시고 죄를 물으시면 사람이 도망할 수 있
습니까? 죄인의 심령에는 칭찬할 만한 것이 없고, 경건치 않은 일
을 행하는 자는 복 있는 사람이 아닙니다. 당신께 받은 선물로 인
해 칭송을 받을 때 사람은 더욱 미묘한 실수를 저지릅니다. 칭찬을
받도록 선물을 주신 당신이 높임을 받으시는 것이 아니라, 그 선물
을 사용하는 사람이 칭찬을 받고 우쭐거립니다. 그는 칭송을 받으
나 당신에게는 합당한 영예가 돌아가지 않습니다.

칭송을 받느니 칭송을 드리는 편이 낫습니다. 하나님이 사람에

게 주신 선물로 인해서 기쁨을 얻은 사람이 있습니다. 그런가 하면 하나님이 주신 선물이 아니라 사람의 선물을 더 기뻐하는 사람도 있습니다. 오 주님, 우리는 날마다 이러한 유혹에 공격을 받습니다. 쉴 새 없이 공격당합니다. 다른 사람들의 칭찬을 받고 싶어 매일 안달합니다.

당신은 이 점에서도 우리에게 정결하라 명하십니다. 명하신 것을 우리에게 주시고, 당신 원하시는 것을 우리에게 명해주소서. 내 마음이 신음하며 이것을 갈망합니다. 내 눈물이 침상을 적셨습니다. 내가 이 갈망의 열병에서 얼마나 멀리 떨어져 있는지 잘 모르겠기 때문입니다. 때로 나는 못 보지만 당신은 보시는 나의 은밀한 죄로 인해 두렵습니다. 다른 유혹들에 관해서는 나 스스로를 점검할 어떤 기준들을 가지고 있습니다. 육신적이고 나태한 호기심이 주는 쾌락에서 내 생각을 지키는 법을 알고 있습니다. 이런 유혹들을 물리칠 때, 나는 승리합니다. 죄의 일들을 물리치고 거절합니다.

그러나 그러한 기준을 가지고 있지 않은 일들에 있어서는 그것이 죄인지 아닌지 분별하는 게 어려운지 자문해봅니다. 부를 좇는 마음, 이 마음은 최소한 한두 가지 정욕에 빠지게 합니다.[7] 만일 내 심령이 분별하지 못하여 그 정욕을 갖게 되었으나 영혼이 이를 혐오한다면, 최종 분별을 하기까지 그 정욕들을 미뤄둘 것입니다. 그러나 칭송을 미뤄놓는 일은 그보다 훨씬 힘든 일입니다. 우리는 칭송을 받든지 안 받든지 하는데, 칭송의 자리에 우리를 놓을지 말지를 결정할 힘이 우리에게는 없습니다. 칭찬을 받지 않기 위해서는 무능하게 살아야 합니다. 칭찬 받을 만한 일도 포기하고, 아예 욕 먹을 짓을 하며 살아야 합니다. 그러면 우리를 욕하지 않을 사람이 없을 것입니다. 이런 일을 입에 올리거나 생각하는 것은 터무니없는 일 아닐까요? 그러나 칭찬에 선한 삶과 선한 일들이 따른다면, 더 이상은 칭찬 받는 일을 피할 필요가 없을 것입니다. 그러나 칭찬을 받아보지 않고서야 내가 정말로 죄를 만지작거리는 것인지 아니면 적절한 균형을 잡고 있는 것인지 어떻게 안단 말입니까?

오 주님, 그러니 이 유혹에 맞서 내가 잘 서 있는지 아닌지, 어떻게 고백을 해야 합니까? 고백하건대, 내가 여전히 칭찬을 기뻐하는 것이 사실이지만 칭찬보다는 진리를 더 기뻐합니다. 누군가 내게 진리를 곡해하면 타인의 인정과 칭송을 들을 수 있다고 넌지시 말한다면, 나는 이 시험을 통과할 수 있을 것입니다.

거짓말과 모든 사람이 내게 등을 돌리도록 만들 진리에의 헌신 사이에서 선택하라면, 내가 어떤 선택을 할지 압니다. 타인의 인정이 옳은 것을 행하는 데서 오는 즐거움을 조금도 더 크게 할 수 없음을 압니다. 하지만 칭찬을 받으면 즐겁고, 비판을 당하면 울적해지는 것을 인정합니다. 그리고 칭찬을 받고 싶어서 조바심이 날 때, 이 갈망에 관해 변명할 수 있습니다. 왜냐하면 아무튼 칭찬은 소중한 것이기 때문입니다. 나는 확신할 수 없으나, 하나님, 당신은 아십니다.

우리 열망의 대상과 관련해서 당신께서 단지 정결하라 명령하신 적이 없다는 것이 문제라면 문제입니다. 당신은 우리가 당신과 우리 이웃을 동시에 사랑함으로써 의를 나타내기를 바라십니다. 의식적인 칭찬을 받을 때 나는 이웃들이 보여주는 배려나 관심을 즐기는 듯합니다. 다른 사람에게서 허물을 발견할 때, 즉 그가 자신도 이해 못한 것을 비난하거나 착한 사람들을 험담할 때 나는 슬퍼집니다. 때로 칭찬을 받아도 슬플 때가 있습니다. 인정하지 않는 어떤 것들과 관련해서 칭찬받을 때일 수도 있고, 때로는 받아야 할 몫보다 더 부풀려진 칭찬을 받을 때일 수도 있습니다.

이런 일이 내게 어떤 영향을 주는지 판단할 길이 내게는 없습니다. 나를 칭찬하는 사람이 나에 관해서 나와 의견을 달리하는지 알 수가 없습니다. 내가 그를 신경 쓰고 있다는 사실에 그 자신 역시 영향을 받으니 말입니다. 내 인생에서 칭찬받아야 할 어떤 일이 다른 사람에게는 그렇게 다가가지 않을 수도 있습니다. 이런저런 이유들로, 나 자신에 대해 내가 내린 평가가 그다지 칭찬할 만하지 못한데도 받는 칭찬은 버겁기만 합니다. 내가 싫어하거나 받아야 하는 분량보다 더 큰 칭찬을 받는 한, 칭찬도 바늘방석이 될 수 있습니다. 이런 경우 나 자신을 의심하게 됩니다.

진리이신 주님, 나 자신을 위해서 나 자신에 대한 칭찬에 마음이 움직여서는 안 된다는 것을 압니다. 이웃의 유익을 위한 칭찬이라면 받아들여야 한다는 것도 압니다. 그러나 나의 동기가 그러한지

나 자신조차 확언할 수 없습니다. 이 점에서 나보다는 당신이 나를 더 잘 아십니다. 오 나의 하나님, 나에게도 이 점을 확실히 알게 해주소서. 약하디약한 나를 위해 기도하는 내 형제들에게도 고백합니다. 나 자신을 더 부지런히 살피겠습니다. 만약 이웃의 유익을 위해 받는 칭찬으로 마음이 움직인다면, 내게 비난의 화살이 겨눠지지 않고 다른 사람이 부당하게 비판당한다 해서 덜 찜찜해할 이유가 어디 있겠습니까? 사람들이 다른 누군가가 아니라 바로 나를 부당하게 적대하며 힐책한다고 해서 전전긍긍할 것이 무엇이란 말입니까? 당신 앞에서 내 마음과 입술에 진리를 두지 않으려고 내가 스스로를 속이려 하고 있는 것입니까?

오 주님, 이런 터무니없는 생각을 내게서 치워주소서. 내 입술이 내 머리를 살찌우는 죄인의 기름 되지 않게 해주소서. 나는 가련하고 궁핍합니다. 내가 숨어서 신음할 때 나는 최선의 존재가 됩니다. 왜냐하면 내가 나를 의뢰치 않으며 내게 당신의 자비가 필요함을 알기 때문입니다. 내게 부족한 점이 오히려 나를 새롭고 온전하게 만듭니다. 이때 안목의 정욕으로는 결코 알 수 없는 평안을 향해 나는 나아갈 수 있습니다.

***

내 중병 같은 죄들을 살펴보았습니다.

당신 앞에서 세 가지 정욕을 토로했습니다.

오른손을 펴사 나를 도와주소서.

나, 상처 입은 마음이지만 당신의 밝음을 보았습니다.

그 밝음에 놀라 뒷걸음질하며 말했습니다. "누가 영광을 얻겠습니까? 나는 당신 앞에서 쫓겨났습니다."

당신은 모든 것을 주관하는 진리이십니다.

내 탐심에도 불구하고, 나는 당신을 쉽게 놓으려 하지 않았습니다. 나는 괜찮다는 거짓으로 당신을 놓지 않으려 했습니다. 이와 같은 거짓으로는 당신을 뵐 수 없기에, 그리고 내가 진리에 완전히 눈을 감아버린 자가 아니기에, 나는 당신을 놓쳤습니다. 거짓으로 당신을 뵐 수 있도록 당신이 허락지 않으시기 때문입니다.

당신과 화해하는 길, 누가 안내하겠습니까? 천사든 기도든 혹은 성사聖事든, 그것이 나를 자격 있는 자로 세울 수 있습니까? 당신께로 돌아가고자 하나 무기력함을 발견할 뿐인 많은 사람들이 이런 시도를 하였다고 들었습니다.

사람들은 기이하고 신비한 환상을 보는 것으로 당신 앞에 나아가려고 했습니다. 당신은 이러한 방법들이 속기 쉬운 것이라 하셨습니다. 사람들은 학식을 내세워 당신을 찾는다 하였으나 그것은 헛바람이 든 방황일 뿐입니다. 그들은 자신을 치기보다는 스스로 부풀어 올랐으며, 스스로 우쭐한 마음이 되어 공중의 권세 잡은 자들, 교만의 선봉들을 자기에게로 끌어들였습니다. 그들은 마법과 같은 영향력을 사용하여 스스로 어리석은 자가 되었습니다. 중재자를 내세워 정하게 되고자 하였으나 그 일을 해줄 자 아무도 없었습니다.

그들은 빛의 천사로 둔갑한 마귀를 발견했을 뿐입니다. 마귀는 그들의 교만한 육체를 혹하게 했고, 그들은 육체 없는 존재를 발견하게 된 것입니다. 그들은 죽을 몸을 입은 죄인이었기 때문입니다. 그러나 주님, 사람들이 그토록 화해하고자 애쓰는 당신은 불멸하시며 죄가 없으십니다.

하나님과 사람 사이의 중재자는 하나님 같으면서도 사람 같아야 합니다. 사람 같기만 한 중재자는 하나님이 아닐 것입니다. 하나님 같기만 하다면, 사람과는 너무 달라 중재자가 될 수 없을 것입니다. 저 간교한 중재자, 인간이 은밀한 교만을 가지고 있는 한 속을 수밖에 없는 그 중재자는 사람과 오직 단 한 가지 공통점을 가지고 있을 뿐입니다. 둘 사이에는 죄라는 공통점이 있습니다. 사람은 영이 있다는 점에서 하나님과 공통점이 있지만, 죽을 수밖에 없는 몸을 입고 있기에 능력이 없고 그래서 단지 불멸을 꾸미고 있을 따름입니다. 죄의 삯은 사망입니다. 이 점 또한 인간과 저 간교한 중재자의 공통된 특성입니다. 마귀 역시 죽음의 정죄를 받습니다 롬 6:23 참조.

그러나 참 중재자는 죽을 수밖에 없는 죄인과 불멸하시며 의로우신 분 사이에 계십니다.[8] 이 중재자는 당신이 겸손한 자들에게 보여주시는 은밀한 자비를 가지고 오십니다. 그가 오심은 스스로 모범을 보여주심으로써 우리로 같은 겸손을 배우게 하시려는 것입니다. 하나님과 사람 사이에 한 중재자, 사람이신 그리스도 예수가 계십니다. 그분은 인간처럼 죽을 운명에 들어오셨습니다. 그분은 하나님 앞에서 의로우십니다. 의의 열매는 생명과 평안이기에, 하나님께로부터 나오는 그분의 의는 죄인의 죽음을 무효화하고 더 나아가 사람을 의롭게 합니다. 이 중재자는 사람들에게 자신의 의로움을 기꺼이 나눠주셨습니다. 이로써 옛적부터 신실한 사람들이 이 중재자를 바라보고 그의 고난 당하심을 믿음으로 구원을 얻었습니다. 우리는 과거의 고난을 믿는 믿음으로 삽니다. 사람이신 그분은 사람의 중재자가 되셨습니다. 영원한 말씀이신 그분은 하나님과 사람 사이에서 타협점을 찾으시지 않았습니다. 그분은 하나님과 동등하신 분, 하나님과 함께하시는 하나님, 하나님과 함께하시는 한 하나님입니다.

좋으신 아버지, 당신께서는 우리를 얼마나 사랑하셨는지요?

당신께서는 당신의 외아들을 아끼지 않으셨습니다.

경건하지 않은 우리를 위해 외아들을 내어주셨습니다!

당신은 그 아들 안에서 우리를 어떻게 사랑하셨습니까?

그 아들로 하여금 당신과의 동등됨과 모든 영광에서 멀어지게 하셨습니다.

십자가를 짊어지고 죽음에 이르게까지 아들을 내어주셨습니다.

오직 그분만이 죽은 자들 가운데 자유케 되셨습니다.

그분만이 자기 생명을 버릴 수 있는 권한이 있었습니다.

그리고 그분만이 다시 생명을 취할 권세도 가지고 있었습니다.

그분은 승리자이나 희생되셨으며, 희생되셨기에 승리자가 되셨습니다.

제물이며 제사장이셨고, 제물로 자신을 드렸기에 제사장이셨습니다.

그분은 당신에게서 나셔서 우리를 섬기셨기에 종들과 자녀들을 얻으셨습니다.

그러니 나는 그분 안에서 굳은 소망을 잡고 있습니다. 하나님의 오른편에 앉으시고 우리를 위해 중보하시는 분으로 인해 나의 모든 약함이 고쳐질 것입니다. 그렇지 않다면 나는 좌절할 것입니다. 내 약함이 지극히 크고 많기 때문입니다. 그러나 나의 약함이 어떻든 간에, 당신의 치료약이 더 강력합니다. 중재자께서 육신이 되어 우리 가운데 거하지 않으셨다면, 당신의 말씀은 우리에게서 멀리 떨어져 있고, 그래서 우리는 좌절할 수밖에 없었을 것입니다요 1:14 참조.

내 죄 때문에 겁을 집어먹고 내 비참의 무게에 눌려서, 나는 마음을 버리고 광야로 도망하기로 했었습니다. 그러나 당신은 나를 막으시고 내게 힘을 주시며 이렇게 말씀하셨습니다. "그리스도가 모든 사람을 위해 죽었으니, 이는 저들로 더 이상 자기를 위해 살지 않고 자기를 위해 죽으신 분을 위해서 살게 하려는 것이다"롬 5:6-8 참조.

보소서, 주님. 내 모든 근심을 당신 앞에 내려놓습니다. 이제 내가 살고 당신의 놀라운 계명들을 지키고자 합니다_시 119:18-20 참조. 당신은 나의 무지와 내가 앓는 병을 아시니, 나를 가르치시고 나를 고쳐주소서. 모든 지혜와 지식의 보화가 감춰져 있는 당신의 독생자께서 그의 피로 나를 구속하셨습니다_골 2:1-3 참조. 교만한 자들이 나를 험담하지 못하게 해주소서. 나를 위해 치르신 값을 생각하며, 내가 그것을 먹고 마시고 나누겠습니다. 그분으로 인해 만족하는 가난한 자가 되겠습니다_시 22:26 참조. 나는 먹고 만족을 얻은 자의 무리에 함께하여, 그분을 구하는 그들과 더불어 주님을 찬양할 것입니다.

하늘과 땅

주님, 당신이 만물을 창조하셨습니다.
그것들이 아름다운 것은 당신이 아름답기 때문이고,
그것들이 선한 것은 당신이 선하시기 때문입니다.
당신이 계시므로 그것들도 있습니다.

하늘과 땅

지금까지 아우구스티누스는 자신의 과거와 현재 상태를 돌아보는 일을 마쳤다. 자신의 경험을 우주적 차원의 이야기 속에 위치지어 하나님의 섭리를 찬양하고자 함일까? 이제 그는 하나님의 천지 창조에 대해 이야기하기 시작한다. 창조는 질료에 형상을 부여한 것이라는 그리스식 사고와 달리 그는 하나님께서 질료 자체를 창조하셨으며, 말씀을 통해 창조하셨다는 점 등을 논한다. "천지를 창조하시기 전, 하나님은 무엇을 하셨는가?" 마니교도들이 하던 이 질문에 대해, 그는 시간조차도 창조와 더불어 창조된 것이라고 주장하면서, 그의 유명한 시간론을 편다. 제11권 3-15장에 해당된다.

"태초에 하나님이 천지를 창조하시니라."

모세가 우리에게 알려주었습니다. 그는 이 말을 남기고 떠났습니다. 그는 당신에게서 와서 당신에게로 돌아갔습니다. 이제 그는 내 앞에 없습니다. 그가 있다면 그를 붙잡고 물어보았을 것입니다. 당신의 종인 그에게 부탁하여 이 신비들을 더 열어 보여달라고 했을 것입니다. 나는 귀를 쫑긋 세우고 그의 입에서 터져 나오는 말에 귀를 기울였을 것입니다. 그가 히브리어로 말한다면, 그 말은 헛되이 내 감각을 두드릴 뿐일 것입니다. 그의 어떤 말도 내 지각에 닿지 못할 것입니다. 하지만 그가 라틴어로 말한다면, 그가 무슨 말을 하는지 알아들을 것입니다.

그러나 그가 진리를 말하는지 어떻게 알 수 있을까요? 아니, 그가 진리를 말하는 것을 알았다 하더라도, 그가 그 진리를 어떻게 알게 되었는지 내가 알 수 있을까요? 그렇습니다. 내 생각의 방 안에서 진리는 히브리어나 그리스어, 혹은 라틴어나 외국어가 아닙니다. 모세가 어떤 언어로 말했다 할지라도 목소리나 말, 혹은 발음 이런 것들에 의지하지 않고 오로지 내 마음은 이렇게 말할 것입니다. "참으로 진리로다."

당신의 종인 그에게 필경 나는 이렇게 말했을 것입니다. "당신이 내게 하는 말은 진리입니다."

모세에게 물을 수 없기에 나는 진리이신 당신께 지식을 구합니다. 모세가 진리를 말할 때 그를 가득 채우고 있었던 것은 당신의 진리였습니다. 나의 하나님, 내 죄를 용서해주소서. 그 후에 당신이 종들에게 주시는 이해력을 주소서.

보소서, 하늘과 땅이 존재합니다. 존재한다는 것은 곧 지어졌다는 뜻입니다. 설령 변하고 다양한 모습으로 존재한다 하더라도 말입니다. 지어진 일이 없는 어떤 것도 전에 가지고 있지 않았던 어떤 것을 그 안에 지닐 수는 없는 노릇입니다. 지어지지 않은 것이 존재한다면, 그것은 변할 수도 달라질 수도 없을 것입니다. 창조는 사물이 스스로를 지어내지 않았음을 선언합니다. "우리는 지어졌으므로 여기 있다. 우리는 스스로를 만들지 않았으므로 이전에는 존재하지 않았다."

다음 화자들의 말이 그 증거입니다.

주님, 당신이 만물을 창조하셨습니다.

그것들이 아름다운 것은 당신이 아름답기 때문이고,

그것들이 선한 것은 당신이 선하시기 때문입니다.

당신이 계시므로 그것들도 있습니다.

하지만 만물의 창조주이신 당신 앞에 만물은 아름답지도 선하지도 존재하지도 않습니다. 당신과 비교할 때 만물은 아름답지도 선하지도 않으며, 존재하지도 않습니다.

우리는 이 사실을 압니다.

당신께 감사를 드립니다.

당신의 지식에 비교할 때 우리의 지식은 그저 무지일 뿐입니다.

어떻게 하늘과 땅을 지으셨습니까? 이 놀라운 창조세계를 만드실 때 쓰신 연장은 무엇입니까? 자신의 지혜를 가지고 한 물질에서 다른 물건을 만드는 인간 장인과 당신은 다르십니다.

인간도 내면의 눈으로 본 바를 착상하여 어떤 형상을 만드는 이해력 정도를 발휘할 수 있습니다. 당신께서 장인들에게 그런 마음을 허락하지 않으셨다면 어떤 물건을 지어내기 위해 심상을 사용할 수도 없었을 것입니다. 그들은 진흙이든 돌이든 나무이든 금이든 아니면 다른 어떤 것이든 간에, 이미 존재하며 형태를 가지고 있는 것들을 상상력을 발휘하여 지어낼 뿐입니다. 당신이 먼저 어떤 형상을 그 모양대로 짓지 않으셨다면 어떻게 그런 형상들이 나왔겠습니까? 당신은 장인들의 몸까지도 직접 지으신 분이십니다. 당신은 장인의 몸이 존재하도록 명령하신 분이십니다. 장인이 물건을 만들어내는 데 사용하는 물질도 당신이 지으셨습니다. 당신은 그의 지각에 이해력을 주셔서 재주를 구사하게 하셨고, 그 지각으로 당신의 세계를 읽어낼 수 있게 하셨습니다. 당신은 그에게 감각을 주셔서 정신의 형상을 읽어내어 그가 창조하는 현실로 바꿀 수 있게 하셨습니다. 감각은 지각의 외부에 있지만, 창조세계를 관장하는 진리를 배우기 위해 결과가 좋든 나쁘든 내부로 들어갈 수 있습니다.

이 모든 것이 만유의 창조주이신 당신을 찬양합니다. 하지만 당신은 어떻게 이 모든 것을 지으십니까? 오 하나님, 당신은 어떻게 하늘과 땅을 지으셨습니까? 당신은 하늘과 땅을 하늘에서나 땅에서 지으신 것이 아닙니다. 공중에도 물속에도 당신의 공방工房은 없습니다. 그런 공방이 있다 해도 그것 역시 하늘과 땅에 속한 것이기 때문입니다. 이 세상 어디에도 당신이 온 세상을 지으신 장소는 없습니다. 온 세상을 지으신 곳, 그런 곳이 있다면 그곳은 세상이 세상으로 있기 전에 존재했을 것입니다. 원元 물질을 빚어 하늘과 땅을 만드신 것도 아닙니다. 무엇인가를 지어내기 위해서 사용하신 그 무엇을 당신은 어디서 얻으신 것입니까? 당신 자신 말고 어떤 것이 있을 수 있었겠습니까? 당신은 말씀하셨고 만물은 지어졌습니다. 당신은 말씀으로 만물을 만드셨습니다.

그러면 말씀은 어떻게 하셨습니까? 구름 사이에서 소리가 나서 "이는 내 사랑하는 아들이다" 하신 것과 비슷합니까?마 3:17; 17:5; 막 1:11; 눅 3:22 참조 그러나 그 목소리는 흘러갔고 소리는 사그라졌습니다. 그 말은 우리 귀에 들렸으나 없어졌습니다. 음성이 들려왔지만 한 음절씩 사라졌습니다. 마지막 음절도 침묵으로 사라졌습니다. 이 말들이 당신의 창조물 가운데 하나인 운동에 그 뿌리를 두고 있음을 이렇게 평범한 사례로도 또렷하게 알 수 있습니다. 덧없는 말들이 당신의 영원한 뜻을 전하기 위해 덧없이 사용되었을 뿐입니다.

잠시 우리의 귓전을 때린 이 말씀이, 그 내면의 귀로 당신의 영원하신 말씀, 곧 당신의 아들을 들은 총명한 영혼들의 육신의 귀에 들려왔습니다. 그러나 육신의 귀는 이 말을 당신이 침묵 속에서 전하신 영원한 말씀과 비교하였습니다.

영원하신 말씀께서 이렇게 말씀하셨습니다. "너희가 지금 듣는 이 소리는 아주 다르다. 이 말은 나와 비교될 수 없으며 궁극적이지도 않다. 그러나 말씀은 만물보다 더 영원히 존재한다."

하늘과 땅이 있으라 명하신 그 말씀도 잠시에 불과한 것이었다면, 하늘과 땅이 있기 전에 어떤 원 물질이 반드시 있었을 것입니다. 이 음파라는 중재물이 당신의 영원하신 말씀에 운동력을 부여했을 것입니다. 이렇게 됨으로써 그때 그 권위 있는 명령이 발해지게 된 것입니다.

그러나 우리에게는 하늘과 땅이 지어지기 전에 원 물질이 있었다는 증거가 없습니다. 그런 것이 있었다면, 만물을 지으시기 위해 지나가버리고 마는 음성을 내셨을 리가 없습니다.[1] 한편 당신의 첫 명령 또한 이렇게 되었을 것입니다. "하늘과 땅이 만들어져라." 당신이 짓지 않으시고는 말씀도 존재할 수가 없습니다. 당신의 권능이 아니고서는 어느 것 하나도 존재할 수 없습니다. 그러면 이런 말들이 울려 퍼질 수 있는 우주가 있기 전에 물체 하나라도 존재하도록 하셨다면 도대체 어떤 말씀을 발하신 것입니까?

당신은 우리에게 말씀을 깨달으라 하십니다.

이 말씀은 영원히 드러난 말씀이며 하나님과 함께하신 하나님이십니다.

이 영원하신 말씀으로 말미암아 만물이 드러났습니다.

드러난 말씀은 이어지는 소리가 아니었습니다.

소음의 연속이 아니었습니다.

단지 다음 음절로 넘어가는 소리 덩어리가 아니었습니다.

만물이 말씀으로 인해 지어졌습니다.

만물이 영원한 말씀으로 인해 나타났습니다.

만약 그렇지 않다면, 시간의 변화가 있고, 따라서 진정한 영원 혹은 진정한 불멸이란 존재할 수가 없습니다. 오 나의 하나님, 이것을 알게 하시니 감사드립니다. 주님, 내가 이 이치를 알게 된 것을 복과 감사로 여기며 당신께 고백합니다. 이 진리를 확고히 발견한 모든 자들도 나와 함께 고백합니다.

주님, 한때 있었으나 더 이상 존재하지 않는 것들을 알고 있습니다. 당신이 아니라 우리의 눈에 한때 존재했지만 더 이상 존재하지 않는 것들이 있습니다. 존재하지 않았으나 지금 존재하는 것들이 있습니다. 만물은 소멸하기도 또 생성되기도 합니다. 그러나 이 말이, 당신의 말씀이 한 사물을 지어놓으시고 후에 다른 어떤 것으로 바꾸신다는 뜻은 아닙니다. 당신의 말씀으로 말할 것 같으면, 불멸하며 영원하십니다.

당신은 상존하시는 말씀으로 영원히 그리고 단번에 말씀하십니다. 당신의 영원한 명령으로 이 일이 이뤄집니다. 당신이 말씀하시면 그 즉시 말씀이 이뤄집니다. 창조의 명령을 발하실 때 그 어떤 것도 당신의 권능의 말씀이 짓지 않은 것은 없습니다.

존재하는 사물이 영원의 시간 속에서 당신이 발하신 명령으로 존재하기는 하여도, 당신이 선택하신 그 순간에 동반하는 것이 있습니다. 당신이 그 말씀으로 만물을 모두 지으신 것은 바로 그 영원한 현재에서입니다.

주님, 당신께 구합니다. 이 진리를 깨닫게 해주소서. 내가 보기는 보아도 표현하기가 어렵습니다.

'현재'라는 지점에서 당신의 영원한 목적에 따라 단번에 만물이 존재하는 것이 아니라면, 나는 많은 것을 이해할 수 없습니다. 나는 존재했다가 없어지는 것들을 압니다. 존재하기 시작했다가 다시 그쳐버리는 것들입니다. 그러나 나는 당신의 영원한 현재 가운데 그저 한 점에서 볼 뿐입니다. 그러나 당신에게는 만물과 만상이 한 순간입니다. 그러나 당신은 우리로 관찰할 수 있도록 고안하셨으니, 곧 만물이 시작되었다가 끝나는 것으로 보게 하십니다. 그러나 당신의 목적 안에서는 어느 것도 시작하거나 끝나지 않습니다.

당신의 말씀도 시초를 갖고 나타나 이제 우리에게 말씀하십니다. 복음서에서 말씀은 육신을 입고 말씀하셨습니다. 사람들은 귀로 이 말씀을 들을 수 있었습니다. 그러나 속사람이 이 말씀을 믿고 찾으면 영원한 진리를 발견하게 하셨습니다. 선하고 유일하신 선생께서 이 진리 안에서 모든 제자들을 가르치십니다. 주님, 이제 내게 말씀하시는 당신 말씀을 경청합니다. 우리를 가르치시는 분이 이제 우리에게 말씀하십니다. 그러나 우리를 가르치지 않는 사람은, 설령 그분이 말씀하신다 해도, 우리에게 말하는 것이 아닙니다. 누가 우리를 가르칩니까? 불변하는 진리만이 우리를 가르칩니다.

변화무쌍한 피조물이 우리에게 교훈을 베풀 수 있습니다. 그러나 사람이 할 수 있는 최선은 우리를 불변하는 진리로 이끄는 것입니다. 그 지점에서 우리는 진정으로 굳게 서서 경청하고 배울 수 있습니다. 그 지점에서 우리는 신랑의 음성을 듣고 기뻐할 수 있습니다. 진리이신 그분만이 우리를 소유하신 하나님과 우리를 화해하게 하십니다.

시원始原으로 돌아가야 합니다. 이 견고한 지점이 존재하지 않는다면, 방황을 끝낸 후 돌아갈 곳이 없었을 것입니다. 실수에서 돌이켜 돌아갈 길을 찾기 위해, 우리는 알아야만 합니다. 우리가 알 수 있는 것은 영원하신 말씀이 계시기 때문입니다. 영원하신 말씀만이 우리를 가르치십니다. 그분만이 시원이시며, 그분만이 처음부터 우리에게 말씀하실 수 있습니다.

오 하나님, 태초에 당신이 하늘과 땅을 만드셨습니다.

당신의 말씀으로,

당신의 아들 안에서,

당신의 권능으로,

당신의 지혜로,

그리고 당신의 진리 안에서 만드셨습니다.

당신은 놀랍게 말씀하셨고 또한 놀랍게 지으셨습니다.

누가 이해하며, 누가 이것을 선포하겠습니까?

내게 비춰지는 이 빛은 무엇입니까?

내 심장을 상처 없이 때리는 이것은 무엇입니까?

나는 왜 경이감에 몸을 떨고 있는 것입니까?

그러나 이 힘이 나를 지으셨음을 압니다. 휘몰아쳐주소서.

이것이 지혜입니다. 지혜가 내게 햇살처럼 비쳐옵니다. 나를 두 텁게 감싸고 있던 안개를 이 빛이 물리칩니다. 내 형벌을 지고 다니느라 나는 어둠 가운데 지쳤습니다. 곤핍한 나는 모든 힘이 빠졌습니다. 내가 받는 복을 지탱해낼 어떤 일도 할 수 없는 상태에 이르렀습니다.

주님, 내 죄를 치워버리고 내 질병을 고치시기 위해 은혜 가운데 당신이 오신 것이 바로 이때였습니다. 이제 당신이 나의 부패를 없애주시고, 인애와 자비로 나에게 관을 씌우실 것이며, 모든 좋은 것들로 나의 소원을 만족시키실 것입니다. 나의 젊음은 독수리처럼 새로워질 것입니다시 103:1-5 참조. 우리는 소망 가운데서 구원받을 것이며, 당신 약속의 완성을 조용히 기다릴 것입니다.

내가 당신의 말씀을 의지하여 담대히 부르짖을 때, 당신의 말씀을 듣기 위해 내면의 귀를 세울 수 있는 사람, 그런 사람이 있게 해주소서. "여호와여, 주께서 하신 일이 어찌 그리 많은지요. 주께서 지혜로 그들을 다 지으셨으니 주께서 지으신 것들이 땅에 가득하니이다"시 104:24.

이 지혜가 시초입니다. 당신의 영원한 말씀이 이 시초에 하늘과 땅을 지으셨습니다.

옛 죄성 가득 안고 있는 어리석은 자들의 말을 들어보겠습니다. 이들은 조롱하며 이렇게 묻습니다. "하늘과 땅을 짓기 전에 하나님은 대체 무엇을 하고 계셨는가?" 그들의 어리석음은 이렇게까지 이어집니다. "하나님이 아무것도 않고 빈둥빈둥 노셨다면, 이후로는 왜 영원토록 분주하셔야 할까? 전처럼 왜 아무것도 안 하실 수는 없는 것일까? 하나님이 새로운 운동들을 펼치신 것일까, 아니면 전에 이런 일을 하실 필요가 없었지만 갑자기 창조를 하고 싶어지신 것일까?"

이러한 추론이 진정 영원 가운데서 일어난 일과 어떻게 조화할 수 있습니까? 영원하신 하나님이 전에는 품지 않았던 소원을 새삼 품으실 수 있습니까? 하나님의 뜻은 그분의 생각에 앞으로 착상될 고안물이 아닙니다. 하나님의 뜻은 그 전부터 있었고 창조의 기초가 되었습니다. 창조주의 의지가 행위에 선행하지 않았다면 아무것도 창조되지 않았을 것입니다. 따라서 창조주의 뜻은 그분 자신의 본성에 속한 것일 수밖에 없습니다. 한편 항상 거기 없는 새로운 의지 때문에 어떤 일이 일어난다면, 하나님의 본성은 불변하는 영원이라고 말할 수가 없습니다.

그러나 또 다른 자들은 이렇게 반박할 것입니다. "그렇지만 하나님의 뜻이 영원 전부터 그런 것이어서 창조가 되었다면, 창조 또한 영원 전부터 있었다고 해야 한다."

이런 말을 하는 자들은 아직 당신, 영혼의 빛이요 신적 지혜이신 당신을 이해하지 못한 것입니다. 이렇게 생각하는 자는 창조를 창조주와 관련하여 이해하지 못한 것입니다. 사람들은 이리 경박하게도 과거와 현재와 미래라는 사고 사이에서 마음이 분주히 갈리면서도 영원한 지혜를 이해해보겠다고 애를 씁니다. 이런 시간관은 본질적으로 불안정합니다. 이렇게 들쭉날쭉한 시간관을 붙들고 있을 수 있을까요? 그러면서도 당당히 버티고 서 있는 영원의 영광을 엿볼 만큼 우리 마음이 단단히 매어 있다고 할 수 있을까요?

영원은 그 정의상 고정되어 있는 것이어서 우리가 경험하는 찰나, 결코 고정됨이 없는 순간에 견줄 수 없는 것입니다. 긴 시간이 어찌 그리 길게 되었는지 우리가 어떻게 알겠습니까? 우리는 많은 운동과 변화의 흐름을 감지할 뿐입니다. 운동과 변화가 없다면, '시간'이라 부르는 운동의 지속도 없을 것입니다. 영원의 영역에서는 전체가 제시되어 있어야만 합니다. 그러나 우리는 시간을 이러한 총체성 안에서 파악할 수 없습니다. 우리에게 지나간 시간인 과거는 도래할 시간에 의해 밀려난 시간이고, 다가올 모든 시간은 과거에 잇대어 흐를 뿐입니다. 그러나 하나님의 창조 시간표 안에서, 모든 과거와 미래는 한 도안圖案 안에 있으며 현재라는 하나에서 흘러나올 뿐입니다.

과거 혹은 미래에 매이지 않고 영원이 어떻게 서 있는지 볼 만한 인식의 소유자가 누구란 말입니까? 누가 과거와 미래의 시간을 설명할 수 있습니까? 내가 손으로 이 마음을 잡고 있을 수 있을까요? 입의 말로 그렇게 큰일을 논할 수 있을까요?

사람들이 이렇게 묻습니다. "하늘과 땅을 만드시기 전에 하나님을 무엇을 하셨는가?" 나는 "신비를 캐묻는 사람들을 위해서 지옥을 준비 중이셨다"고 경망스럽게 답하지 않을 것입니다. 이 대답은 질문의 심각성을 무시해버립니다. 질문에 대답하는 것과 질문자를 놀리는 것은 별개의 문제입니다. 이런 질문에 대답하는 것 자체가 합당하지 않습니다. 우리의 지각이 닿지 않는 깊은 것들에 매이는 사람들을 놀리느니, 궁극적으로 우리의 상상력을 넘어서는 문제들과 관련해서는 "잘 모르겠습니다" 하고 대답하는 편이 낫습니다. 알지도 못하는 것에 대답하려고 허둥거리는 사람을 칭찬해서는 안 됩니다.

내가 할 수 있는 말은, 우리 하나님이신 당신께서 만물을 지으셨다는 것입니다. "하늘과 땅"이 모든 창조를 말한다면, 하나님이 하늘과 땅을 지으시기 전에는 아무것도 창조하지 않으셨다고 담대하게 말할 수 있습니다. 만약 무엇인가를 만드셨다면, 만드신 그것이 바로 창조이기 때문입니다.

내가 알아 유익할 모든 것을 다 알지 못하나, 피조물이 지어지기 전에 지어진 것이 없음을 확신합니다.

과거의 창조 전 창조라는 상상력의 산물에 매달려 있는 것은 합당치 않습니다. 그런가 하면 모든 것을 지어내신 전능하신 하나님이신 당신이 왜 하늘과 땅을 만드시는 것과 같은 놀라운 일을 측량할 수 없이 오랜 세월 동안 미루기만 해두셨는지 의아해하는 것도 합당치 않습니다.

이런 꿈쟁이들은 깨어나 이런 추측이 바보스러운 속임수일 뿐임을 알아야 합니다. 이들은 도대체 어디서 당신이 시간을 만드시기 전에 측량 불가의 시간이 흘러가버렸음을 알았을까요? 당신이 모든 시간과 시대의 창조자이며 주관자 아니십니까? 당신이 지어내지 않은 시대가 있습니까? 그 시간이 객관적으로 존재하지 않았다면 도대체 어떻게 지나갈 수 있었단 말입니까? 당신이 모든 시대의 창조주이심을 볼 때, 당신이 하늘과 땅을 지으시기 전에 시간이 존재했다면, 당신이 그때도 계시며 일하지 않으셨다고 어떻게 말할 수 있겠습니까? 당신이 시간을 지으신 것이 분명합니다. 시간을 지으신 그 시간도 당신 안에서 있었을 것입니다. 한 순간이 지나고 다른 순간이 오도록 해주지 않으셨다면, 매 순간이 지나갈 수도 없었을 것입니다.

만약 하늘과 땅이 지어지기 전에는 시간도 존재하지 않았다면,

그때 당신이 어떻게 시간을 보내고 계셨는지 궁금해해야 할 이유가 있습니까? 시간이 없으면 '그때'도 존재하지 않기 때문입니다.

당신은 흘러가는 순간에 얹혀사는 분이 아니십니다. 그래서 당신은 시간 안에서 시간에 앞서 계시지 않습니다. 만약 그러시다면 당신은 시간이 존재하기 전에는 계시지 않은 분이십니다. 당신은 참으로 영원한 현재라는 위엄 속에서 모든 것을 과거로 돌리며 앞서 계시는 분이십니다. 당신은 우리에게는 미래에 존재하는 모든 것을 훌쩍 뛰어넘어 계십니다. 우리에게 미래는 왔다가 갈 것입니다. 그러나 당신에게는 현재나 미래가 매한가지입니다.

당신은 그때도 지금도 변하지 않으십니다.

우리의 시간은 왔다 흘러가지만, 당신에게 시간은 오는 것도 가는 것도 아닙니다.

우리의 매 시간은 모든 시간이 한 점에 모일 때까지 흘러갑니다.

그러나 당신에게 시간은 오로지 하나일 뿐이므로 동시에 펼쳐져 있습니다.

어떤 시간도 밀려 떠내려가지 않습니다.

우리의 시간이 다하는 순간에도 당신 앞의 시간은 흘러가버리지 않습니다.

당신에게 시간은 하루입니다.

당신에게 하루는 오늘일 뿐입니다.

당신이 보시는 하루에는 내일이 끼어들지 않습니다.

당신의 오늘은 어제와도 뒤섞이지 않습니다.

당신의 오늘은 영원입니다.[2]

오로지 이런 배경 아래서만 당신은 그 공동의 영원 존재, 당신이 "오늘날 내가 너를 낳았도다" 하고 가리켜 말씀하신 그분을 낳으셨습니다. 그러나 이분은 만물을 조성하신 당신이시고, 모든 시간에 앞서 존재하신 바로 당신이십니다. 당신의 실존 안에는 시간이 없었을 때가 없습니다.

시간이 존재하지 않은 과거에는 당신이 어떤 것도 창조하지 않으셨습니다. 왜냐하면 시간 자체가 당신의 창조물이기 때문입니다. 따라서 시간을 영원성의 일부인 양 말하는 것은 옳지 않습니다. 당신은 당신의 충만한 존재 안에 거하실 뿐이라 말하는 것이 낫겠습니다.

당신의 존재 양태를 시간으로 이해하려 해서는 안 된다고 봅니다. 그렇다면 시간이란 무엇입니까? 누가 시간을 쉽고 간략하게 설명할 수 있습니까? 누가 상상 속에서나마 시간을 이해할 수 있으며, 그래서 시간에 대해 한마디라도 제대로 할 수 있습니까? 그러나 우리는 서로 이야기를 주고받으면서 시간을 아주 잘 알고 있는 양 시간에 대해 말하고 있습니다. 하지만 우리가 시간에 관해 논할 때, 우리는 시간의 의미 중 단지 일부를 이해하고 있을 뿐입니다. 누군가가 시간에 관해 말할 때 시간을 둘러싼 여러 의미심장한 생각을 떠올립니다.

반복해서 말합니다. 그렇다면 시간이란 무엇입니까? 누가 내게 묻지 않는 한, 시간이 무엇인지 알고 있습니다. 하지만 묻는 그 누군가에게 설명하려 하면, 문득 시간이 무엇인지 아는 것이 없음을 알게 됩니다. 하지만 나도 조금은 알고 있다고 감히 말합니다. 과거에 아무것도 흘러가버리지 않았다면, 과거의 시간에 관해 말하는 것은 오류일 것입니다. 그리고 존재의 편린들이 이어져 나타나지 않았다면, 미래 역시 없을 것입니다. 지금의 흔적이 조금도 없었다면, 현재 역시 없을 것입니다. 그렇다면 과거와 미래라는 두 시간에 관해 우리가 그 존재에 대해 말할 수 있는 것은 이것입니다. 현재의 모습으로 존재하는 과거는 있지도 않으며 현재에 존재하는 미래에 대해서 어떤 영향도 미치지 못하는 것입니까? 우리 눈앞에 있는 것은 단지 지금이라는 현재뿐입니다. 만약 현재가 항상 현재로 남아 있고 결코 과거가 되지 않는다면, 그것은 시간이라 할 수 없을 것입니다. 그것이 바로 영원일 것입니다.

현재가 존재하고 과거의 시간으로 흘러가기 때문에 현재만을 시간이라고 한다면, 현재가 있다고는 어떻게 말할 수 있겠습니까? 현재는 단지 그 앞의 시간으로 움직이기 위해서만 존재하는 것입니다. 그러므로 우리가 시간이 '있다'고 참되게 말할 수 없는 이유 하나는, 시간은 끊임없이 없어지려는 경향이 있기 때문입니다.

하지만 우리는 '긴 시간', '짧은 시간'이라고 말합니다. 시간을 과거 혹은 미래로 나눠 생각하기 때문입니다. 오래전에 무슨 일이 일어났다고 합니다. 문제가 되는 그 순간 이후로 수백 년이 오갔다는 생각으로 이렇게 말합니다. 오랜 후 미래의 어떤 일은 지금부터 수백 년이 지난 시점이라는 뜻입니다.

열흘 전에 일어난 일은 얼마 전이라고 말합니다. 지금부터 열흘 후에 어떤 일이 일어날 것이라면 얼마 후라고 합니다.

어떤 의미에서 오랜 시간 혹은 짧은 시간이라고 말하는 것일까요? 과거 혹은 미래의 사건들이 우리의 '현재'에 대하여 객관적인 실체를 지니고 있지 않는데 말입니다. 과거는 존재했으나 더 이상 존재하지 않는 것으로 우리를 절연絕緣시킵니다. 그리고 미래는 아직 오지 않았습니다.

정확하게 말하자면 오래전에 어떤 일이 일어났다고 말해서는 안 됩니다. 오히려 "그 일이 일어난 지 오래됐다"라고 말해야 합니다. 미래에 관해서는 "그 일이 일어나려면 아직 멀었다" 하고 말하는 편이 낫습니다.

나의 빛이신 나의 주님, 당신의 진리가 미련한 우리의 이성을 놀리지는 않습니까? 그 '오랜' 과거의 시간, 그 시간이 과거에 펼쳐졌을 때 과거여서, 혹은 과거보다 더 전이어서 오랜 것입니까? 그 일이 일어났을 때가 오래전일 수 있지만, 이제 지나간 과거이기에 더 이상 오래되지 않습니다. 그 기간은 더 이상 길지 않습니다. 그 시간은 더 이상 존재하지 않습니다. 그러므로 이렇게 말해서는 안 됩니다. "과거의 그 시간은 길었어." 그 시간을 찾을 수 없으려니와, 그 길었다는 것이 무엇을 향한 것인지 알 수 없기 때문입니다. 그 시간은 더 이상 존재하지 않습니다. 그래서 우리는 이렇게 말할 수 있습니다. "당시 그 시간은 길었어." 그 당시가 현재였던 그 순간, 그때는 길었을 것입니다. 그 시간이 현재였을 때, 그 시간은 존재하기를 그치지 않는 한 아직 흘러가버린 것이 아닙니다. 길다고 말할 수 있을 만큼 순간이 집적된 때가 있었겠지만, 더 이상은 아닙니다. 이제 그 쌓인 순간들은 과거가 되었고, 긴 시간이든 짧은 시간이든 시간으로 존재하지 않습니다.

그렇다면 인간의 영혼이여, 이제 우리는 현재의 시간이 길지 아닐지 판단할 수 있습니다. 우리 의식에 감각이 있어서 시간을 감지하고 그 길이를 측정할 수 있습니다. 자, 시간에 대한 판단과 관련해서 그대는 나에게 어떻게 답하겠습니까? 현재에서 수많은 세월은 긴 시간입니까? 수많은 세월이 현재에 있는 것입니까? 이 세월 중 첫해를 맞이하고 있다면 그 시간은 현재이나, 나머지 아흔아홉은 우리에게 아직 오지 않은 것입니다. 두 해째를 맞고 있다면, 일 년은 벌써 과거이고, 다른 일 년이 현재이며, 나머지는 아직 오지 않았습니다. 그 백 년 중 어느 한 해를 현재라고 가정하면 나머지 세월은 과거나 미래에 속하게 됩니다. 이렇게 보면 백 년이 현재가 될 수 없습니다.

그러면 그 백 년 가운데 지금 맞닥뜨린 일 년은 현재가 될 수 있습니까? 그 여러 달 중 첫 달이 지금이라면, 나머지 달은 아직 오지 않은 것입니다. 첫 달은 이미 과거가 됐고 두 번째 달이 현재라면, 나머지는 아직 오지 않은 것입니다. 그러니까 올해가 아니라 하더라도 전체 세월을 '현재'라고 말할 수도 있습니다. 일 년은 열두 달입니다. 일 년 중 한 달이 현재이고 나머지는 과거 혹은 미래입니다.

이렇게도 생각할 수 있습니다. 이번 달이 다 펼쳐져 있는 것은 아닙니다. 우리는 한 달 중에서도 단 하루에만 살고 있을 뿐입니다. 우리가 한 달의 첫날을 살고 있다면 나머지 날들도 닥칠 것입니다. 오늘이 마지막 날이라면, 다른 날들은 전부 과거가 됐습니다. 한 달의 중순이라면, 일부는 과거 그리고 일부는 미래입니다.

길다고 말할 수 있는 유일한 시간인 현재가 어떻게 거의 하루라는 길이로 압축되는지 보십시오. 이 점도 살펴봅시다. 진정한 의미에서 우리는 하루 전체를 현재로 사는 것도 아닙니다. 하루는 밤낮 스물네 시간으로 이루어져 있습니다. 하루의 첫 시간이 열리지만, 나머지 시간은 아직 오지 않은 것이고, 마지막 시간이라면 나머지는 이미 과거입니다. 하루의 중간이라면, 일부는 과거이며 일부는 미래입니다. 그리고 그 한 시간마저도 진동처럼 빠르게 지나가고 맙니다. 날아간 것이 무엇이든 그것은 과거이며, 남아 있는 것이 무엇이든 그것은 미래입니다.

아주 짧은 찰나를 볼 수 있다면, 가장 작은 시간의 단위로도 쪼

갤 수 없는 그런 찰나를 볼 수 있다면, 그것은 현재라는 이름 그 외의 어떤 것으로도 부르기 어렵습니다. 그러한 찰나들은 믿기 어렵게 빠른 속도로 미래에서 과거로 날아갑니다. 그 순간 중 단 한 순간도 우리가 알아차릴 수 있을 정도로 길지 않습니다. 그 순간이 관찰할 수 있을 정도로 길다면, 과거와 미래로 나뉠 수 있을 만큼 길 것입니다. 현재는 그러했던 것과 그러할 것, 이 두 사이 어디에도 끼어 있지 않습니다.

우리가 '길다(멀다)'고 말하는 그 시간은 그러면 어디 있는 것입니까? 아직 오지 않았습니까? 아직 존재하지 않았으니까 있다고 말할 수 없습니다. '길(멀) 것이다'라고만 말해야 할 것입니다. 그러면 그때는 언제일까요? 아직 오지 않은 그때가 되더라도, 그 시간은 길지(멀지) 않을 것입니다(왜냐하면 멀 수 있는 것은 아직 존재하지 않는 것이기 때문입니다). 그 시간이 미래에서 등장하여 시작될 때에만 비로소 그 시간이 길 수 있습니다. 그때가 되면 그 시간이 비로소 현재가 될 것입니다. 그러나 현재가 되는 순간에도 아주 정확한 의미에서 '길다'고 할 만큼 긴 형태로는 존재하지 않을 것입니다. 그 시간이 길 수 없다는 앞의 설명을 시간은 소리치는 것 같습니다.

299

살아 있는 심령

"저녁과 함께 사라지지 않는 안식일의 평강을 우리에게 주셔서 쉬게
해주십시오. 우리를 둘러싼 모든 것들이 다 신묘막측합니다.
그러나 그것들은 기한을 다하고 사라져버립니다.
당신 외의 모든 것에는 덧없는 반복이 있을 뿐입니다."

살아 있는 심령

《고백록》의 마지막 권에서 아우구스티누스는 창세기 1장을 알레고리적으로 해석한다. 빛, 땅과 하늘과 바다, 풀과 나무, 들짐승과 날짐승 등 엿새 동안 만들어지는 피조물들의 성격에 빗대어, 신자가 빛 되신 하나님을 향해 가는 여정을 풀이하는 것이다. 이렇게 그는 창조와 구원의 일을 이루신 하나님께 찬미를 돌리며, 하나님의 백성들이 기다리고 있는 최종적이고 영원한 안식을 구하며 글을 맺는다. 제13권 20장의 일부(28절), 21장의 일부(29, 30절), 35장에 해당하는 부분으로, 창조의 다섯째 날과 여섯째 날, 그리고 일곱째 날에 관한 이야기 중에 나오는 내용이다.

당신이 지으신 만물은 아름답습니다. 그러나 이런 만물을 지어내신 당신이 말할 수 없이 더 아름다우심을 내가 똑똑히 봅니다. 아담이 타락하지 않았다면, 그로부터 바닷물의 짠기가 밀려들어와 모든 것을 망쳐버리지 않았을 것입니다. 보소서, 인간의 호기심은 깊이를 잴 수 없습니다. 그 기복이 종잡을 수 없으며, 쉴 새 없이 솟구쳤다 가라앉았다 하며 부풀어 오릅니다.

타락이 없었다면, 사악한 생각의 물결에 밀려서 당신의 은총을 허비해버린 자들을 다시 돌아오게 하는 수고를 하지 않으셔도 됐을 것입니다. 당신은 사람들에게 감각을 적용하여 물질과 관련된 여러 가지 일을 하게 하십니다. 그러나 당신은 더 많은 경우에 영적인 일과 말을 사용하십니다. 바다에는 기어 다니는 것들과 자맥질하는 것들이 다 있습니다. 당신은 우리를 저 모양으로 이끌어내십니다. 물질로 베푸는 성사는 우리에게 성결함을 입도록 해줍니다. 그러나 이런 물질은 그 자체가 누구에게도 유익을 주지 못합니다. 우리에게는 영적인 삶을 이끌어나갈 수 있는 지도력이 필요합니다. 허입許人의 말씀을 들은 후로, 우리는 완성을 향해서 나아가야만 합니다.

찰싹거리며 요동하는 바다를 떠나서, 그 짠기로 찌든 바다와는 달리 땅에 살 수 있게 된 것은 바로 말씀이신 당신 안에서입니다. 우리는 바다에서 꿈틀거리는 생명체가 아니라 땅을 걷는 살아 있는 심령으로서 삶을 경험할 수 있습니다.

땅을 딛고 나면 다시 세례가 필요하지 않습니다. 물론 불신자들은 물로 씻겨 당신이 예비하신 하늘 왕국에 들어옴을 얻도록 세례를 받아야 합니다.

우리는 믿음을 위해 기적 혹은 다른 이적을 구하면서 떠돌지 않아도 됩니다. 진정한 믿음은 그런 것이 아닙니다. 믿기 위해서 표적과 이적을 끊임없이 요구하지 않습니다. 이제 견고한 땅은 불순의 짠 기운으로 가득했던 바다와는 따로 떨어져 있습니다. 방언이 표적이 될 수 있지만, 믿는 자에게는 소용없으며 믿지 않는 자들에게 소용 있을 뿐입니다. 당신이 물 위에 기초를 놓으신 땅, 당신이 말씀으로 바다에 내놓으라고 하신 하늘 나는 생물들이 있을 필요가 없습니다.

당신의 종들을 통해 세상에 당신의 말씀을 보내주소서. 우리는 당신의 종들이 이룬 일들에 관해 말할 수 있으나 당신은 그들 안에서 일하십니다. 그들의 살아 있는 심령이 그 과업을 이루기 위해 일하듯이 말입니다.

이제 땅이 생명을 내놓습니다. 당신 종들은, 한때 바다가 그랬던 것처럼, 살아 있는 생명을 내놓기 위해 땅에서 일합니다. 옛적 바다는 움직이는 생명체들을, 그리고 하늘을 나는 새들을 내놓았으나, 땅은 이런 생물들을 내놓지 않습니다. 물론 살아 있는 생명은 깊은 데서 가져온 물고기들, 믿는 자들 앞에 당신이 차려놓으신 음식들로 지탱이 됩니다. 그리하여 깊은 데서 끌어올려진 그가 마른 땅을 먹이는 식량이 됩니다. 그리고 물에서 나온 새들도 땅에서 생육합니다. 성경 기자들의 첫 설교에서 보듯이, 인간의 불순종이 첫 단추였습니다. 그러나 신실한 자들은 매일 성경 기자들이 전하는 권면과 복의 말씀을 받습니다. 살아 있는 심령은 땅에서 시작됩니다. 왜냐하면 그들은 자신을 이 세상 사랑하는 일로부터 단절시킨 신실한 자들 안에 합류하는 유익을 이미 받았으며, 장차 당신을 향하여 살아갈 심령들이기 때문입니다. 그들은 한때 쾌락 속에 살면서 죽었습니다. 주님, 그러나 당신은 죽음을 가져오는 쾌락이 아니라 순전한 마음에 생명을 주시는 기쁨입니다.

당신의 종들은 땅에서 일합니다. 그들은 믿음 없는 전파, 표적과 성사와 신비주의라는 바다의 요동에서 벗어난 자들입니다. 이런 격랑 속에서는 무지가 근거 없는 영감을 불러일으킬 수 있습니다. 우리는 은밀한 표적을 굉장한 것인 양 선전하는 자들을 경계합니다. 이 길은 아담의 후손들이 당신을 잊어버린 채 당신을 대신하는 길을 찾고자 할 때 기대는 믿음입니다. 그들은 애써 당신의 얼굴로부터 숨으려고 하다가 바다의 깊은 어둠처럼 되고 맙니다.

당신의 종들은 마른 땅에 두 발을 굳게 딛고 서서 일합니다. 빠져나올 수 없는 깊음으로 사람을 빨아들이는 소용돌이에서 당신의 종들을 지켜주소서. 당신의 종들이 사람들 앞에서 신실한 자의 모범을 살아 보이게 해주소서. 사람들이 본받고자 하는 마음이 들게 해주소서. 사람들은 이런 말을 들을 뿐 아니라 듣고 행하기까지 합니다.

여호와를 구하여라. 그리하면 네 영혼이 살리라. 땅은 산 영혼을 낼지어다.

***

여호와 하나님, 우리에게 평강을 주소서. 당신이 우리에게 주지 않으신 것이 어디 있습니까.

저녁과 함께 사라지지 않는 안식일의 평강을 우리에게 주셔서 쉬게 해주소서.

우리를 둘러싼 모든 것들이 다 신묘막측합니다.

그러나 그것들은 기한을 다하고 사라져버립니다.

당신 외의 모든 것에는 덧없는 반복만이 있을 뿐입니다.

***

주님, 당신께 감사드립니다.

《고백록》에 나타난 아우구스티누스의 생애

불가능한 것의 가능성에 대하여

김용규

역사에는 불타는 빙하와 같은 사람이 간혹 있다. 세상에는 썰물 없는 밀물과 같은 저술이 가끔 있다. 내가 보기에는 아우구스티누스(354~430년)가 그런 사람이고, 《고백록》이 바로 그런 책이다. '불가능한 것의 가능성'을 보여준다는 의미에서 그렇다.

불가능한 것의 가능성이라! 이게 대체 무슨 말이던가? 슬로베니아의 철학자 지젝이 "오늘날 인간 사유의 궁극적인 과제란 '가능한 것'과 '불가능한 것'의 한계를 새로운 방식으로 재구성하는 것"이라고 설파한 이래, 이 말은 민주주의를 위한 의식혁명과 연관해 소비되고 있다. 하지만 그것은 애초 기독교에서 성육신*incarnatio*을 가리키는 말이 아니던가! 부활*anastasis*을 지칭하는 용어가 아니던가! 한마디로 그 말은, 기독교의 본질이자 신비를 요약한 성스러운 언어가 아니던가!

그렇다! 기독교는 '불가능한 것의 가능성'을 믿는 종교다. 그럼으로써 기독교는 희망과 혁명의 종교다. 2천 년 전 어느 영광스러운 밤에 신이 인간 되는 기적이 일어난 것처럼, 헤어날 길이 없는 절망에 빠진 우리의 삶에도 그 같은 놀라운 기적이 일어날 수 있다는 희망을 주는 종교가 기독교다. 2천 년 전 어느 신비로운 새벽에, 죽었던 이가 무덤에서 되살아난 기적이 보여주는 것처럼, 죄되고 악하며 비루한 우리에게도 새로운 삶이 시작될 수 있다는 혁명을 약속하는 종교가 바로 기독교다. 적어도 아우구스티누스가 자신의 생애를 통해 파악하고, 그의 자서전인 《고백록》에 밝힌 기독교는 그렇다!

아우구스티누스는 미천한 집안에서 태어나 열악한 교육을 받았고, 방탕한 젊은 날을 보내며 다른 종교를 믿었다. 그럼에도 그는 "신약시대 이후 가장 뛰어난 기독교인이며 라틴어를 사용한 사람 중 가장 위대한 인물임이 틀림없다"라는 평가를 받는 위대한 신학자이자 성인聖人이 되었다. 이 같은 사실이 가진 기독교적 의미는 아우구스티누스의 생애가 숱한 신학자들 가운데 오직 그만이 버금간다고 평가되는 토마스 아퀴나스의 그것과 얼마나 다른지를 비교해 보면 곧바로 드러난다.

토마스 아퀴나스(1225-1274년)는 롬바르디아 왕조의 혈통을 이어받은 백작 가문에서 태어났다. 다섯 살 때 교육을 받으러 수도원

학교에 들어가면서, 교장인 수도사에게 "신이란 무엇입니까?"라고 당돌하게 물어 주위 사람들을 놀라게 했고, 열네 살 때 나폴리 대학에 들어가 아리스토텔레스의 《형이상학》에 몰두했다. 스무 살에 탁발수도사가 되려고 할 때, 이를 말리려는 어머니가 그의 방에 매우 아리땁지만 정숙하지 않은 여인을 들여보내 세상의 쾌락을 맛보게끔 유혹하게 했지만, 그는 벽난로에 놓여 있던 불꼬챙이를 들고 여인을 방에서 쫓아냈다. 서른 살에는 파리 대학에 신학교수로 임명되어 서방세계에 이름을 널리 알렸으며, 불후의 대작《신학대전》을 남기고 마흔아홉의 젊은 나이로 홀연히 세상을 떠났다. 교황 요한 23세는 가톨릭교회가 성인을 추대할 때마다 관례적으로 행하는 기적사문奇蹟査問을 시행하지 않고 그를 성인으로 봉했다. 왜냐는 물음에 교황은 그가 남긴 《신학대전》이야말로 기적이기 때문이라고 답했다. 토마스 아퀴나스는 그만큼 뛰어난 천재이자 그렇게 타고난 경건인이었다.

하지만 아우구스티누스는 달랐다. 모든 면에서 전혀 달랐다. 오히려 그 반대였다. 그럼에도 불구하고 그는 오직 "없는 것을 있는 것으로 부르시는"롬 4:17 신의 은총에 의해 초기 기독교 신학의 토대를 닦는 데에 사도 바울을 제외하곤 그 누구도 견주지 못할 만한 위대한 업적을 남겼다. 때문에 그 자신도 자기의 삶을 불가능한 것의 가능성을 보여준 산 증거로 파악했다. 그리고 그것을, 오직 그것만을 《고백록》에 담았다. 그것도 무심히 담아놓은 것이 아니다.

행여 우리가 자기의 의도를 놓치기라도 할까 봐 노심초사하며 특별한 암시까지 함께 담아 남겨두었다. 그것이 무엇이냐고?

바로 아우구스티누스가 자신의 삶을 돌아보는 자서전의 끝부분에 뜬금없이 창세기에 나오는 천지창조에 관한 이야기를 주저리주저리 늘어놓았다는 사실이다. 자서전으로서의 《고백록》은 제10권에서 끝나는데, 그는 왜 거기서 책을 마무리 짓지 않고 내용상 전혀 어울리지 않는 우주창조에 대한 이야기를 무려 세 권이나 덧붙여놓았을까? 자신의 삶과 신의 우주창조 사이에 도대체 어떤 연관이 있다는 걸까? 이것은 실로 지난 1,600년 동안 《고백록》을 줄곧 따라다니는 풀리지 않는 수수께끼이다. 하지만 바로 그것이 아우구스티누스가 자신의 삶을 불가능한 것의 가능성으로, 곧 불타는 빙하로 파악했다는 흔들리지 않는 증거다. 과연 그런지 어디 살펴보자!

불타는 빙하, 위대한 생애

아우구스티누스는 354년 11월 13일에 지금의 알제리에 속하는 북아프리카 누미디아 평원에 위치한 타가스테에서 약간의 땅을 가진 소시민 파트리키우스와 그의 아내 모니카 사이에 태어났다.

북아프리카는 기독교가 시작한 다음부터 429년 반달족의 용맹

스런 지도자 가이세리크가 아프리카를 침공하기 전까지, 적어도 수 세기 동안 서방 기독교 사상의 중심지였다. 이 같은 역사적 사실이 오늘날 우리에게는 좀 기이하게 들릴 수 있다. 그러나 거기에는 그럴 만한 충분한 이유가 있었다.

기원전 1세기경부터 북아프리카에는 먼저 '경제적 기적'이 일어났다. 지중해를 접한 해안 도시들은 무역과 상업으로 돈을 벌었고, 내륙 평야 지대는 성곽을 쌓고 집단으로 곡식과 과일을 재배해 부를 축적했다. 그러자 교통 요충지마다 도시가 형성되었고, 로마 콜로세움 규모의 원형극장과 경기장, 음악당, 목욕탕 등이 건설되었다. 특히 누미디아 평원에서는 질 좋은 올리브가 대량으로 생산되었기 때문에, 이 지역에는 지금까지도 당시의 기름 공장 유적이 남아 있다. 학자들은 아우구스티누스가 그렇게 많은 저술을 할 수 있었던 이유 가운데 하나가 당시로서는 귀했던 등유를 충분히 공급받을 수 있었기 때문이었다고 생각한다.

경제가 풍요로워지자 '문화적 변혁'이 뒤따라 일어났다. 당시 팀가드라고 불리던 도시에서 발견된 한 비문에는 "사냥, 목욕, 연극과 웃음, 아, 이것이 나의 삶이로구나!"라는, 고대사회에서 찾아보기 힘든 향락적인 문구가 새겨져 있다. 사람들은 학문과 예술을 즐길 여유를 갖게 되었고, 새로운 문화에 대한 관용적인 분위기가 형성되었다. 게다가 북아프리카는 북동쪽으로 그리스 문명의 중심지인 에게 해가 놓여 있어 해안 도시들을 중심으로 일찍부터 그리스 철학이 퍼졌다. 또 동쪽으로는 팔레스타인과 인접해 있어 기독교가 흘러들어왔다. 그 결과 오늘날 우리가 각각 헬레니즘과 헤브라이즘이라고 부르는 두 문명의 역사적 만남이 자연스레 일어났다.

그뿐만이 아니다. 북아프리카는 기원전 146년부터는 줄곧 로마제국의 지배 아래 있었다. 따라서 이 지역에도 313년에 콘스탄티누스(306-337년 재위) 황제가 밀라노 칙령을 발표해 기독교를 승인하기 전까지 몇 차례의 격렬한 기독교 탄압이 있었다. 그럼에도 불구하고 이곳에 자리한 도시들은 정치적 수도인 로마와는 거리를 두고 있어서 독자적 문화를 형성할 자유가 주어져 있었다. 때문에 북아프리카에는 일찍부터 많은 수의 교회와 주교, 그리고 교인이 있었다. 바로 이것이 알렉산드리아와 카르타고 같은 북아프리카 도시들이 초기 서방 기독교 사상의 온상이 된 이유이자, '라틴 신학의 아버지'로 불리는 테르툴리아누스(160-230년)나 고대의 가장 위대한 신학자인 아우구스티누스가 로마인이 아닌 북아프리카인인 까닭이다.

마다우라의 문법학교

아우구스티누스는 훗날 그가 도달한 천재성과 경건함을 갖고 태어나진 않았다. 널리 알려졌듯이, 소년 시절 그는 부모의 서랍에서 돈을 훔쳐 친구들과 놀았고, 공부보다는 과수원 서리를 더욱 즐겼으며, 일찍부터 성적 쾌락에 눈을 떠 방탕했다. 30년쯤 지나 아우구스티누스는 이 시절을 다음과 같이 회상했다. "나는 욕망에 지배되어 미쳐 날뛰며, 완전히 욕망이 이끄는 대로 살았습니다"(《고백록》제2권 4장). 때문에 그는 비록 이교도였지만 뼈가 빠지게 일해 교육비를 댄 아버지의 교육열 덕에 농사꾼이 아닌 학자가 될 수 있었고, 신실한 기독교인으로서 눈물이 마를 날 없이 기도한 어머니의 경건함 덕에 젊은 날의 방탕한 생활을 청산할 수 있었다.

어린 시절 아우구스티누스가 받은 교육은 매우 열악했다. 그는 고향에서 기초적인 초등교육을 마치고, 약 30킬로미터 떨어진 마다우라의 문법학교에서 열한 살 때부터 열다섯 살 때까지 4년 동안 공부했다. 그러나 학교에 가면 고전을 억지로 송두리째 외우는 게 전부였다. 교재는 베르길리우스(기원전 70-기원전 19년), 아풀레이우스(124?-170년?), 살루스티우스(기원전 86-기원전 35년), 테렌티우스(기원전 185?~기원전 159년?) 등, 당시 유명했던 라틴 고전문학들뿐이었다. 게다가 툭하면 혹독한 체벌까지 가해졌다. 아우구스티누스는 반항했고, 그 탓에 그는 과학과 역사와 철학을 배우지 못했을 뿐 아니라 당시 학자들이 공통으로 사용하던 언어인 그리스어는 죽을 때까지도 익히지 못했다. 고대의 저명한 라틴 신학자들 가운데 그리스어를 모르는 사람은 아우구스티누스뿐이다.

그런데 여기에 우리가 주목해야 할 것이 있다. 그것은 아우구스티누스가 이처럼 열악하고 혹독한 교육을 받은 탓에, 다시 말해 오직 라틴어로 쓰인 고전문학 작품들만을 억지로 외웠기 때문에 오히려 완벽한 라틴어 문장 사용법을 익힐 수 있었다는 사실이다. 그가 통째로 암기한 문학 작품들은 대부분 구어체로 쓰인 서사시였는데 하나같이 표현이 뛰어난 것들이었다. 그중에서도 로마의 시인 베르길리우스의 문장은 더할 수 없이 탁월했다. 훗날 이탈리아 르네상스의 문을 연 단테(1265-1321년)까지도 너무나 흠모하여《신곡》에서 자기를 인도하는 스승으로 등장시킨 이 시인은 "결코 실수를 범하지 않을 뿐 아니라 칭찬을 받지 못할 글은 단 한 줄도 쓰지 않는" 인물이었다.

소년 아우구스티누스는 다른 무엇보다도 베르길리우스의 서사시《아이네이스》에 몰입했다. 그가 자기 만년의 대작인《신국론》에서도 이 시에 대해 언급할 만큼,《아이네이스》와의 만남은 그에게 평생 잊지 못할 경험이었다. 호메로스의《일리아스》의 영향을 받은 이 작품은, 신新 트로이아 건설이라는 사명과 카르타고 여왕 디도와의 사랑 사이에서 갈등하는 주인공 아이네이아스, 그와의 사랑에 빠져 괴로워하다가 배신을 당하고 결국 자살하고 마는 여왕의 비극적 운명을 그렸다.

일찍이 시인 호라티우스(기원전 65-기원전 8년)는 "통에 채워진 첫 번째 포도주는 오랜 시간 뒤에도 술통에서 그 향기를 풍기는 법"이라는 말을 남겼다. 베르길리우스의 작품을 비롯한 라틴 고전문학은 마치 술통에 채워진 첫 포도주처럼 아우구스티누스에게 오랜 세월 동안 변하지 않는 향기를 남겼다. 복잡하고도 미묘한 인간의 감정을 간결하고 무게 있게 표현한 뛰어난 문장들을 철저히 외우는 교육을 받은 이 소년은 나중에 청중과 독자들에게 눈물과 감동을 불러일으키는 구어체 언어의 대가가 되었다.

카르타고에서의 방황

371년, 17세가 된 아우구스티누스는 당시 젊은이들이 흔히 그랬듯이 법률가가 되기 위해, 일찍이 비련의 여왕 디도가 사랑하고 노래했던 도시 카르타고로 갔다. 당시 카르타고는 "아프리카의 로마"라고 일컬을 만큼 크고 아름다운 도시였다. 그러나 동시에 "아프리카의 구정물 웅덩이"라고 불릴 만큼 향락과 퇴폐에 찌든 도성이기도 했다. 후일 아우구스티누스는 그곳에 수치스런 애욕이 "가마솥처럼 들끓고" 있었다고 회상했다(《고백록》, 제3권 1장).

작열하는 태양 아래 빛나는 코발트빛 바다를 옆에 끼고 장방형으로 다듬어진 거리에는 새하얀 건물들과 푸른 가로수들이 줄지었고, 전 세계로 뱃길을 열어놓은 항구에는 각국에서 희귀한 물품을 가득 싣고 온 무역선들이 어깨를 맞대고 늘어서 있었다. 당연히 돈 많은 상인들, 매혹적인 매춘부들, 젊은 건달패들이 들끓었고, 이름난 학자들과 재기발랄한 예술인들이 모여들어 야외 공연장에서는 밤마다 연극과 서커스를 겸한 각종 축제가 열렸다.

문학과 사랑을 갈망하던 17세 청년 아우구스티누스의 눈에 가장 먼저 띈 것은 이 도시에 공기처럼 차고 넘치는 자유와 낭만이었다. 마다우라 문법학교 시절에 배운 라틴 고전문학 작품들 속에서 애욕을 불태우는 젊은 남녀들의 모습을 보면서 관능적이고 향락적인 사랑의 달콤함에 눈을 뜬 그는 오랫동안 갈구하던 것들을 찾아 자유분방한 생활을 시작했다. 곧바로 한 여인을 만났고, 이후 15년 동안 그녀와 동거했다. 역사에는 끝내 이름이 알려지지 않은 이 신비로운 여인과의 사이에서 아우구스티누스는 18세의 나이로 '아데오다투스'(신이 주셨다는 뜻)라는 아들을 두었다.

당시 아우구스티누스는 낮에는 수사학을 공부하고 밤에는 주로 연극을 보러 다녔다. 그는 극장에서 배우들이 토해내는 명대사에 감탄했고, 그들이 묘사하는 기쁨과 슬픔에 넋을 놓았다. 그런 가운데, 수사학에서 남다른 재주를 보여 수사학 선생이 되었는데, 얼마 안 가 몇 번의 경연대회에서 우승을 한 다음 '카르타고의 웅변가 *poenus orator*'로 불렸다. 나중에 그는 변론의 기술인 수사학으로는 무엇이든 그럴듯하게 꾸밀 수는 있을지라도 진리에는 이르지 못한다는 것을 깨닫고 수사학을 떠난다. 하지만 이미 축적된 그의 수사학 지식과 뛰어난 언변은 훗날 그가 여러 이단들과의 교리 논쟁에서 승리하는 데, 그리고 불멸을 저술들을 남기는 데 말할 수 없이 큰 도움을 주었다.

그러던 중 아우구스티누스는 지금은 유실되어 전해지지 않는 키케로(기원전 106-기원전 43년)의 저작 《호르텐시우스*Hortensius*》를 읽게 되었다. 키케로는 로마의 정치가이자 웅변가이며 절충주의 철학자였다. 절충주의Eclecticism라는 말은 여러 가능성 가운데서 어떤 것을 '선택한다'는 의미의 그리스어에서 파생되었다. 당시 로마 사람들은 고전 시대 그리스인들처럼 창조적이거나 진지하지 않았지만 실용적이었다. 그들은 이런저런 학파와 종교들의 이론들, 예컨대 영혼불멸 사상, 섭리 사상, 자연법 사상 등을 취사선택하고 절충하여 삶에 관한 실천적 지혜를 이끌어냈다.

아우구스티누스는 웅변술을 탐구하려는 목적으로 《호르텐시우스》를 보았지만, 키케로의 문장이 아니라 사상에 곧바로 매료되어 가슴을 뜨겁게 달구는 벅찬 감동을 받았다. 그리고 '문장 탐구'가 아니라 '지혜 탐구'라는 새로운 계획과 꿈을 갖게 되었다. 《고백록》에는 다음과 같이 씌어 있다. "이 책은 내 태도를 바꾸어주었고 새로운 목표와 갈망을 가지고 주님이신 당신께 기도하게 해주었습니다. 키케로는 모든 헛된 바람이 가치 없는 것임을 일깨웠습니다. 순간 나는 영원히 지속되는 가치를 담고 있는 지혜를 찾고 싶다는 강렬한 열망에 사로잡혔습니다. 당신에게로 돌아가고자 나 자신을 재우쳤습니다."《고백록》, 제3권 4장).

아우구스티누스에게 중요한 것은 이때 그의 관심이 감성적 문학에서 지성적 철학으로 돌아섰다는 점이지만, 우리가 주목해야 할 것은 키케로를 통해 그가 학문에 대한 실용적이고 절충적인 관점과 기술을 배울 수 있었다는 사실이다. 왜냐하면 이 같은 태도와 기술이 훗날 그에게 커다란 도움이 되었기 때문이다. 어느 의미에서든 아우구스티누스는 실용적인 요구에 의해 철학과 종교, 이성과 신앙, 아테네와 예루살렘, 요컨대 헬레니즘과 헤브라이즘을 성공적으로 절충하고 통합하는 데 탁월한 업적을 남긴 사람이라는 점에서 그렇다.

마니교와의 만남

《호르텐시우스》를 읽은 후, 아우구스티누스는 키케로가 말하는 철학과 종교를 절충한 지혜를 좇기 시작했다. 그러다가 당시 카르타고뿐 아니라 지중해 연안 전역에 성행하던 마니교를 만났다(《고백록》, 제3권 6장). 마니교는 페르시아인 마니(218-282년)가 메소포타미아의 사막에서 깨우침을 얻은 후 창시한 종교인데, 초기 기독교 내부에 이미 들어와 있던 영지주의Gnostcism와 조로아스터교Zoroastrianism를 적당히 절충하고 배합한 것이었다.

마니교의 중심 사상은 영혼과 물질, 선과 악, 빛의 왕국과 어둠의 왕국이 대등한 원리이자 존재론적 실체로서 끊임없이 투쟁하고 있다는, 철저한 이원론이다. 마니는 선에 적극적으로 대항하여 '자신의 원리를 산출하고 전파하는 어떤 악'이 실제로 존재하며, 그 악하고 추한 본성의 지배를 받는 것이 물질이라고 가르쳤다. 이러한 구조에서 인간이란 당연히 영혼이라는 빛이 육체라는 어둠에 갇힌 이중적 존재일 수밖에 없다. 그래서 마니는 인간에게 존재하는 경건과 사랑, 믿음 같은 영혼의 본성은 선한 신으로부터 오고,

정욕과 탐욕, 분노 같은 육체적 본성은 악한 신으로부터 온다고 주
장했다.

훗날 《고백록》을 쓸 즈음에 아우구스티누스는 "하나님께서 지으
신 모든 것이 선하다"딤전 4:4는 바울의 가르침과 '세계는 선 자체에
의해 선하고 아름다운 성과물로 창조되었다'(《티마이오스》, 28e-30b)
는 플라톤의 사유를 받아들여, 신이 창조한 세계와 인간에 대한 위
대한 찬양가가 되었다. 그의 《설교집》에는 다음과 같이 아름다운
찬가가 들어 있다.

> 세상에게 물어보라, 하늘의 아름다움, 별들의 빛남과 질서,
> 낮의 태양과 달, 밤에 내리는 서리를 가진 세상에게!
> 땅에게 물어보라, 나무들과 식물들을 풍요롭게 하는,
> 온갖 동물이 서식하여, 인간을 위해 가꾸어지고, 마련된 땅에게!
> 바다에게 물어보라, 자기 안에서 태어난 모든 존재로 충만해진 바다
> 에게!
> 모든 것을 물어보고 나서 보라, 저마다의 것이 자신의 종류에 따라
> 자신의 감관을 통해 너에게 대답하고 있지 않은가.
> "신이 우리를 만드셨다"라고. 드높이 숙고한 철인들이 이것을 물었고,
> 그들은 세계라는 예술품으로부터 신적인 예술가를 인식했다.

아우구스티누스는 같은 말을 《고백록》에는 다음과 같이 썼다.

"주님, 당신이 만물을 창조하셨습니다. 그것들이 아름다운 것은 당신이 아름답기 때문이고, 그것들이 선한 것은 당신이 선하시기 때문입니다"《고백록》, 제11권 4장). 하지만 청년 시절에는 아직 아니었다. 그렇다고 해서 그가 청년 시절에는 이 같은 사상을 전혀 몰랐다는 뜻은 아니다.

아우구스티누스는 어머니 모니카를 통해 '모든 것이 선한 신으로부터 나오기 때문에 선만이 존재할 뿐 악은 실제로 존재하지 않는다'는 기독교의 주장을 어려서부터 듣고 자랐다. 그럼에도 그가 마니교에 빠져들게 된 데에는 이유가 있었다. 그가 자신의 내면에 들끓는 악의 문제, 곧 탐욕과 정욕의 문제로 심각하게 고민하고 있었기 때문이었다. 아우구스티누스는 차라리 마니교도처럼 인간으로서는 도저히 거부할 수 없는 어둠의 왕국과 악의 세력을 인정하는 것이, 자신의 윤리적 책임을 피할 수 있는 방법이거니와 인간 내면과 세상 속에 엄연히 존재하는 악에 대한 타당한 설명이라고 생각했던 것이다. 그래서 어머니의 간곡한 만류에도 불구하고 마니교도가 되었고, 이후 9년이나 마니교에 머물렀다.

374년 가을, 스무 살 청년이 된 아우구스티누스가 수사학 공부를 마칠 무렵, 아버지가 세상을 떠난 후 그의 경제적 후원자였던 로마니아누스가 자기 아들의 가정교사를 맡아달라는 요청을 해왔다. 그는 기쁜 마음으로 고향 타가스테로 돌아갔는데, 그의 가슴 안에는 교사로서의 기대뿐 아니라 마니교 포교자로서의 야심이 함

께 자리하고 있었다. 그는 아프리카 제일의 도시에서 갈고 닦은 수
사학과 웅변술로 학문과 논리성이 부족한 어머니와 그 주변의 기
독교인들을 마니교로 개종시키는 것은 식은 죽 먹기일 것이라고
생각했다.

영문을 모르는 모니카는 훌륭히 성장한 아들을 기쁘게 맞았다.
그러나 그 기쁨이 슬픔으로 변하는 데는 그리 오랜 시간이 걸리지
않았다. 아들이 돌아온 이후, 모자는 수시로 마주 앉아 신앙 문제
에 대해 이야기를 나누었다. 그러나 아우구스티누스의 생각과는
달리 그는 자신의 어떤 수사학과 웅변술로도 어머니를 설득시킬
수 없었다. 모니카의 신앙은 추호도 흔들리지 않았고 그 어떤 타협
도 허용하지 않았다. 결국 두 사람은 심하게 대립하게 되었고, 어
머니는 아들을 집에서 쫓아냈다. 모니카에게는 그 일이 심적으로
매우 고통스런 일이기도 하거니와, 경제적으로도 무척 손해나는
일이었다. 이제 아들이 가계를 도울 수 있을 만큼 성장했기 때문이
었다. 그럼에도 그녀는 단호했다.

이즈음 모니카가 꿈을 꾸었다. 어느 부인이 널빤지 위에 서 있는
데 한 청년이 다가와 어찌하여 그리도 슬피 울고 있느냐고 물었다.
부인이 아들을 잃어서라고 탄식하자 그 청년은 주위를 둘러보라고
했다. 그랬더니 부인이 서 있는 널빤지 위에 아들도 나란히 서 있
었다. 어머니의 꿈 이야기를 들은 아우구스티누스가 그것은 어머
니가 마니교도가 된다는 뜻이라고 말하자, 모니카는 그 반대로 네

가 기독교인이 될 것이라는 의미라고 대답했다. 아우구스티누스는 더 이상 아무 말도 하질 못했다(《고백록》, 제3권 11장).

이후 아우구스티누스는 다시 카르타고로 돌아가 마니교뿐 아니라 한동안 점성술에도 깊이 빠져들었다. 그런데 그것을 계기로 천체에 흥미를 느껴 그리스 천문학을 공부하게 되는데, 그것이 오히려 점성술이 근거가 없는 미신이라는 것을 깨닫는 계기가 되었다. 이후, 즉흥적 생각이나 단순한 사고로는 진정한 지혜를 얻을 수 없다고 반성한 그는 철학·음악·기하학·미술 등을 공부하며, 학문적 지혜를 탐구하기 시작했다. 그리고 26세를 앞둔 379년 말에 아름다움에 관한 이론을 다룬《아름답고 알맞은 것》이라는 첫 책을 써서 공개했다(《고백록》, 제4권 13장).

그럼에도 아우구스티누스는 여전히 자신이 원하는 지혜가 정확히 무엇인지 알지 못했다. 때문에 혼란과 고통 속의 방황을 멈출 수가 없었다. 그가《고백록》서두에 써놓은 "당신께서는 우리를 당신을 향하여*ad te* 있도록 지으셨기에 우리의 마음은 당신 안에서*in te* 안식할 때까지 쉴 수 없습니다"(《고백록》, 제1권 1장)라는 고백은 이 같은 체험에 기인한 것이다.

로마에서의 회의

383년 여름, 29세가 된 아우구스티누스는 더 큰 세속적 야망을 품었다. 그는 단순한 웅변가나 수사학자가 아니라 철학자가 되고 싫었다. 그를 위해 그는 수업 태도가 나쁜 카르타고의 학생들과 눈물로 말리는 어머니를 단호히 뒤로하고 로마로 향했다. 그는 《고백록》에 자신의 타락을 염려하여 부두에까지 나와 만류하던 어머니 모니카의 모습을 다음과 같이 묘사했다. "바람이 불어와 배를 밀었고 이내 해안은 우리 시야에서 사라졌습니다. 다음 날 아침 어머니는 해안에 서 있었습니다. 슬픔에 초췌해진 얼굴로, 당신의 귀에 수많은 불평과 한숨을 쏟아놓았습니다"《고백록》, 제5권 8장).

우리는 이 글에서 당시 아우구스티누스가 가졌을 한 조각 양심의 가책을 엿볼 수 있다. 그럼에도 그는 마치 무엇엔가 홀린 듯 세속적 성공의 길을 찾아갔고, 누구도 그를 말리지 못했다. 성모 마리아를 찬양하는 송가 〈환상의 여성〉으로 이름을 떨친 19세기 영국의 종교시인 프랜시스 톰슨(1859~1907년)은 《고백록》에서 이 구절을 읽고 당시 모니카의 모습을 성모의 모습에 견주어 다음과 같이 묘사했다.

십자가 곁에서 슬픔에 잠긴 성모가
죄 없는 아들을 위해 눈물을 흘린 것처럼
바닷가에서 당신은
죄 많은 아들을 위해 눈물을 흘린다.

로마에 도착한 아우구스티누스는 이번에는 회의주의skepticism 경향을 띤 '신新아카데미학파'라는 철학 집단에 발을 들여놓았다. 이들의 주장에 의하면, 사람은 자신의 감각에 기초하여 판단하므로, 인간의 지식은 상대적이고 불확실하며 보편성과 절대성을 지닐 수 없다. 따라서 인간은 어떠한 진리도 얻을 수 없으며 모든 것에 대해 의심해야 한다(《고백록》, 제5권 10장). 이것은 당시 인간들이 '이성의 힘'에 의해서는 새로운 삶의 의미를 만들어낼 수 없다는 사실을 깨닫기 시작했다는 것을 의미한다.

고대가 끝나갈 무렵, 그리스 철학은 이미 어떤 의미에서든 종교화되어가고 있었다. 그것은 찬란했던 한 시대가 남긴 씁쓸한 유물로서, 플라톤이 《국가》에서 설계한 것처럼 인간 이성으로 지상에서의 천국utopia를 세워보려던 영웅적인 그리스 정신이 이미 몰락했다는 뜻이기도 했다. 그 결과 대부분의 철학자들은 신비주의 내지 회의주의로 기울어져 기존의 철학과 신비주의를 혼합한 종교형태의 사상을 만들었는데, 신플라톤주의와 '신아카데미학파' 등이 그 대표적인 예다.

우리가 여기서 또한 주목해야 할 것은 이러한 회의주의가 '이성의 한계'를 드러냄으로써, 아우구스티누스 개인뿐 아니라 시대적으로도 기독교적 계시를 받아들일 수 있는 하나의 준비 단계로 작용했다는 점이다. 얼핏 매우 생소하게 들리겠지만, 잠시 생각해보면 그것은 오히려 당연한 일이다. 누구든, 또 어느 시대든 이성의 한계를 스스로 인정하지 않고야 어떻게 초이성적 계시를 받아들일 수 있겠는가? 회의주의가 아우구스티누스에게 한 일이 바로 이것이었다. 그는 이 시기 이후 그토록 굳건하던 자신의 이성을 차츰 신앙 앞에 무릎 꿇릴 수 있게 되었다. 아우구스티누스는 나중에 이 같은 자신의 통찰을 "신앙이 지식의 출발이다"라고 표현했다.

아우구스티누스가 회의주의를 접한 기간이 비교적 짧았고, 회심 후 그가 《아카데미학파 논박》에서 그들을 신랄하게 비판했기 때문에, 학자들 사이에서조차 회의주의가 아우구스티누스에게 한 일이 과소평가 되고 있다. 하지만 우리는 훗날 아우구스티누스가 이룩한 신학의 위대성 가운데 하나가 바로 인간 '이성의 한계'를 인정했다는 점이라는 것을 잊지 말아야 한다.

예나 지금이나 인간 이성의 문제점은 그것이 너무나 하찮다는 것이 아니라 너무나 대단하다는 것에 있다. 그런 나머지 사람들은 이성적이고 합리적인 과학은 숭배할지언정, 더 이상 신 앞에 자신을 무릎 꿇리지 못한다. 아우슈비츠와 히로시마가 상징하는 근대적 이성의 폭력이 따져보면 바로 거기에서 기인했다! 인간 이성의 자기 숭배가 얼마나 위험한가를 증명해주는 이 같은 역사적 사실을 감안할 때, 회의주의가 아우구스티누스에 끼친 영향을 결코 가볍게 평가해서는 안 된다.

같은 맥락에서 우리는 "자신의 주장을 끝까지 밀고 나가면 그것이 이단이다"라는, 유대교 신학자 마르틴 부버(1878-1965년)의 말도 한 번쯤 심각하게 생각해보아야 한다. 신을 믿는 인간은 누구나, 다시 말해 그가 과학자든, 신학자든, 성직자든, 평신도든, 신 앞에서 자신의 생각이나 주장을 끝까지 밀고 나가면, 이단이 된다. 그의 생각이 틀렸을 때만이 그런 게 아니다. 설사 그의 생각과 주장이 옳다고 해도 마찬가지다. 왜냐하면 그 사람은 결국에는 신을 믿는 것이 아니라 자신의 이성을 믿는 사람이기 때문이다.

따라서 기독교인은 설사 자기가 아무리 옳다고 하더라도, 인간이 가진 '이성의 한계'를 인정하고 모든 일의 마지막은 신에게 맡겨야 한다. 예수가 마지막 날 밤에 겟세마네 동산에 올라 핏방울 같은 땀을 흘리면서 "내 아버지여 만일 할 만하시거든 이 잔을 내게서 지나가게 하옵소서. 그러나 나의 원대로 마시옵고 아버지의 원대로 하옵소서"마 26:39라고 한 바로 그 기도를 따라야 한다. 그래야 비로소 기독교인이다.

인간 이성의 한계를 분명히 깨달은 아우구스티누스는 진정한 기독교인이라면 어떻게 해야 하는지를 다음과 같이 교훈했다. "자기를 버려라. 내가 말하노니 자기 자신으로부터 스스로를 버려라. 당신이 당신 자신을 막아라. 만약 당신이 자기 자신의 자아를 내세운다면 당신은 파멸하고 말 것이다. 당신 자신으로부터 도망쳐서 당신을 창조하신 그분께로 가라"《설교집》, 169, 9; 29, 4). 그리고 이 교훈이 기독교의 전통이 되었다. 약 1,200년이 지나 17세기에 활동한 영국의 대표 시인이자 성직자이기도 했던 존 던(1572-1631년)은 그의 〈소네트〉에서 같은 말을 다음과 같이 읊었다.

삼위일체 하나님이시여, 내 마음을 깨뜨리소서!

주님이시여, 내 마음을 두드리소서! 들어와 숨 쉬소서!

내 영혼의 빛을 비추소서! 내 마음을 바꿔주소서!

주님을 향해 날개 치며 상승하도록

나를 거꾸러뜨리소서! 굴복시키소서!

주의 능력의 바람이 내 마음을 부수고 들어와

불고 태워서, 나를 새롭게 하소서!

흥미로운 것은 오늘날 포스트모더니스트로 불리는 푸코, 라캉, 데리다, 로티와 같은 철학자들도 이성에 의한 지상 천국utopia을 설계하려 했던 근대성modernity의 허위의식과 폭력성에 치를 떨며 지식과 도덕의 보편성 내지 확실성을 부인하고 상대성과 개연성만을 인정한다는 사실이다. 그렇다면 새로운 회의주의를 내세우는 21세기의 '포스트모더니즘'이ㅡ고대 회의주의가 아우구스티누스와 고대시대에 그랬듯이ㅡ '신앙의 시대'를 다시 이끌어낼 수 있을까? 오늘날 기독교인들이 고대 기독교인들과 같은 신앙을 갖고 있지 않은 점을 감안하면, 전망은 밝지 않다. 하지만 지켜볼 일이다.

암브로시우스 주교

384년에 30세가 된 아우구스티누스는 로마 시장 심마쿠스의 발탁을 받아 밀라노의 수사학 교사로 자리를 옮겼다. 북쪽으로 알프스를 바라보고 옆으로 코모 호수와 오로나 강을 끼고 있는 밀라노는 그때나 지금이나 크고 아름다운 도시이다. 당시 밀라노 시에서는 관비를 들여 수사학 교사를 고용하여 젊은이들을 교육했는데, 밀라노에는 황제의 궁전이 있었기 때문에 수사학 교사가 해마다 황제와 그해의 집정관을 위한 공식적인 찬양문을 발표했다. 그리고 이 일에 성공적인 수사학 교사는 요즈음으로는 공보관公報官이라 할 수 있는 '선전 장관'의 직에 오르기도 했다.

아우구스티누스는 연설문을 써서 응모하는 한편, 마니교의 유력자를 통해 심마쿠스에게 청탁을 넣어 밀라노 시의 수사학 교사가 되었다. 아우구스티누스는 결국 심마쿠스의 사람으로 밀라노의 수사학 교수가 되었는데, 그는 이교도 신앙을 폐지하도록 선포한 황제의 결정을 번복하도록 청원을 냈다가 밀라노의 주교인 암브로시우스(340-397년)의 반대로 패한 사람이었다. 심마쿠스는 그토록 중요한 자리에 마니교도인 아우구스티누스를 앉힘으로써 암브로시우스를 견제하려 했던 것이다. 하지만 상황은 전혀 다르게 전개되었다. 아우구스티누스가 밀라노에서 맞은 생의 획기적 전기는, 그가 심마쿠스의 수하로서 밀라노 시의 선전 장관에 오른 것이 아니라 암브로시우스 주교의 신도로서 기독교로 개종하게 된 일이기 때문이다.

암브로시우스는 기독교 사상사에서 4, 5세기를 대표하는 '5인의 위대한 교회 지도자' 가운데 하나로 꼽히는 매우 특출한 교부였다.

그는 교회를 위해서 이교도를 옹호하는 로마 시장 심마쿠스와 대립했고, 정통신학을 위해서는 이단 아리우스파를 옹호하는 발렌티아누스 2세의 모후 유스티나와 싸웠으며, 정의를 위해서는 테살로니키에서 잔혹한 살육을 저지른 황제 테오도시우스 1세를 호되게 꾸짖어 참회를 촉구했고, 찬송가를 장려하여 서방교회에 음악을 들여놓은 장본인이기도 하다.

그는 또한 뛰어난 신학자였다. 아우구스티누스가 밀라노에 도착했을 당시, 암브로시우스는 자신의 후계자인 심플리키아누스, 플로티노스의 《엔네아데스*Enneades*》를 라틴어로 번역한 마리우스 빅토리누스 등과 함께 신플라톤주의 사상을 통해 성서를 해석하여 기독교 신학을 정립하는 일에 불철주야 매진하고 있었다. 그들 가운데 특히 심플리키아누스가 아우구스티누스를 따뜻하게 맞아, 신플라톤주의와 기독교로 인도했다. 이로써 기독교 사상사를 통틀어 가장 위대한 인물의 탄생이 하나씩 차례로 준비되고 있었다.

초이성적 계시로 시작된 기독교는 자신들의 주장을 이론적으로 설명하는 데에 처음부터 많은 어려움을 갖고 있었다. 이때 계시들을 이론화하는 작업에 혁혁한 공헌을 한 것이 그리스 철학, 그중에서도 파르메니데스와 플라톤의 전통을 이어받은 플로티노스(205-270년)의 신플라톤주의였다. 예컨대 유스티누스, 알렉산드리아의 클레멘스, 오리게네스 등과 같은 초기 기독교 사상가들은 구약성서와 예수의 복음을 통해 형성된 기독교의 가르침을 신플라톤주의와 그 안에 녹아 있는 플라톤 철학에 힘입어 정리하여 그들 종교의 교리와 사상을 구축했는데, 이것은 초기 기독교 신학의 전통이었다.

신플라톤주의 철학이 초기 기독교 신학에 끼친 지대한 영향은 예컨대 알렉산드리아의 클레멘스(150~215년)가 플라톤을 "예수가 탄생하기 400년이나 전에 존재했던 기독교인" 또는 "그리스어로 저술하고 있는 모세"로 평가하는 것을 보면 가히 짐작할 수 있다. 만일 우리가 신학과 철학 어느 편에도 치우치지 않고 정당하게 평가한다면, 초기 기독교 사상가들이 정리한 교리나 사상 중 그 어떤 것도 그리스 철학으로부터 나온 것은 없지만, 그중 어느 것 하나도 그리스 철학, 특히 신플라톤주의의 영향 아래서 정리되지 않은 것이 없다고 해야 할 것이다.

아우구스티누스는 애초 암브로시우스에게서 단지 수사학적 기술을 배우려고 그의 설교를 듣기 시작했고, 당연히 두 사람의 관계도 그리 가깝지 않았다. 그러나 그는 암브로시우스의 설교에 녹아 있는 신플라톤주의적 가르침에 차츰 매료되었다. 암브로시우스도 다른 설교자들과 마찬가지로 예수가 전한 '하나님의 나라'가 있다는 것과 하나님의 말씀을 따라야 그곳에 들어갈 수 있다는 복음을 신도들에게 가르쳤다. 그러나 그는 다른 설교자들과는 달리 복음을 권위에 기대어서가 아니라 이론적으로 풀어서, 구체적으로 말하자면 신플라톤주의 이론을 빌려서 이성적으로 가르쳤다.

아우구스티누스가 스스로 고백했듯이 암브로시우스는 "신비의 너울을 벗기어 문자 그대로 받아들이면 불합리하게 보이는 성서 본문의 뜻을 영적인 의미로 해석"해주었다(《고백록》, 제6권 4장). 그럼으로써 신도들이 복음을 신앙으로만이 아니라 이성으로 받아들일 수 있게 도왔다. 바로 이 점이 그를 감동시켜 기독교로 개종하게 했다. "불합리하기 때문에 믿는다credo quia absurdum"라는 입장을 견지한 초기 라틴 교부 테르툴리아누스와는 달리, 아우구스티누스는 "진리라고 믿는 것을 바랄 뿐만 아니라, 그것을 이해하려고 안달이 난 그런 부류의 사람"(《아카데미학파 논박》, 3, 20. 43)이었기 때문이다.

아우구스티누스는 "이성의 한계들이 신앙을 필수 불가결한 것으로 만든다"라는 암브로시우스의 가르침을 따라 이성에 대한 신앙의 우월성을 평생 강조했다. 그러면서도 암브로시우스가 그 말 바로 앞에 붙인 "신은 우리가 이성 없이 그분에 대한 신앙에 복종하기를 원치 않으신다"라는 말을 따라 이성의 중요성도 죽을 때까지 잊지 않았다. 그 결과 그가 기독교에 남긴 위대한 업적을 한마디로 요약한다면, 그것은 '초이성적인 계시를 이성으로 이해할 수 있게 도운 것'이라 할 수 있다.

《고백록》에는 아우구스티누스가 마니교의 지도자인 파우스투스에게 실망하는 내용이 나온다. "탁월하리라 여겼던 분야의 학문에 그가 서툰 사람임을 알게 되자, 내가 고민하고 있던 어려움을 풀 수 없으리라는 생각에 크게 낙심이 됐습니다"(《고백록》, 제6권 7장).

이것이 그가 마니교에 회의를 갖게 된 시발점이었다. 그러나 아우구스티누스가 마니교를 떠난 보다 직접적이고 근본적인 이유는 신플라톤주의를 통해 접한 천문학에서 비롯되었다. 마니교에서는 우주가 악의 원리에 의해 창조되어 혼돈스럽다고 가르쳤다. 그런데 플라톤의 《티마이오스》 영향 아래 있던 신플라톤주의에서는 우주의 구조를 규칙적이며 수학적인 질서로 설명했다. 이때부터 아우구스티누스는 마니교 교설을 버리고 세계에는 창조 때부터 일정한 질서가 있었으며 그것을 창조한 신은 선하다고 믿기 시작했다.

현대 신학자 파울 틸리히(1886-1965년)는 아우구스티누스가 신플라톤주의 안에 녹아 있는 그리스적 이성주의를 내세워 동방의 이원론인 마니교를 극복한 것은 인류 역사에 하나의 상징적 의미를 갖는 사건이라고 평가했다. 그 덕분에 현대의 자연과학, 수학, 테크놀로지가 발전할 수 있었다는 것이다. 그러나 그것은 1,500년이나 지난 후 내려진 문화사적 평가일 뿐이다. 아우구스티누스 개인의 생애에서 신플라톤주의는 그가 기독교로 들어가는 문을 여는 열쇠이자 위대한 신학자가 되는 발판이었다. 《고백록》 제7권이 보여주듯이, 신플라톤주의를 통해 그에게는 이미 '지적 회심'이 일어났다. 이 점에서 아우구스티누스가 암브로시우스를 만날 수 있었던 건 말로는 다 표현할 수 없는 행운이었다. 그리고 이제 그에게 남은 것은 오직 '영적 회심'뿐이었다.

밀라노에서의 회심

아우구스티누스의 생애에서 30대 초반은 육적으로나 지적으로나 또 영적으로나 마치 포도가 포도주로, 애벌레가 나비로 변하는 것과 같은 변혁과 혁명의 시기였다. 위대한 학자이자 성인이 되기 위해, 육체적으로는 방탕한 생활에서 금욕생활로, 지적으로는 철학자에서 신학자로, 영적으로는 마니교도에서 기독교인으로 그 스스로 변해야만 했다. 당연히 이에 따른 고통이 있었다. 그것은 포도주가 되려는 수액이 술통 속에서, 나비가 되려는 애벌레가 고치 속에서 견뎌야 하는 '어둠과의 투쟁'이었다. 당시 아우구스티누스는 특히 성적인 문제에서 큰 혼란과 고통을 겪은 것으로 알려졌다.

아우구스티누스는 이미 17세 때 카르타고에서 한 여인을 만나 아들을 낳고, 그때까지 15년을 함께 살았다. 그런데 그가 32세가 되던 386년에 어머니 모니카가 성공한 아들의 신분에 어울리게끔, 어느 부유한 기독교 집안의 상속녀와 약혼을 주선했다. 이 일은 우리에게 쉽게 이해가 되지 않는다. 모니카가 누구인가! 기독교 역사상 가장 믿음이 굳고 경건한 여인 가운데 하나로 꼽히는 여인이 아니던가! 그런 그녀가—결혼이 당시에는 재산상의 협정이었다는 점을 감안한다고 하더라도—아들과 오랜 세월을 함께 살아온 여인 대신에 아직 결혼할 나이에도 이르지 않은 부잣집 소녀와의 결혼을 추진했다는 사실이 미덥지 않다.

그뿐 아니다. 모니카는 그렇다고 해도, 왜 아우구스티누스가

어려웠던 시절을 헌신적으로 살아온 '자기 아들의 어머니'를 버렸
는지 이해하기가 무척 어렵다. 어머니의 강권에 못 이겨서였을까?
그건 아니었던 듯하다. 그는 그동안 숱하게 어머니를 거역하고 자
기 뜻대로 살지 않았던가! 그럼, 사랑이 변해서였을까? 그것도 아
니었던 것 같다. 그는 《고백록》에 당시의 심정을 이렇게 토로했다.
"나의 결혼에 방해가 된다는 이유로 나와 그토록 오래 산 그 여자
를 내 곁에서 떠나가게 했습니다. 그녀와 오랫동안 하나로 이어져
있던 내 마음은 고통 받고 상처입고 피를 흘렸습니다"《고백록》, 제6
권 15장).

아우구스티누스가 이름 없는 '그 여인'과 결혼하지 않은 이유는
끝내 알려지지 않았다. 일부 학자들은 신분 차이 때문이었으리라
추정한다. 당시 로마에는 신분의 혼합을 막는 콘스탄티누스의 영
이 시행되고 있었기 때문이다. 아우구스티누스를 미화하려는 다른
일부 학자는 그가 사춘기도 되지 않은 어린 신부와라면 가능한 금
욕 생활을 하기 위해 '그 여인'과도 헤어졌다고 주장하기도 한다.
그 당시 소녀들의 합법적 결혼 연령이 12세였는데, 나이 때문에 결
혼이 2년가량 미뤄진 것으로 보아 약혼녀의 나이는 10세 전후였을
것이기 때문이다. 그러나 이 주장은 일단 터무니없는 소리로 들린
다. 아우구스티누스는 그 후에도 넘치는 성욕을 참지 못해 결혼할
때까지 '임시방편'으로 또 다른 애인을 두었기 때문이다.

그렇지만 이렇게 달리 생각해볼 여지는 있다. 그는 평생 자신의

내부에서 끓어오르는 성욕과 싸워야 했던 정력적인 사람이었다. 하지만 성욕을 원죄와 연결 지을 만큼 죄악시했던 사람이기도 했다. 386년은 아우구스티누스가 세례를 받기 직전 해다. 그는 세례를 앞두고 경건생활을 위해 금욕을 결심한 다음, '그 여인'의 동의를 얻어 고향으로 돌려보냈을 수 있다는 말이다. 이후 그녀는 아프리카로 돌아가 가톨릭 공동체에서 금욕의 삶을 살았다고 전해진다. 물론 아우구스티누스는 "마음에는 원이로되 육신이 약해서"마 26:41 그 약속을 지키지 못했다. 그래서 자신도 "이리하여 내 영혼의 질병은 악습의 노예가 된 탓으로 더욱 심해져갈 뿐이었습니다"《고백록》, 제6권 15장)라고 자탄했다.

주로 어린 시절의 기억과 종교적 테마로 시를 썼던 영국의 현대 시인 클리퍼드 다이먼트(1914–1970년)는 아우구스티누스가 그 당시 가졌으리라 짐작되는 심적 갈등을 묘사한 흥미로운 시를 남겼다. 제목이 "32세의 성 아우구스티누스"이다.

> 소녀여, 왜 나를 따라오는가.
> 성스러운 곳의 문 앞에 내가 이르렀으나,
> 내 결심이 흔들리고, 들어가기 주저되니
> 돌아서서 네 얼굴을 들여다본다.
> …
> 나는 말이 아닌 웅변을 열망하고

돌의 입맞춤 속에 충만을 찾는다. 너는,

붉은 입술과 금빛 머리로 내게로 온다. 그리고,

네 발밑엔 바람에 불려온 낙엽이 하나.

특히 매력적인 마지막 행을 보면 시인은 당시 아우구스티누스가 가졌으리라 짐작되는 갈등에 인간적으로 공감했던 것 같다.

그런데 여기에서 우리가 놓치지 말아야 할 중요한 사실이 있다. 그것은 자기 자신을 "영혼의 질병"을 앓고 있는 죄인으로 파악한 아우구스티누스의 철저한 죄의식이 그를 마침내 영적 회심으로 이끌었다는 것이 그것이다. 덴마크의 철학자 키르케고르(1813~1855년)가 옳게 지적한 대로, 인간은 뉘우침과 죄의식이라는 처절한 실존적 절망감 속에서만 "무한한 자기 체념"을 할 수 있게 되며, 그제야 비로소 신을 발견하고 그에게 자신의 모든 것을 맡기게 되기 때문이다. 키르케고르는 이 말을 "무한한 자기 체념은 신앙 앞에 전제되는 최후의 단계이다"라고 표현했다. 당시 아우구스티누스가 비로소 이 단계에 이른 것이다.

정리해보면, 이제 아우구스티누스에게는 회심을 위한 모든 준비가 끝났다. 그는 이미 아카데미학파의 회의주의를 통해 '인간 이성의 한계'를 깨달았고, 신플라톤주의를 통해 '지적 회심'을 이루었으며, 철저한 죄의식을 통해 '무한한 자기 체념'을 할 수 있게 되었다. 그것은 그가 마침내 자기 자신을 신 앞에 무릎 꿇릴 수 있게 되었음을 알리는 명확한 징표였다. 아우구스티누스의 회심은 이렇듯 '차례로' 그리고 '철저히' 준비되어왔기에, 때가 이르자—그의 오랜 망설임이나 갈등과는 달리—마치 둑이 무너지고 막혔던 봇물이 터지듯 극적으로 일어났다.

아우구스티누스는 어느 날 폰티티아누스라는 친구에게서 얼마 전에 죽은 이집트의 은둔수사 성 안토니우스(251-356년)의 생애를 전해 들었다. 안토니우스는 콥트 족의 기품 있는 기독교 가정에서 태어났다. 부모가 죽자 물려받은 거대한 토지와 막대한 부를 모두 가난한 사람들에게 나눠주었다. 그리고 당시 아우구스티누스와 거의 같은 나이인 34세에 이집트의 외딴 사막으로 나가 금욕과 수도 생활을 했던 기독교 역사상 최초의 수도사다.

사막에서 안토니우스는 짐승가죽으로 옷을 지어 입고 곡식과 소금만 먹으며 대부분의 시간 동안 기도와 고행 그리고 환상 속에서 사탄과 싸우며 홀로 살았다. 가끔 알렉산드리아로 나와 사자후 같은 설교를 토했는데, 당대 기독교인들은 물론이고 이교도까지 탄복시켜 "황야의 별"이라는 호칭을 얻었다. 말년에는 홍해 부근의 콜짐 산 동굴에서 살았다. 이곳에는 아직도 그의 이름을 간직한 '성 안토니우스 수도원'이 고색창연한 모습으로 남아 있는데, 이것이 기독교 최초의 수도원이다.

아우구스티누스는 이 위대한 수도사의 이야기를 듣고 커다란 충격을 받았다. 그리고 방황하며 방탕하고 술 취하며 음란과 호색하던 자신의 지난날들을 되돌아보고, 여전히 회심하지 못하는 자기를 크게 뉘우쳤다. 그리고 뒤뜰 무화과나무 아래서 울부짖었다. "오, 주여, 어느 때까지입니까? 오, 주여, 어느 때까지입니까? 당신께서는 영원히 노하려 하십니까? 원하옵건대 지난날에 저지른 죄를 기억하지 마시옵소서. 언제까지입니까? 얼마나 더 기다려야 합니까? 내일입니까? 또 내일입니까? 왜 지금은 아닙니까? 왜 지금 이 순간에 나의 더러움을 벗어버릴 수 없습니까?"(《고백록》, 제8권 12장)

그때 이웃집에서 "톨레 레게*Tolle lege*"라고 외치는 한 아이의 목소리가 되풀이해서 들렸다. '톨레 레게'는 '집어서 읽어라'라는 뜻이다. 아우구스티누스는 그 음성이 아이가 놀이를 하면서 부른 노래가 아니라고 생각했다. 또한 그것이 '이웃 집*vicina domo*'에서가 아니라 '신의 집*divina domo*'에서 온 것이라고 여겼다. 그래서 손에 잡히는 대로 성서를 펼쳐 읽은 것이 "방탕하거나 술 취하지 말며 음란하거나 호색하지 말며 다투거나 시기하지 말고 오직 주 예수 그리스도로 옷 입고 정욕을 위하여 육신의 일을 도모하지 말라"롬 13:13-14는 구절이었다. 그러자 확신의 빛이 그의 마음에 들어왔다!

카시키아쿰의 신학

'회심悔心'에 대응하는 신약성서의 용어가 '메타노이아*metanoia*'다. 어의적으로 '나중에 생각을 바꿈', '달리 생각함', '정신적 가치

지향을 변화시킴'이라는 뜻을 가진 명사인데, 기독교에서는 먼저의 생각이 잘못되었다는 의미에서 이 단어를 '회개悔改'라고도 번역한다. 따라서 회심은 단순히 지난날의 잘못된 생각을 후회하고 바꾸는 것을 뜻하지 않는다. 그것은 자신의 삶의 태도 전반을 송두리째 기독교적으로 바꾸는 것을 의미한다. 다시 말해 회심은 인간이 삶의 모든 것을 '신과 관련해서 보고', 삶의 모든 관계와 책임에 있어서 '신에게 대응하는 태도'로 바뀌는 것을 말한다. 영국의 종교 철학자 윌리엄 템플(1881-1944년)은 이것을 "종교적으로 삶을 경험하는 형태a religious mode of experiencing life"라고 표현했다.

회심 후, 아우구스티누스에게도 자신의 삶의 태도 전반을 송두리째 바꾸어 종교적으로 삶을 경험하는 일이 일어났다. 크게 보아 두 가지였다. 하나는 자신을 그토록 오랫동안 억압해왔던 정욕의 마성으로부터 벗어나 마침내 금욕과 수도자의 생활을 시작하게 된 것이다. 그럼으로써 그는 단순한 신학자가 아니라 위대한 성인의 길로 발걸음을 내딛었다. 또한 당시 위대한 신학자들을 따라 신앙과 이성을 결합하는 일에 몰두하기 시작했다. 그러기 위해 그에게는 철학적 지식이 더 필요했는데, 《고백록》에 의하면 아마도 386년 초여름쯤 아우구스티누스는 신플라톤주의 서적 몇 권을 손에 넣게 된다(《고백록》, 제7권 9장). 오늘날 학자들은 그것이 빅토리누스가 라틴어로 번역한, 플로티노스와 그의 제자 포르피리오스의 저술들이었으리라고 생각한다.

아우구스티누스의 탁월함은 그가 기독교로 개종한 다른 신플라톤주의자들보다 훨씬 뒤늦게 이 저술들을 접했는데도, 그것을 이해하는 데서는 그들 가운데 누구보다도 빨리 높은 경지에 도달했다는 점으로 나타났다. 그는 고대 세계에서 난해하기로 악명이 높던 플로티노스의《엔네아데스》도 단시일에 완벽하게 소화해냈다. 나아가 그 안에 숨겨진 보물창고인 플라톤 사상으로 단번에 뛰어들었다. 그 결과 그가 도달한 결론은 플라톤과 플로티노스의 철학이 "단지 몇 마디만" 말을 바꾸면 기독교에서 말하는 진리가 된다는 것이었다(《고백록》, 제7권 20장). 그는 플로티노스의 책을 읽으면서 그동안 성서에서 모순이라고 생각되던 많은 것이 삽시간에 사라지는 신비스러운 경험을 여러 번 반복했다.

아우구스티누스가 볼 때, 성서의 내용 가운데 플로티노스의《엔네아데스》에 빠진 것은 다만 성육신과 부활의 신비뿐이었다. 신의 말씀이 육신을 입고 인간이 되었으며, 죽은 다음에 다시 살아났다는 계시는 예나 지금을 막론하고 인간의 이해를 아예 불허한다. 때문에 그것들은 이미 기독교로 개종한 신플라톤주의자들에게도 참을 수 없을 만큼 생소했다. 그래서 그들은 예배당 벽에 예컨대 "태초에 말씀이 계시니라"요 1:1라는 구절은 황금으로 새겨 기록하였지만, "말씀이 육신이 되어 우리 가운데 거하시매"요 1:14라는 구절은 입에 올리기조차 꺼려했다.

아우구스티누스도 신플라톤주의에 결여된 이 두 가지, 곧 성육신과 부활이 자기 자신과 기독교에 얼마나 중요한 것인가를 훗날에야 비로소 깨달았다. 그러나 당시에는 그것을 그다지 중요하게 생각하지 않았다. 그의 마음은 단지 그토록 오랜 방황 끝에 마침내 발견한 진리를 확고히 하는 일에만 온통 쏠려 있었다. 그래서 386년 여름휴가가 끝날 무렵 그는 출세를 기약할 수도 있었던 밀라노 수사학 교사직을 스스로 사임하고, 위대한 성인이자 불멸의 신학자가 되기 위한 발걸음을 내딛었다.

그해 가을이 오고 바로 '포도 수확 휴가*Feriae Vindemiales*'가 시작되었다. 때마침 친구 베레쿤두스가 밀라노에서 30킬로미터쯤 떨어진 카시키아쿰에 있는 별장을 아우구스티누스에게 빌려주었다. 알프스 산맥 기슭에 자리한 이 별장은 경관이 수려했고 건물도 매우 훌륭했다. 그곳에서 아우구스티누스는 같은 뜻을 가진 동료 10여 명과 함께 기도와 명상, 그리고 신학연구와 토론에 몰두했다. 그 모임에는 얼마 전 밀라노에 온 어머니 모니카와 아들 아데오다투스, 그리고 아우구스티누스의 형제인 나비기우스도 참가했다.

산기슭에 겨울이 찾아오자 날씨는 점점 추워졌지만, 기도와 명상의 깊이는 나날이 더해졌고 연구와 토론의 열기는 갈수록 뜨거워졌다. 그들 모두에게 더없이 소중하고 행복한 시간들이었다. 그것은 훗날 아우구스티누스가 이 공동체를 모델로 한 수도원을 만들기로 작정한 것이 증명한다. 아우구스티누스의 서간집인《편지》

에는, 이때 참석한 동료 중 한 사람이 그 열정적이고 아름다웠던 시절을 회상하며 쓴 다음 같은 시도 들어 있다.

> 새벽이 마차를 타고, 행복이라는
> 과거의 바퀴를 내게로 다시 굴려 올 수 있을까,
> 우리가 알프스 산맥의 그림자 아래
> 지혜로운 은둔을 계속하던 그때를.
> 서리가 내려도 굳건히 박힌
> 내 발을 뒤로 물러나게 하지 못했고,
> 태풍도 바람도 앞으로 계속될
> 우정을 물리치지 못하리.

그들은 키케로의 《투스쿨라나룸에서의 담론》 이후에 생긴 당시 관행에 따라, 토론을 할 때는 속기사 한 사람을 두어 모든 내용을 받아 적게 했다. 이후 아우구스티누스는 그 속기록들을 자신의 세련된 문체로 바꾸어 책으로 출간했다. 우리가 오늘날 보통 《카시키아쿰 대화록》이라는 이름으로 부르는 아우구스티누스의 초기 저술들이다. 여기에는 〈아카데미학파 논박〉, 〈행복한 삶〉, 〈질서론〉, 〈독백〉 등이 들어 있는데, 이 대화록들의 내용을 보면 온전히 기독교적이기보다는 다분히 신플라톤주의적인 요소들이 포함되어 있다.

그 때문에 일부 신학자들 사이에는 오늘날에도 아우구스티누스가 '기독교적 신플라톤주의자'인지 아니면 '신플라톤주의적 기독교인'인지에 대한 논란이 계속되고 있다. 진실이란 보는 관점에 따라 달라지는 법이다! 만약 누군가가 예컨대 하르낙이나 루프스처럼 《카시키아쿰 대화록》 같은 초기 저술에 눈을 고정하면 아우구스티누스는 분명 '기독교 빛깔을 띤 신플라톤주의자'로 보이는 것이 당연하다. 하지만 에티엔 질송처럼 《신국론》, 《삼위일체론》 같은 후기 저술들로 눈을 돌리면 그는 '신플라톤주의의 빛깔을 띤 기독교인'으로 비치기 마련이다. 어쨌든 한 가지 분명한 것은, 《카시키아쿰 대화록》을 쓰던 아우구스티누스가 《삼위일체론》을 쓰던 아우구스티누스가 아닌 것만은 확실하다.

모니카의 죽음

387년 봄, 아우구스티누스는 밀라노로 돌아와 부활절 주일(4월 24–25일)에 아들 아데오다투스, 친구인 알리피우스와 함께 암브로시우스에게 세례를 받았다. 그의 나이 33세였다. 이후 아우구스티누스와 그의 일행들은 고향 타가스테로 돌아가 카시키아쿰에서의 공동생활과 같은 수도생활을 계속하기로 했다. 그들은 그해 여름 밀라노를 떠나 로마를 거쳐 테베레 강 하구의 오스티아에 도착했다. 그런데 봄부터 찬탈자 막시무스의 함대가 항구를 차단하여 푸른 바다 너머 두 사람의 고향인 북아프리카의 타가스테로 돌아갈 수가 없었다.

당시 로마 제국은 두 명의 황제가 동로마와 서로마를 각기 통치하고 있었다. 그런데 383년에 막시무스가 서로마의 황제인 그라티아누스를 죽이고 황제의 자리를 빼앗았다. 그러자 동로마의 황제인 테오도시우스 1세가 그라티아누스의 동생 발렌티니아누스와 함께 정벌에 나섰다. 이에 대항한 막시무스가 항구를 봉쇄한 것이다. 이따금 바람을 타고, 테오도시우스 황제가 반역자를 분쇄하러 오고 있다는 소문이 로마로부터 들려왔지만 그날이 언제일지는 아무도 몰랐다. 아우구스티누스 일행은 오스티아에 임시 거처를 마련했다.

아우구스티누스는 어머니와 함께 창가에 앉아서 멀리 바다를 내다보고 있었다. 바다로부터 습기를 먹은 바람이 불어왔다. 북아프리카에서 지중해를 타고 올라온 열풍은 오수에 빠진 정원의 야자수들을 흔들어 깨웠다. 그 너머 오스티아 해변의 모래밭이 한낮의 햇볕을 받아 하얗게 빛났다. 해변을 따라 펼쳐진 구릉에는 짙은 녹색 올리브 나무와 잎 넓은 무화과나무들이 자라고, 바다로 이어지는 테베레 강 양 옆 계곡을 따라 오렌지 숲이 무성했다. 수도원에서 정오를 알리는 신성한 종소리가 때마침 하늘 가득히 울려 퍼졌다.

아들은 어머니가 세상을 하직할 날이 가까워졌음을 느낄 수 있었다. 그래서 신앙인이 천국에서 누릴 영원한 생명에 대해 어머니와 오랫동안 이야기를 나누었다. 두 사람은 세상의 감각적 쾌락이 아무리 크고 물질적 풍요가 더없이 좋을지라도 신이 '진리의 양식'을 먹이시는 저 영원한 생명에 비하면 말할 가치조차 없다는 것을 확인하며 기뻐했다.

어머니는 아들의 손을 꼭 붙들고 맑은 웃음을 지으며 아들을 쳐다보았다. 아들 역시 안타까운 표정으로 어머니를 바라보았다. 어머니의 눈에는 더할 수 없이 자애로운 사랑이 담겨 있었다. 그녀에게 그토록 큰 소망을 품게 했고 그토록 많은 좌절을 가져다주었으며 그토록 많은 눈물을 흘리게 만든, 바로 그 아들을 향한 사랑이었다. 어머니는 다가오는 죽음 앞에서도 자신을 철저하게 절제하며 오로지 아들을 축복하려고 애썼다.

"아들아, 내겐 이 세상 어떤 것도 더 이상 즐겁지 않구나. 내가 여기서 더 이상 무슨 일을 해야 하며 왜 여기 있어야 하는지 모르겠구나. 이 세상에서 나의 소망은 다 이루어졌다. 내가 사는 동안 보고자 하는 일이 한 가지 있었는데, 그건 네가 그리스도인이 되는 것이었단다. 그런데 내 하나님께서는 자비롭게도 이런 영광을 내게 주셨구나. 네가 이 땅의 행복을 멀리하고 그분의 종이 된 것을 내가 보았으니 말이다. 그러니 내가 여기서 더 무엇을 하랴?"《고백록》, 제9권 10장)

서양문학에 등장하는 아름다운 대화 장면들 가운데 하나로 꼽히는 이 일이 있은 날로부터 보름 만에 어머니는 세상을 떠났다. 모니카의 나이 56세였다. 그녀의 마지막 말은 다음과 같았다. "아무

곳인들 어떠냐. 너무 신경 쓰지 말거라. 다만 너희가 어디 있건 주님의 제단 앞에서 나를 기억해다오. 이게 전부다"《고백록》, 제9권 11장). 아들은 사람들이 슬퍼하는 것이, 경건했던 어머니의 삶에 어울리지 않는다며 곡하는 것을 금했다. 그런 다음, 그 자신은 골방으로 들어가 문을 걸어 잠그고 하염없이 통곡했다. "한 시간 남짓 어미를 위해 흘린 나의 눈물에서 누가 나의 죄를 찾아내더라도, 그로하여금 나를 비난하지 못하게 해주소서. 죽은 이 어머니는 오랜 세월 나를 위해 울던 바로 그 어머니입니다"《고백록》, 제9권 12장). 그가 신에게 한 고백이다.

387년에 어머니를 잃고, 이듬해 찬탈자 막시무스가 아퀼레이아에서 처형되고 난 다음에서야 아우구스티누스 일행은 고향 타가스테로 돌아갈 수 있었다. 이때 그의 나이가 34세였다. 귀향한 후 아우구스티누스는 이집트의 성인 안토니우스가 그랬던 것처럼 유산을 모두 정리해 가난한 사람들에게 나누어주고 아들 아데오다투스와 에보디우스, 나비기우스 등 몇몇 친구들과 함께 공동체를 만들어 약 3년 동안 은둔생활을 했다. 그들은 밤낮으로 기도와 명상 그리고 단식을 하며, 학문 연구와 토론을 하는 수도자의 삶을 살았다.

그러나 390년, 아우구스티누스에게 다시 슬픈 일이 생겼다. 아들 아데오다투스와 친구 네브리디우스가 갑자기 세상을 떠났다.

아우구스티누스는 또다시 더할 수 없는 비통함에 빠졌다. 그는 아들을 잃은 안타까움을 "너는 이 세상의 모든 사람들 가운데서 모든 면에서 나를 능가해주기 바라는 유일한 사람이다"라는 키케로의 글을 인용해 표현했다. 하지만 신앙으로 이미 굳게 단련된 그의 마음은 더 이상 흔들리지 않았다. 아우구스티누스는 오히려 "모든 공허한 생각들은 뒤로 미루고 유용한 의무들을 수행합시다. 이 세상에 사는 한 어느 누구도 책임을 면제받는다는 생각을 해서는 안 됩니다"라고 다른 동료들을 격려했다.

아우구스티누스는 고향으로 돌아올 때부터 자신의 삶의 방향을 이미 확고히 결정했다. 그것은 수도공동체를 결성하고, 공동체의 행동규범을 만들어 각자 구성원들의 할 일을 정하며, 다른 사람들의 영적 생활을 돌보고 그들을 지도하는 일이었다. 일종의 수도원 설립을 구상한 것인데, 당시 아우구스티누스는 그렇게 사는 것이 기독교인으로서 바람직하고 성공적으로 살아가는 것이라고 여겼다. 그러나 35년이나 지난 먼 훗날 그가 스스로 고백했듯 "종이 주인의 뜻을 거스를 수는 없는 법"《설교집》, 355, 2)이어서, 이번에도 그의 삶은 또다시 자신이 전혀 뜻하지 않았던 길로 향했다.

히포에서의 위업

391년 어느 날 아우구스티누스는 한 친구를 찾아 히포 레기우스로 갔다. 그를 자신의 공동체로 초대할 계획이었다. 하지만 당시 히포의 주교이던 발레리우스가 그에게 히포 교회의 사제직을 맡아 달라고 간청했다. 수도생활을 추구하며, 한때 성직자와 교회 사람들을 우습게 여긴 일이 있는 그는 무척 망설였다. 하지만 392년에 결국 발레리우스의 제안을 받아들여 사제가 되었고, 그 후 빠르게 승진하여 4년 뒤인 396년에는 발레리우스의 뒤를 이어 히포의 주교가 되었다. 그의 나이 42세였다.

한 덩이 차가운 얼음으로 시작했던 아우구스티누스의 삶은 그가 자신의 나약함과 죄악됨을 깨닫고 인정하자마자, 신의 은총에 의해 불붙기 시작했다. 그것도 맹렬하게 타올랐다. 이때부터 아우구스티누스는 히포의 감독으로 사역하며, 마니교도, 도나투스주의자, 그리고 펠라기우스주의자들을 물리치는 서방교회의 대표적 지도자가 되었고, 34년 동안 쓴 방대하고 뛰어난 저술로 2,000년 기독교신학의 기반을 다졌다. 그리고 430년 8월 28일 히포가 반달족에 포위되었을 때 기적과 같았던 그 불이 꺼졌다.

세상을 뜨기 4년 전쯤에 아우구스티누스가 자신의 초기 저술의 오류를 바로잡으려고 스스로 정리한《재론고》에는 그의 저술이 총 232권에 97개인 것으로 기록되어 있다. 이 외에도 그는 숱한 신학적 사색이 담긴 220편의 편지를 남겼다. 오늘날 신학자들은 이처럼 방대한 아우구스티누스의 저술을 크게 세 단계로 분류한다. 첫 번째 시기에는 마니교를 논박하며 주로 인식론과 신론을 정리했고, 두 번째 시기에는 도나투스 분파 문제에 골몰하여 교회론과 성례전을 정리했으며, 세 번째 시기에는 펠라기우스주의자들과 싸우며 은총론과 예정론을 확립했다는 내용이다.

아우구스티누스가 남긴 저술의 방대한 양에 대해서는 당시의 주교 밀레비스의 "(아우구스티누스는) 우리를 위해서 꿀이 가득 찬 천국의 벌집을 짓는, 진실로 부지런한 하나님의 꿀벌"이라는 평가가 잘 대변해준다. 그리고 그 저술들의 탁월한 질에 대해서는 "화이트헤드 교수의 말처럼, 서양 철학이 플라톤 철학의 각주이듯 서구의 기독교 신학은 아우구스티누스의 각주라고 말할 수 있다"는 시카고 대학의 교수 대니얼 윌리엄스의 말이 대변한다. 게다가 서양문명에 끼친 그 영향력은 상상을 불허한다.

'신학계의 플라톤'이라고도 불리는 아우구스티누스의 저술들은 그 후 안셀무스와 토마스 아퀴나스를 비롯하여 거의 모든 가톨릭 신학자들에게 직간접적 영향을 미쳤다. 비록 토마스 아퀴나스가 아우구스티누스의 가르침을 아리스토텔레스적으로 체계화한 후—질송이 지적한 대로—그들이 누구에게 빚졌는지를 잊어버린 경향은 있지만 말이다. 나아가 루터, 칼뱅과 같은 종교개혁자들도 바울을 따라 구원은 신의 은총으로만 가능하다는 아우구스티누스의 '은혜의 교리'를 재차 긍정하고 이어받았다. 그리고 오늘날까지도 루터교, 장로교, 성공회 등 서구 프로테스탄트의 주류가 모두 그 뒤를 잇는다고 자처한다. 비록 그중 상당 부분에 대해서는 거부하고 있지만 말이다.

어디 그뿐인가? 데카르트의 유명한 명제 "나는 생각한다, 고로 존재한다*cogito, ergo sum*"는 아우구스티누스의 "속고 있다면 나는 존재한다*Si fallor, sum*"의 근대적 표현이 아니던가? 이처럼 철학에서도 데카르트, 스피노자, 라이프니츠 같은 대륙 합리론자들은 물론이고 칸트, 볼프, 헤겔을 포함한 독일 관념론자들도 인간 정신의 내부에는 '변하지 않는 것*quod incommutabiliter manet*'이 있어 여기서 진리를 발견할 수 있다는 것과 '상기의 힘*vis memoriae*'이 있어 역사를 의식하고 창조할 수 있다는 것 등과 같은 아우구스티누스 사상의 덕을 보았다. 또한 베르그송 역시 아우구스티누스에 빚을 지지 않고서는 '지속으로서의 시간time as duration'이라는 자신의 시간관을 정립할 수 없었다.

문학에선 또 어떤가? 20세기 아방가르드 문학을 대표하는 프루스트, 울프, 조이스와 같은 작가들이 시도했던 '의식의 흐름stream of consciousness', 곧 과거의 사건과 현재의 사건을 나란히 놓음並置으로써 비로소 드러나는 삶의 의미를 조명하는 문학적 기법도 역시 아우구스티누스의 시간관을 기반으로 하고 있지 않은가? 영화감독들이 즐겨 사용하는 몽타주 기법montage technique은 또 어떤가? 나열하자면 한이 없다! 따라서 우리가 아우구스티누스를 이해한다는 것은 기독교는 물론이거니와 서양문명 전반을 파악하는 데에 가장 중요한 부분을 이해하는 것이라고도 할 수 있다.

그래서 우리는 여기에서 다시 한 번 물을 수밖에 없다. 당시 다른 신학자들에 비교할 때, 미천하게 태어나, 열악한 교육을 받았고, 면학하지 않고 방탕했으며, 이교도이기까지 했던 그가 어떻게 이렇게 위대한 업적을 이룰 수 있었을까 하는 것이다. 아우구스티누스도 '불타는 빙하'와 같은 자신의 삶을 스스로 경이롭게 생각했음이 분명하다. 《고백록》이 "주여 당신은 위대하십니다"라는 찬사로 시작하여 "모두가 당신에게 구할 일이요, 당신 안에서 찾아야 할 일이며, 당신만을 두들겨야 할 일이오니, 이렇게 하는 데서만 받을 것이고 찾을 것이고 열릴 것입니다"라는 기도로 끝나는 것이 그래서다. 그렇다면 《고백록》은 도대체 어떤 책인가?

썰물 없는 밀물, 《고백록》은 어떤 책인가

《고백록》은 자서전이다. 아마 세상에서 가장 널리 알려진 자서전일 것이다. 저자는 이 책을 397년, 그의 나이 43세에 썼다. 여기서 우선 눈에 띄는 것은 나이로 보나 인생 여정으로 보나 그가 아직 자서전을 쓸 시기가 아니었다는 사실이다. 나이로 보면 그는 이후로도 34년이나 더 살았고, 인생 여정으로 보면 397년은 그가 히포의 주교가 된 다음 해로 막중한 임무를 새로 맡아 의욕적으로 일에 매진할 때였다. 그러니 무엇으로 보나 앞을 내다볼 때이지, 뒤를 돌아보며 지난 일들을 회상할 때가 아니었다는 이야기다. 그런데 그는 왜 하필이면 이 시기에 《고백록》을 썼을까? 모를 일이지만, 짐작되는 이유는 있다. 이 자서전이 여느 것들과는 달리 단순한 회고록이 아니라는 점이 그것이다.

독자들도 이미 눈치챘겠지만, 《고백록》을 주의 깊게 살펴보면 그 안에 나타난 아우구스티누스의 삶에는 우연히 이루어진 것이 하나도 없다. 이교도인 아버지와 신실한 기독교인 어머니 사이에서의 출생, 어린 시절의 열악한 교육환경, 문학에 몰두했던 젊은 시절의 방황, 마니교에 현혹된 일, 키케로를 통해 철학에 입문한 것, 회의주의 철학에 빠진 것, 신플라톤주의와의 만남과 회심, 뜻하지 않던 사제직 종사… 이 모든 것이 하나같이 그가 위대한 기독교 신학자이자 성인이 되는 데 필연적인 준비 과정으로 묘사되어 있다.

그러기 위해 아우구스티누스는 자기가 얼마나 불경건했고 이교도적이었는지를 차례로 고백함으로써, 자신의 현재가 어떤 과거로부터 시작해서 어떻게 준비되었는가를 독자들에게 낱낱이 알렸다. 이것은 고대의 전기나 자서전들이 거기에 등장하는 주인공은 애초부터 훌륭했다고—예컨대 성 토마스 아퀴나스는 다섯 살 때부터 천재였고, 성 암브로시우스는 어릴 적 놀이를 할 때에도 주교 역할만 맡았다고—묘사하던 것과 아주 대조된다. 《고백록》은 한마디로 자신의 과거가 모두 자신의 현재를 이루기 위한 준비였다고 여기는 어떤 한 사람의 생생한 증언이다.

그뿐만 아니라 아우구스티누스는《고백록》에 자신이 경험한 크고 작은 모든 사건들을 성서와 기독교 교리로 하나하나 해석하여 사건들 사이사이에 끼워 넣었다. 그 결과《고백록》에는 가장 개인적이고 은밀한 기도와 찬양이 가장 객관적이고 날카로운 신학적, 철학적 언어들과 뒤섞여 있다. 다시 말해 신과의 대화speech with God 가 신에 대한 이야기speech about God와 한데 엮여 혼합되어 있다. 이 책의 저자가 "아브라함과 이삭과 야곱의 하나님"과 '철학적 하나님'을 연결시키기 위해 시종일관 애썼기 때문이다. 그래서《고백록》은 그 자체로 풍부한 개인적 사례들을 들어서 쓴 하나의 성서해석서이기도 하다.

요컨대《고백록》은 비록 회고록 형식을 취하기는 했지만, 그보다는 신실한 기독교인이 눈물로 쓴 기나긴 신앙 간증이자, 탁월한 신학자가 쓴 성서해석서라고 보아야 마땅하다. 그리고 그 내용은 "없는 것을 있는 것으로 부르시는"롬 4:17, 즉 불가능한 것의 가능성을 열어 밝히시는 신의 섭리와 은총에 대한 아름답고 위대한 송가다. 역사학자 피터 브라운의 지적대로, 아우구스티누스에게 있어 '고백한다confessio'는 말은 자기 자신을 고발하고 신의 섭리와 은총을 찬양한다는 뜻이며, 이 점에서《고백록》은 그 제목만으로도 깊은 의미를 지니는 그런 책이다.

같은 맥락에서 우리는 미국의 문화사학자 게리 윌스의 주장에도 기꺼이 동의할 수 있다. 그는 이 책의 라틴어 제목 'confessiones'

를 영어로 번역할 때 'confession(고백)'으로 한 것은 단순한 음역_音_譯 표기로, 잘못된 것이라고 지적했다. 라틴어 'confessiones'에는 '고백' 외에 '증언testimony'이라는 의미도 있는데, 아우구스티누스가 자신의 책 제목을 'confessiones'로 붙일 때는 후자를 염두에 두었다는 것이다. 그래서 윌스 자신은 이 책의 제목을 '고백록'이라고 하지 않고 '증언'이라고 했다.

역시 공감이 가는 주장이다. 아우구스티누스는 히포의 주교라는 막중한 직위를 맡고 죄 많았던 자신의 과거사를 '고백'하려 한 게 아니라, 인간과 세계를 홀로 창조하고 오직 자신의 뜻대로 이끌어가는 신의 섭리와 은총에 대해 '증언'하려고 《고백록》을, 아니 《증언》을 저술했다. 마치 어느 한 조각이라도 빠지면 완성되지 않는 퍼즐처럼, 《고백록》에 나타난 아우구스티누스의 생애는 처음부터 끝까지 매사가 오직 신에 섭리에 의해 계획되고, 은총에 의해 이끌려왔다는 것을 낱낱이 증명하기 위해서, 아우구스티누스는 《고백록》을 썼다.

이제 이 글의 서두에서 우리가 던졌던 의문을 다시 떠올려보자. 아우구스티누스의 《고백록》은 사실상 제10권에서 끝난다. 그런데 그는 거기서 마무리를 짓지 않고, 내용상 전혀 어울리지 않는 '창조주로서의 신의 사역'에 대해 무려 세 권이나 할애해 추가로 설명했다. 왜 그랬을까? 그가 실성하지 않았다면 자신의 생애와 신의 우주창조 사역이 무슨 연관이 있다고 그리했을까? 우리는 이제

1,600년이나 된 오랜 수수께끼를 풀 수 있게 되었다. 아우구스티누스는—자신의 삶이 증명하듯이—창조에서 종말에 이르는 우주의 역사도 역시 어떤 우연에 의한 것이 아니라 오직 신의 의도적이고 계획적인 섭리와 무한한 은총에 의해 '무로부터 창조*creatio ex nibilo*'되고—이것이야말로 불가능한 것의 가능성을 보여준 원초적 사건이 아닌가!—보존되며 인도된다는 것을 독자들에게 전하려 했던 것이다. 거꾸로 표현할 수도 있다. 아우구스티누스는 이 거대한 우주가 오직 신의 전지전능하심에 의해서 무로부터 창조되었듯이 자기가 이룬 업적도 그렇게 무로부터 시작하여 인도되어왔다는 것을 보여주려고, 얼핏 보아 전혀 무관해 보이는 둘을 묶어서《고백록》을 끝맺은 것이다.

섭리와 은총에 관한 증언

'섭리*providentia*'의 어의적 의미는 '미리 보는 것*pro-videre*'인데, 기독교에서는 이 말을 신이 인간과 세계를 자신이 미리 정한 목적에 따라 이끄는 의지로 해석한다. 즉 "모든 일을 그의 뜻의 결정대로 일하시는 이의 계획을 따라 우리가 예정을 입어 그 안에서 기업이 되었으니"엡 1:11라는 사도 바울의 교훈에 나타나 있듯이, 신은 오직 예정한 섭리를 통해 자신이 창조한 세계와 그 안의 모든 피조물을 보존하고 이끈다는 뜻이다.

따라서 얼핏 생각하면 섭리는 강압적이라고 할 수 있다. 그러나 전지전능한 신의 눈 앞에서는 "만물이 벌거벗은 것같이"히 4:13 드러나므로 섭리에 의한 그의 강제적 사역은 결코 맹목적인 것이 아니라 "모든 것이 합력하여 선을 이룬다"롬 8:28. 바로 이것이 기독교인이라면 당연히 섭리를 신의 은총으로 받아들일 수밖에 없는 이유다롬 8:28-30. 이 외에도 약 1:2-4; 벧전 1:5-7; 엡 1:11-14; 살전 5:16-18 등. 이것이, 오직 이것만이 아우구스티누스가 《고백록》에 실은 자신의 생애를 통해서 하고자 했던 말이다.

현대 신학자 파울 틸리히는 이 같은 신의 섭리를 인간의 차원에서 파악하여 '신율theonomy'이라는 용어를 만들었다. 틸리히가 말하는 '신율'은 외부 권위에 의해 인간의 자율을 전적으로 폐기하는 타율heteronomy과는 다르다. 신율은 섭리에 의해 모든 상황과 여건이 성숙되어 초월적으로 실현되는 자율autonomy을 말한다. 때문에 신율은 자율을 폐기하지 않고 오히려 완성시킨다. 이런 의미에서 틸리히는 "자신의 신적 근거를 알고 있는 자율이 곧 신율"이라고 규정했다. 그렇다면 《고백록》에 나타난 아우구스티누스의 삶이 바로 신율적이었다.

아우구스티누스는 매 순간 스스로 선택한 삶을 살았다. 그 누구도, 심지어 어머니 모니카마저 그를 말리지 못했다. 하지만 결국 그가 《고백록》을 쓸 즈음에는 그 모든 것이 신의 뜻을 이루기 위한 과정이었음을 스스로 깨달았다. 워싱턴 대학에서 철학을 강의한 바 있는 가톨릭 주교 풀턴 쉰의 말대로, 인간이 자신의 힘으로 자기를 구원할 수 없음을 알게 되었을 때 비로소 위로부터 내려오는 은총에 대한 통찰을 얻은 사람은 토마스 아퀴나스가 아니라 아우구스티누스였다. 토마스 아퀴나스를 천사적 박사_Doctor Angelicus_라고 부르던 중세 사람들이 아우구스티누스를 '은총의 박사_Doctor gratiae_'라고 일컬은 것도 그래서다.

은총에 의해, 신율에 의해 아우구스티누스의 마음 안에서 점차적으로 자라난 '진리의 빛'은 우선 칠흑 같던 그 자신의 어둠을 밝혔다. 나아가 지난 1,600년 동안 시대와 세대를 초월하여 지금까지도—마치 젊은 시절에 아우구스티누스가 그랬던 것처럼—갈 길을 몰라 어둠 속을 헤매는 모든 사람들에게 길라잡이가 되었다.

14세기 이탈리아의 르네상스를 이끈 문인 페트라르카(1304-1374년)가 《고백록》을 읽고 "나는 다른 사람의 순례기가 아닌, 나 자신의 영적 순례기를 읽는다고 생각했다"라고 토로했듯이, 우리가 이 책을 읽으면서 그것이 결코 남의 이야기가 아니고, 바로 내 이야기라고 느끼는 이유가 여기에 있다. 그럼으로써 《고백록》은 시대와 시대를 넘어, 세대와 세대를 건너, 불가능한 것의 가능성을 열어 보여주는 저술이자 그칠 줄 모르고 압도해오는 썰물 없는 밀물이 되었다. 그래서 긴히 당부하고 싶은 말이 있다. 만일 당신이 지금 출구가 보이지 않는 어둠 속에 있다면, 어떤 불가능성 앞에서 좌절하고 있다면, 지금 《고백록》을 읽어라! 설령 그렇지 않더라도, 《고백록》을 읽어라! 이윽고 열릴 새로운 삶을 위하여!

주

하나님의 위대하심을 고백하다

1. 어떤 사람들은 이 전파자가 아우구스티누스를 전도한 암브로시우스라고도 하나, 하나님에 관하여 참 지식을 전달하여 진정한 찬송이 우러나게 하는 전파자는 성육하신 아들, 예수 그리스도라고 보는 것이 더 타당할 것이다.

유년기

1. 아우구스티누스는 유년기의 여러 가지 기억을 떠올림으로써 존재, 시간, 영원, 그리고 불변하는 하나님에 대해 다양한 질문을 던진다.

어머니 모니카의 보살핌

1. 당시 서방교회에서는 예비신자들이 교회에 입교할 때 소금을 뿌리는 의식이 있었다. 신자는 정결해야 한다는 뜻이었던 것 같다. 여기서 아우구스티누스는 일부 교회에서 갓난 아기에게 소금을 뿌리는 의식을 행한 일을 두고 말하는 것 같다.

2. 아우구스티누스는 여기서 자신의 영혼 안에 새겨 있는 이마고 데이*imago Dei*, 즉 하나님의 형상image of God의 경이를 관찰하고 있는 것으로 보인다.

3. 본서에서 포함하지 않은 부분에서 아우구스티누스는 유년 시절 교육을 소홀히 받은 점에 대해 후회하고 있다. 그는 그리스 시인들의 글을 읽지 않으려 피하고, 그 대신에 경박하고 비도덕적이며 다분히 감정에 치우친 라틴 이야기들을

좇았다. 아우구스티누스는 자신이 신약성경의 그리스어를 제대로 이해하고 있다고 생각하지 않았다. 그는 수학을 배우지 않으려 하고, 대신 수사학과 연극에 열을 올렸다. 이렇게 해서 그는 사소한 것들에 시간을 빼앗겼다. 그는 무가치한 것들에 마음을 썼고, 그것들에 얽매였다. 하나님의 말씀에 닻이 내려져 있지 않았기 때문이다.

4. 아우구스티누스는 타락한 피조물일 뿐인 자신이 하나님의 속성 그리고 심지어는 (하나님이라는 존재는 분절되어 있지 않은 순전한 존재이므로) 그분의 정순한 존재를 나눠 가질 수 있다고까지 생각한다. 여기서 아우구스티누스가 젊은 시절 좇았던 마니교로 돌아가고 있는 것은 아니다. 그는 인간 영혼에 새겨진 '이마고 데이'를 깊이 고찰하고 있는 것일 뿐이다. 그는 다른 곳에서도 하나님의 단순성에 연합하는 의미에 관하여 깊이 고찰한다. "존재라는 것은 하나가 된다는 것에 다름 아니다. 따라서 통일성을 가지고 있는 한 그 어떤 것은 '존재'하는 것이다. 통일성이란 일치와 조화 가운데 이뤄지는 것이므로, 그 구성요소들이 조화를 이루고 있는 한 그것들은 통일되어 있는 것이다. 그 안에 분절을 가지고 있지 않은 사물들은 그 스스로 자존한다. 왜냐하면 그것들은 하나됨 안에 존재하기 때문이다. 혼합물들은 분절된 부분들이 조화를 이룸으로써 이러한 통일성(오로지 하나님 안에서만 발견되는)을 모사한다. 통일성을 가지고 있는 것들이라면, 반드시 존재하게 된다. 질서와 법칙은 존재를 보호하고, 무질서는 비존재로 향하게 된다"(《가톨릭교회의 관습과 마니교도들의 관습》, 6장).

카르타고에서

1. 카르타고는 로마제국이 북아프리카에 둔 번창한 식민도시인 알렉산드리아와 더불어서 세련됨과 쾌락주의가 넘쳐나던 곳이었다.

2. 여기서 말하는 질병이란 몸에 난 병이 아니라 마음의 병인 것이 분명하다.

3. 에버소레스는 일종의 동기생 클럽이었던 것으로 보인다. 총명해 보이는 신입

생들을 받아 음담패설을 주고받고 방종한 행동을 하는 모임으로 모였다.

4. 주전 50년경에 쓰인 것으로 추정되는 이 책은 아우구스티누스 시대에 큰 인기를 끌었다. 유감스럽게도 전해지는 사본이 없다. 당대의 글들에 나타나는 언급에 의하면, 철학이 진정한 행복의 유일한 원천이라 치켜세우고, 지혜를 구하는 자들에게 철학을 사용하여 이성의 힘을 키우고 정념들을 극복하라 권하는 내용이었다고 한다. 책의 제목은 키케로의 친구인 웅변가 퀸투스 호르텐시우스 Quintus Hortensius의 이름을 따 붙였다.

5. 철학은 그리스어 필로스('사랑')와 소피아('지혜')에서 유래했다.

6. 아우구스티누스는 여기서 마니교도들을 지칭하고 있다. 마니교는 기독교와 페르시아의 조로아스터교를 혼합한 신흥종교로서, 파르티아 사람 마니(216–276년경)를 그 비조로 삼고 있다. 그는 태양과 달이 빛을 구속하기 위한 하나님 구원 계획의 일부라고 했다. 빛은 어둠의 세력에 의해서 물질이라는 감옥에 갇혀 있다고도 했다. 예수는 물질세계로부터 빛을 석방하기 위해 오셨다. 마니교도들은 물질이 본질적으로 악하다고 여겨 고된 고행을 수행했다고 알려진다.

감사의 제사

1. "외부의 도움 없이 자신의 힘으로만 행복할 수 있는 존재는 하나님뿐이시다" 《마니교 반박 창세기 해설》, 2.5). "하나님을 바라는 자만이, 자신을 하나님께 묶어 놓는 자만이 참으로 순전하다"(《행복한 삶》, 18장). "하나님을 추구하는 자, 그는 순전하다. 왜냐하면 그는 영혼으로 하나님을 자신의 합법적인 남편으로 모시고 있기 때문이다. 하나님이 아니라 하나님이 지니신 그 어떤 것을 추구하는 자는 하나님을 순전히 사랑하지 않는다. 아내가 남편을 사랑하되 남편이 부자여서 사랑한다면, 아내는 순전하지 않다. 그의 사랑이 남편을 향하고 있지 않기 때문이다. 그가 사랑하는 것은 남편의 황금이다"(《설교집》, 137). "하나님이 아니라 하나님을 드러낼 하늘의 보상을 추구하는 사람은, 자기에게 상을 주시는 분보다 자

신이 염원하는 바 받기를 더 기대한다. 그러면 어떤가? 하나님이 상을 안 주시는가? 그렇지 않다. 하나님이 주시는 상은 하나님 자신이시다"(《시편 상해》, 시편 72편, 32절).

2. 아우구스티누스의 고향인 타가스테.

3. "누군가가, 불행하게 사느니 차라리 죽는 편이 낫겠다고 말한다면, 나는 '틀렸다'고 말해줄 것이다. 지금 네가 불행하다 해도 죽지는 않는다. 왜냐하면 존재하는 것에 우선하는 목적은 없기 때문이다. 그렇듯이 불행해지지 않는다 하더라도, 너는 존재하려고 애쓸 것이다. 의당 그러겠지만, 네가 존재하여 있음에 감사하라. 그리고 의지에 반하는 너의 존재에서 벗겨질 수 있음에도 감사하라"(《은총과 자유의지》, 3.10).

4. 필라데스와 오레스테스 2세의 이야기는 사본에 따라서 호메로스에게까지 거슬러 올라간다. 그러나 가장 널리 알려진 그리스 신화 사본은 대략 주전 408년경 에우리피데스Euripides가 쓴 비극이다. 어린 시절 아우구스티누스가 연극을 좋아했다는 점을 생각할 때, 이것은 그가 알고 있었던 이야기였던 것 같다. 오레스테스는 영웅 아가멤논의 아들이고, 필라데스는 오레스테스의 누이 엘렉트라의 남편이었다. 필라데스는, 오레스테스가 아버지를 살해한 원수, 즉 자기의 모친을 죽임으로써 복수한 후에 일어나는 많은 난관들을 오레스테스와 함께 넘긴다.

시간은 쉴 새 없이 흐른다

1. "이생에서 사람은 많은 수고를 하면서 근심에서 놓여 안식하기를 구한다. 그러나 그것이 헛된 바람임을 알게 된다. 사람들은 물질에서 안식을 찾길 바란다. 그러나 물질에서는 안식을 찾을 수 없다. 그것들은 시간이 흐르면서 사라진다. 그리고 물질은 사람에게 두려움과 슬픔을 안길 뿐이다. 그래서 그것들은 안식을 줄 수 없다"(《입문자 교리교육》, 14장).

2. "네가 어디에서 돌이키든지, 그분은 당신의 일들 가운데 새겨 넣으신 것들을 추적하시는 가운데, 그리고 외형적인 것들을 향해 네가 가라앉을 때 네가 기억하는 외형적인 것들의 형체들을 쓰셔서 말씀하신다. … 자신의 인도자이신 당신을 떠나는 자들에게 화가 있습니다. 그들은 찾으시는 당신을 피해 갑니다. 그러나 당신은 당신이 만드신 흔적들을 아끼십니다. 그 흔적들로 당신을 더듬어 찾길 바라신 바를 잊어버리는 자들에게는 화가 있을 것입니다. 오 지혜이시여, 당신은 맑아진 마음을 밝히는 명랑한 빛이십니다! 당신은 당신의 위대하심을 우리가 알도록 더듬이를 놓아두시길 결코 그치지 않으십니다. 그리고 이러한 당신의 흔적들은 창조라는 우주의 아름다움에 싸여 있습니다"《은총과 자유의지》, 16).

3. "물질을 찾는 인간은 물질로부터도 내쫓기고 만다. 이런 연유로 율법이 사람들에게 주어졌다. 그러나 율법이 이미 그들의 마음에 새겨져 있지 않아서가 아니라 그들의 마음이 수시로 요동하기 때문에 율법이 주어진 것이다. 어디에든 계시는 그분은 너를 붙들고 계시고, 너의 내면의 자아로 돌아오도록 상기시키신다. 그렇다면 마음에 새겨진 율법을 잊어버린 자들에게 율법은 무엇을 외치는가? '너희 범법자들아, 네 마음의 소리를 들어라.' 네가 너에게 하지 않을 일은 다른 사람에게도 하지 마라. 이것이 악이고, 그대 악을 참길 원치 않는다면, 네 마음에 새겨진 내면의 법이 억지로라도 이 점을 네게 알게 한다. 네가 이 일을 행하니, 사람들이 네 하는 일 때문에 신음한다. 네가 다른 사람들에게 이런 일을 당할 때, 너 어찌 네 마음의 소리를 다시 듣게 될 것인가?"《시편 상해》, 시편 57편, 1절).

4. "사람이 진리의 기본 원칙을 거절하고 자신의 주관적인 근거를 들이댈 때, 뒤틀린 고상함이 드러난다. … 말하기가 좀 이상하지만, 우리 마음을 고양시키는 어떤 겸손한 측면이 있는가 하면, 마음을 가라앉히는 어떤 쾌락 같은 것도 있다.… 칭찬 받아 마땅한 겸손은 누가 더 위에 있는 줄 아는데, 하나님보다 높이 있는 것은 없다. 그래서 사람을 하나님께 무릎 꿇게 하는 겸손이 인간을 고양시

키는 것이다. 그러나 그릇된 쾌락은 이러한 복종을 거부하고, 그분으로부터 숨는다. 하나님보다 높은 것은 없으니, 숨는 순간 낮고 비열해지는 것이다"(《신국론》, 14.13).

5. "영혼은 낮은 회개를 통하여 높은 상태로 회복된다"(《은총과 자유의지》, 3.5). "그분은 겸손을 통해 나오는 길을 마련해놓으셨다. 교만해서 하나님께로부터 떨어져 나온 우리이므로, 우리는 겸손, 그리고 우리가 결여한 겸손을 시범 보이신 그분을 통하지 않고는 되돌아갈 수 없다. 인간의 죽을 수밖에 없는 본성은 교만으로 가득하다. … 겸손한 사람을 따르길 거부하지 않도록 하나님은 자기를 낮추셨다. 아무리 교만한 인류이더라도 하나님의 길을 따르길 거부하지 않도록 하시려고"(《시편 상해》, 시편 33편, 4절).

6. '히에리우스'가 당시 널리 쓰이던 이름이라는 것 외에 이 웅변가에 관해서 구체적으로 알려진 바는 없다. 350년에 사망한 그리스 수학자인 알렉산드리아의 파푸스Pappus가 자기 친구 히에리우스를 언급하지만 이 역시 사료적 가치가 크지 않다.

7. 아리스토텔레스는 모든 물질의 관계를 다음 아홉 가지 항목 아래 넣었다. ① 양, ② 질, ③ 관계, ④ 능동, ⑤ 수동, ⑥ 장소, ⑦ 시간, ⑧ 상태, ⑨ 위치. 이 아홉 가지가 열 번째 항목 '실체'에 들어가 있다.

치료와 회복

1. "검은색이 적절히 배치된 그림에서처럼, 둘러볼 수 있다면 세상은 아름답다. 죄인들이 산다고 해서 이 아름다움이 줄어들지는 않는다. 진리의 관점에서 보았을 때 죄인들은 참 괴기스럽게 뒤틀려 있을지라도 말이다"(《신국론》, 11.23).

2. "성경은 인간을 하나님의 다스림을 거부하는 하나님의 원수라고 부른다. 본성 때문이 아니라 죄 때문에 그렇다. 인간은 자신을 상하게 할 뿐, 하나님께 손상을 입힐 수 없다. 인간에게는 하나님을 상하게 할 힘이 없지만, 그들이 저항한

다는 의미에서 하나님의 원수들이다"(《신국론》, 12.3).

3. "그분은 우리가 가야 할 집이시다. 우리가 걸어야 할 길이시다. 우리는 그분으로 말미암아 그분을 향해서 간다. 그래서 길을 잃지 않는다"(《설교집》, 92). "하나님이신 그리스도는 우리가 가야 할 집이시다. 인간이신 그리스도는 우리가 걸어가야 할 길이시다"(《설교집》, 123). "그리스도는 지도자로서 우리를 데리고 가시고, 길로서 우리를 안고 가시고, 집으로서 우리를 업고 가신다"(《시편 상해》, 시편 60편, 4절).

4. 루키우스 암마이우스 세네카Lucius Ammaeus Seneca(주전 4년경-주후 65년). 극작가, 웅변가 그리고 철학자. 네로 황제의 국사國師로 많은 영향을 끼쳤다고 전한다. 그러나 네로는 65년에 세네카가 역모에 연루되었다고 의심한 나머지 자살하도록 했다.

5. 키프리아누스 타스키우스 카이킬리우스Cyprian Thascius Caecillius(200-258년 추정)는 카르타고의 주교였다. 키프리아누스는 발레리아누스Valerian 황제의 대박해 때 순교했다.

친구들

1. 아우구스티누스가 밀라노에서 수사학 교수를 하고 있을 때 젊은 발렌티니아누스 황제Valentinian the Younger가 궁전이 있던 밀라노에 온 것 같다. 아우구스티누스는 한 편지에서 그가 당시 그의 수사학 교수직에 따르는 의무로서 집정관 바우토Bauto에게 바치는 상찬의 글을 1월 1일에 암송했다고 했다.

2. 카르타고에는 큰 경기장이 있었다고 전해졌으나 그 터가 완전히 유실되어 사실 여부를 확인할 수 없었다. 1992년 고고학자들에 의해 장엄한 기수騎手 대리석 상이 발굴되면서 신빙성을 얻었다.

3. 그리스식 체전. 육상과 전차 경주가 벌어졌다. 로마에는 키르쿠스 막시무스 *Circus Maximus*라는 큰 체전이 있었는데, 키르켄세스 경기는 이를 축소한 대회

였다.

4. 전형적인 로마의 광장(아고라)에는 돌로 세운 단이 있어서, 관리들이 모여 앉아 좌담하거나 재판절차를 의논했다. 이 단을 베마*bema*라고 한다.

5. 제국의 서부 총재무장관을 코메스 사크라룸라르기티오눔*Comes Sacrarumlargitionum*이라고 명했다. 그의 밑에는 여섯 명의 재무관들이 있어서 많은 주들을 관장했는데, 이탈리아도 그의 관할 아래 있었다.

6. 로마니아누스는 알리피우스의 친척이었다. 아우구스티누스는 로마니아누스의 재능에 많이 놀랐다고 한다.

심플리키아누스

1. 성만찬. 세례는 상당 기간의 교육을 받을 때까지로 미뤄질 수도 있었다. 전통적으로 세례는 부활을 기념하는 주일에만 행해졌다. 그리스도를 고백하는 세례 문답생들은 성만찬에 미리 참여할 수도 있고, 세례 받기 전에라도 그리스도 몸의 지체로 받아들여질 수 있었다. 빅토리누스가 바로 이런 경우였던 것 같다.

2. 성인들에게는 세례 시 새로운 '교명'이 주어졌다. 성례를 받음으로써 새로 나고 그리스도 안에서 새로운 정체성을 갖게 되었기 때문이다.

3. 교회들마다 개별적인 세례 고백문을 발전시켰다. 세례 교육 때 이 고백문을 암송시켰고, 세례 의식을 행할 때 외우도록 했다. 로마 교회의 세례 고백문이 현존하는 최고最古의 것인데, 주후 116년경에 작성되었다. 이 고백문의 여러 곳이 오랜 시간을 두고 다듬어졌고, 주후 700년경, 오늘날 예배 예식에서 사용되는 형태로 정리되었다. 현재 이 고백문은 흔히 사도신경이라는 이름으로 알려져 있다.

4. 목사들뿐만 아니라 평신도들이 예배와 사람들의 영적 전쟁에 책임을 지고 있었다.

어머니의 죽음

1. 그래서 아우구스티누스는 어머니에 관해 이렇게 말한다. "어머니의 기도를 통해서 저는 믿음과 확신에 이르렀습니다. 하나님은 저에게 지성을 주셔서 오로지 진리, 소원, 사고, 사랑을 발견하게 하셨습니다. 저는 굳게 믿습니다. 어머니, 당신을 통해서 가장 큰 선을 사모하게 되었고, 당신의 기도를 통해서 그것들을 얻게 되었습니다"(《행복한 삶》). 그는 또 이렇게 말한다. "내가 어머니에게 진 가장 큰 빚은 바로 내 안에 있는 생명이라 믿는다"(《항구함의 은사》, 35장). 그리고 덧붙인다. "내 어머니의 신실한, 마르지 않는 눈물 덕분에 나는 멸망하지 않았다."

2. 그의 이름은 나비기우스Navigius이다.

3. 발네움*balneum*이란 공중 혹은 개인 목욕탕을 뜻하는 라틴어이다. 언어학자들은 아우구스티누스가 이 파생어를 제대로 알고 있는지 단정 짓지 못하고 있다.

기억의 책

1. 아우구스티누스는 이러한 '앎의 고백'에서 도대체 우리에게 어떤 기능이 있기에 우리가 하나님을 알 수 있는가를 묻는다. 그는 기억의 신비한 성격을 깊이 탐구한다. 우리는 기억으로 하나님을 발견할 수는 없지만 하나님은 기억 가운데 우리에게 드러내시고 기억 가운데 머무신다.

2. 자기를 아는 것과 하나님을 아는 것에 관한 깊은 고민은 고전 13:8-13의 말씀에 뿌리가 닿아 있다. 아우구스티누스가 성경 구절을 인용하지는 않으나, 지식이 믿음, 소망 그리고 사랑을 통해 온다고 이해하고 있다. 아우구스티누스의 제자 장 칼뱅은《기독교강요*Institutes of the Christian Religion*》제1권에서 이러한 인식론을 길게 다루고 있다.

3. 이 대목에서 아우구스티누스는 바울이 롬 7:14-24에서 그리스도인의 '이미' 와 '아직'의 문제로 고민하는 바로 그 문제를 개인적으로 묵상하고 적용하려는

의도를 강하게 보이고 있다. "그리스도 예수 안에 있는 자들에게는 결코 정죄함이 없나니"라는 롬 8:1에서의 바울의 반응을 아우구스티누스는 좀 더 미래적인 의미에서 채택하고 있다. 그러나 성화는 심각한 도전, 죄에 대한 항거로 다뤄지고 있다. 아우구스티누스는 하나님과 연결되어 있지만 여전히 타락한 창조세계에서 허우적거리는 그리스도인의 삶(롬 8:8-24 참조)이라는 수수께끼와 씨름할 때 전도서적인 어조를 띠기도 한다.

4. 이제부터 옛 열정과 새 열정에 관한 논의가 이어지는데, 요일 2:16에 나타난 요한의 죄 개념에 밀접하게 연결되어 있다.

5. 알렉산드리아의 아타나시우스(296–373년)는 아리우스주의자들에 맞서 정통 신앙을 수호한 인물이다.

6. 아우구스티누스는 시편 40편의 핵심 내용을 전하고자 한다. 그는 그리스도께서 허망함으로부터 우리를 건지신 일을 논하기 위해 이 시편을 여러 각도에서 암시적으로 사용하고 있다.

7. 여기서 말하는 정욕은 요일 2:16에서 지적한 것, 즉 육신의 정욕, 안목의 정욕 그리고 이생의 자랑을 가리키는 것으로 보인다.

8. 이제 이어지는 고백은 빌 2:1-13을 배경으로 삼고 있다.

하늘과 땅

1. 요 1:3; 계 4:9-11을 참조. 그리스도를 창조주로 묘사하는 구절에 관해서는 골 1:16-20을 보라.

2. "어제로 끝나지도 않고, 내일로도 끝나지 않는 날, 이것이 영원한 오늘이로다"(《엔키리디온*Enchiridion*》, 49).